Memorias
de un exorcista

José Antonio Fortea

Memorias
de un exorcista

mr · ediciones

Obra editada en colaboración con Ediciones Martínez Roca – España

© 2008, José Antonio Fortea Cucurrull
© 2008, Ediciones Martínez Roca, S.A. – Madrid, España

© 2008, Editorial Planeta Mexicana, S.A. de C.V.
Bajo el sello editorial MARTÍNEZ ROCA
Avenida Presidente Masarik núm. 111, 2o. piso
Colonia Chapultepec Morales
C.P. 11570 México, D.F.
www.editorialplaneta.com.mx

Primera edición impresa en España: octubre de 2008
ISBN: 978-84-270-3483-9

Primera edición impresa en México: febrero de 2009
ISBN: 978-607-7-00058-7

Impreso en los talleres de Litográfica Ingramex, S.A. de C.V.
Centeno núm. 162, colonia Granjas Esmeralda, México, D.F.
Impreso en México – *Printed in Mexico*

ÍNDICE

Entre las brumas de Barbastro

Yo nací el 11 de octubre de 1968, esto es, en el siglo pasado. Claro que el sentido de esta afirmación, *el siglo pasado,* dependerá en gran medida del siglo en que lea usted estas páginas. Nací de madrugada, de nalgas. Afloré al mundo a eso de las seis de la mañana, y de nalgas (insisto), que es un modo como cualquier otro de aparecer en este planeta. La hora exacta no está muy clara, por más que le he preguntado a mi progenitora. Fue justo un año después de que mis padres se casaran en feliz y fructuoso matrimonio. Faltaba un día para que se cumpliera el aniversario de la boda.

Como digo, era el año de gracia de 1968, en el mes de octubre, día once, festividad de Santa Soledad, siendo Sumo Pontífice el beatífico Pablo VI. Nací en Barbastro, provincia de Huesca. Quizá me hubiera gustado nacer en Nueva York, en Londres, en París, más que nada porque son lugares con mucho encanto. Pero con el tiempo, y no es por hacer de menos a esas otras tres localidades, prefiero haber nacido donde he nacido.

Fue un parto difícil, mi madre siempre ha repetido que si estoy aquí escribiendo estas líneas es por la pericia de la comadrona. Allí en el quirófano estaban sólo la comadrona, el médico, mi madre y mi ángel de la guarda. También estaba yo, pero el parto fue tan difícil que casi dejo de estar. Ojalá hubieran grabado en vídeo mi nacimiento; me habría encantado ver mi cabeza amanecer entre los beneméritos denuedos de mi progenitora. Aunque, dado que nací de nalgas, no pienso que fuera mi cabeza lo primero que hubiera asomado de mí al orbe.

¡Había nacido el primogénito de mis padres! El primer hijo, y el último. Y, a juzgar por lo que afirma mi madre, aquel parto tan tormentoso fue una de las razones que disuadieron a mi padre de seguir extendiendo la vida humana sobre la tierra, dando por concluido, conmigo, el deber de propagar la especie.

Aunque más que de *mi parto* me gustaría hablar de *mi nacimiento*. La palabra *parto* evoca más bien sangre, gritos y gruesas gotas de sudor en la frente de la madre, sufriendo como una yegua. Por eso, a partir de ahora, al referirme a este hecho inicial de mi vida hablaré de *nacimiento*. Es más, tratándose de mí, creo que la palabra más ajustada sería *alumbramiento,* etimológicamente derivada de *ad lucem*. Menudo jugo le estoy sacando a mi parto. Prometo no volver a mencionar el tema en toda la obra. Más vale que pase a otro tema, porque, si no, voy a llenar el primer capítulo entero sólo con mi paso de *nasciturus* a bebé. Digo *bebé* y no *lindo bebé,* porque en esas horas sangrientas y hospitalarias, tan flaco y cabezón como salí, guardaba más parecido con E.T. que con las televisivas estrellas infantiles de los anuncios de pañales.

Lo primero que hice nada más llegar a este mundo, y durante varios meses, fue dedicarme con entusiasmo y mucho empeño a mi colitis. Las fotos que tengo de aquel niño ruinoso, junto a un gigantesco y sonriente oso rosa de peluche, cuatro veces más grande que yo, dan fe de ello. El oso está rollizo, contento, mientras que yo, a su lado, con mis costillas bien marcadas, con una cabeza que es un tercio de mi cuerpo, tengo el gesto de E.T. cuando se le escapa la nave y lo deja abandonado. Esas fotos prueban lo poca cosa que era; pero no importaba, porque, como dijo Alejandro Magno: *De pequeños principios resultan grandes fines*. Mis principios no dejaron lugar a dudas: diarrea, diarrea y más diarrea. Dicho sea de paso: en aquella época los pañales eran de tela.

Mi padre era un hacendoso propietario de una empresa de mieles. Mi madre se dedicaba a sus labores. Yo me tenía que llamar como mi padre. A mi padre, que se llamaba José Antonio, ni se le pasó por la cabeza que su hijo pudiera llamarse de otro modo. Y José Antonio quedé. Muchos años después, mi madre me comentó de pasada que ella hubiera preferido *Sergio*. Me dio una pena tremenda saber aquello, porque a mí también me gustaba más Sergio. Pero ya no había nada que hacer. Mi abuelo se llamaba Arsenio. Afortunadamente para mí, mi abuelo dijo que con un Arsenio había suficiente. Dado que, poco antes de aquella época, existía la costumbre de poner el nombre del santo del día, fácilmente me podía haber llamado Eldiburgo Fortea. Sin descartar la posibilidad de Rictrudo, Andónico o Ampodio. Vistas tales posibilidades, agradezco que el sentido común prevaleciera.

Mis primeros recuerdos, los primeros de todos, son muy difusos y fragmentarios. Son como esas fotos en blanco y negro, muy antiguas, que en aquellos años se guardaban en cajas. En casi todas las casas de los años sesenta las cajas de zapatos hacían las veces de álbumes.

Muchas veces me he preguntado cuáles son los primeros recuerdos de mi vida, los primeros de todos. Sin duda, lo primero que atisbo en mi memoria es estar sentado en el suelo de un balcón, sin saber ni andar ni hablar, y tirar unas llaves infantiles de plástico, grandes y coloridas. Recuerdo a mi abuela teniendo que ir, escaleras abajo, a por ellas. Dos veces realicé la operación, para desesperación de mi abuela Eugenia. Me acuerdo perfectamente de su cara y su gesto de falsa reprimenda, ya que se daba cuenta de que no entendía aún nada, y estaba encantada de tener a su primer nieto en su casa de la orilla del río.

En el segundo recuerdo voy de la mano de mi abuela, de visita a un gran caserón, y me muestra en el jardín a sus amigas. Me acuerdo por el caserón, el jardín y los perros, y porque las ancianas amigas ponderaron mucho la belleza del niño, que era yo. Mi abuela me mimaba un montón. Era su primer nieto y siempre repetía que la primera rosa es la que se huele bien. El tercer recuerdo que tengo es estar jugando con un tren de madera, en la cocina de mi casa, mientras mi madre hacía sus cosas. Es un recuerdo silencioso. Mi madre cocinando y yo haciendo dar vueltas al tren sobre una mesa.

Otras huellas de mi memoria son posteriores, como por ejemplo ese gran oso que ya he mencionado, sonriente, de mucho mayor tamaño que yo, con un pelaje rosa muy suave, adornado con un lazo azul en el cuello, y que hacía un sonido gracioso cuando le apretabas el vientre. Recuerdo abrazarme entre risas a ese oso, con todas mis fuerzas. También recuerdo la calefacción de gasoil que pusieron en el pasillo de nuestra casa. Era muy grande, con un característico olor que provenía de su depósito, y que a mí me parecía un aroma exótico. En un rincón que había detrás de la calefacción, murió un pollito amarillo que me regalaron. Se escondió allí para estar más caliente y al final estuvo demasiado caliente, se atolondró y ya no encontró la salida. Por lo menos ésa fue la versión oficial de los hechos. Ahora que escribo estas líneas, comienzo a sospechar que quizá simplemente lo cocinaron, y lo de la calefacción fue una excusa.

Asimismo me acuerdo de estar debajo de la mesa de la casa del pueblo de mis abuelos, mientras ellos cenaban y yo andaba afanado en la tarea de atrapar al gato. Al poco, todos estaban consolándome del zarpazo que me había ganado. Ya nunca más he vuelto a arrastrar un gato por la cola. También tengo un cierto recuerdo de hallarme junto a un río y comunicar que tenía ganas de hacer caca, y después de hacerla serme indicado que tenía que limpiarme, no con higiénico papel, sino con piedras, esto es, con cantos rodados, muy pulimentados. Debo referir que es mucho más útil el papel, dado que esas piedras, al ser tan lisas, limpian poco. De hecho, hubo que usar más de una docena de piedras en esa ocasión.

También tengo grabada en la mente la primera vez que vi una culebra. Para un niño, una culebra era poco menos que un dragón. ¡Cómo se retorcía cuando la mataron a golpe inmisericorde de azadón! ¡Cómo se enrollaba y sacaba maléficamente la lengua!

Pero, sin duda, más impresos que éstos, están mis recuerdos de la televisión. Aquel electrodoméstico ejercía sobre mí una atracción casi hipnótica. Prácticamente, más que repasar mi vida a través de los hechos más destacados, podría evocarla con mayor añoranza y sentimiento a través de los programas de televisión vistos. Tengo la lamentable sospecha de que he pasado delante de la pantalla buena parte de los mejores momentos de mi vida. Ah, esa pequeña y mágica pantalla... Siempre cambiante, siempre alegre. En aquellos tiempos, la televisión era en blanco y negro, había un solo canal y no se emitían programas por la mañana.

La programación comenzaba una media hora antes del telediario de las tres de la tarde, y había otro programa después. Luego, una locutora en blanco y negro, con un peinado de los años setenta, anunciaba que se interrumpía la programación hasta las seis. A veces me quedaba un rato, tratando de interpretar qué podría significar aquel redondel con tantas rayas y gradaciones de negros, blancos y grises que constituía la carta de ajuste. En serio digo que traté de descifrarlo durante años.

A las seis volvía la emisión con un programa casero de TVE para niños. A las doce y media de la noche se interrumpía de nuevo la programación. A esa hora, una señora que sonreía forzadamente (la televisión estaba en sus comienzos) decía que allí terminaba la emisión de la jornada y que nos agradecía nuestra presencia ante el aparato.

La posibilidad de que hubiera televisión por la mañana o durante toda la noche nos hubiera parecido algo demencial, un sinsentido. Semejante cosa no se le ocurría a nadie. En los años setenta mucha gente podía imaginar una Europa comunista, un mundo lleno de coches volantes o que en el Triángulo de las Bermudas hubiera un nido de marcianos, pero la televisión funcionando todo el día era algo impensable.

Como es fácil de imaginar, el cine también ha tenido una influencia inmensa en mí. Es más, si me preguntaran cuáles habían sido los grandes recuerdos de mi adolescencia, creo que una nada despreciable parte de ellos serían cinematográficos. Cómo no acordarme de momentos estelares y maravillosos de aquellos años, como cuando Darth Vader lucha con aquel señor tan soso de las barbas, Obi Wan. O del instante en que el malo abre el Arca de la Alianza, con Indiana Jones atado a un poste, por citar sólo dos ejemplos. Dado lo que disfrutaba con el cine, siempre me pareció un placer excesivamente barato. No me podía creer que tal cúmulo de sensaciones y excitaciones pudieran pagarse con una simple entrada.

Creo que esta afición al séptimo arte, que me ha acompañado toda mi vida, se puede deber a que mis padres iban al cine una vez a la semana, y me llevaban consigo desde mi más tierna infancia. Yo era un niño inquietísimo, muy agitado; tanto que una vez el cura bajó del presbiterio al acabar la misa, se acercó a mi madre y le dijo: *¡Señora, si va a venir con su hijo más vale que no venga!* Sí, era un niño muy alborotador, pero tenía sólo tres años cuando ellos ya decían, asombrados: *Es curioso, cuando vamos al cine, lo dejamos en la butaca, se queda mirando a la pantalla y ya no se mueve en todo el rato.* La gran pantalla era la única cosa de este mundo que me dejaba petrificado, inmovilizado y con mi boquita de piñón abierta.

Pero una cosa me preocupaba del cine, y era que mis padres se sentaban uno al lado del otro, y yo en un extremo. Nunca les confesé mi incomodidad, pero yo quería estar en medio de ellos dos, con mi padre y mi madre protegiéndome a babor y estribor. Eso de estar en un extremo, desprotegido, en un lugar oscuro, al alcance de cualquier extraño, era algo que me inquietaba un poco. Pero en cuanto empezaba la película, me olvidaba hasta de mi propia existencia, me dedicaba a vivir la película. Sin duda, vivía las películas con mucha más intensidad que mi propia vida. Me sigue pasando. Desde luego, recuerdo con mucha más emoción *La aventura del Poseidón* que la muerte de mi abuelo. Lloré más con los monólogos de *El león en invierno* que con el triste deceso de mi padre.

Esto es tan cierto que, incluso ahora, cuando en alguna circunstancia de mi vida me encuentro en un dilema de gran trascendencia y no sé qué hacer, me digo *imagínate que estás viendo esta escena en una película, contigo como protagonista, y que te está viendo toda la sala, ¿qué harías en esta situación?* Y al momento, la respuesta al dilema aparece con toda facilidad, recobro fuerzas, me vuelve el ánimo y lucho contra lo que haga falta. De hecho, siempre me he imaginado el Juicio Final como una culminación apoteósica, divina y celestial propia del séptimo arte, una especie de escena final.

En aquellos lejanos años todos los niños nos criamos a base de galletas María Fontaneda en el desayuno y Nocilla en la merienda. También se estilaba mucho llevar una manzana para el recreo de la mañana. Eran los tiempos en que *Barrio Sésamo* te explicaba machaconamente la diferencia entre *aquí* y *allí* y cosas por el estilo. No importaba la edad a la que vieras ese programa, siempre tenías la sensación de que era para gente más imbécil que tú mismo. Epi y Blas parecían unos alelados hasta para un niño idiota. La gallina Caponata, insufrible. Las auténticas gallinas, que yo tantas veces había observado en corrales familiares, eran Albert Einstein al lado de aquel avestruz con aspecto marciano. Espinete tampoco hizo mejor papel. Sólo el Monstruo de las Galletas y la rana Gustavo conferían un poco de dignidad a los programas infantiles. Había también un cocinero que siempre decía *isquibursqui-bursqui-bursqui isquibursqui-bursqui-bursqui-burs,* mientras movía dos saleros sobre una olla, un pollo o lo que fuera. En cuatro años de programa, aquel cocinero no dijo más que esa frase, pero siempre sonaba nueva. Pero si no fuera por estos pocos magníficos personajes, habría llegado a la conclusión de que en Prado del Rey pensaban que ésta era una nación de niños retardados.

Muy por el contrario, jamás olvidaré a Bugs Bunny afeitando al cazador al compás de *El barbero de Sevilla.* Siempre recordaré también, de la misma serie, a Sam Bigotes, el bajito pelirrojo y cascarrabias que en todo momento iba con una pistola en cada mano, disparando a diestro y siniestro y tratando con delicadeza a la deliciosa viejecita. Siempre la misma anciana, durante años y años. Aquellos dibujos de la Warner Bros rezumaban inteligencia. Si *Barrio Sésamo* era el alimento para los niños un poco cortos de raciocinio, la Warner parecía empeñada en hacer dibujos animados para la élite intelectual. Sin duda alguna, durante bastantes años esa compañía produjo un material que se ha convertido en un clásico del género. Ha habido muchas secuelas, muchos intentos (hasta de la misma empresa) por repetir la genialidad de aquellos episodios, pero en vano. La genialidad no se decide en reuniones. Aquel malicioso gato negro persiguiendo a un ingenuo y encantador canario amarillo, rodeado siempre de perros, era fantástico. La víctima era ambiguamente sádica, y la viejecita que golpeaba con el paraguas al agresor, al pobre agresor, era insuperable. He intentado dar golpes con un paraguas, con ese ritmo, con ese *tempo,* con ese gesto de la viejecita del moño y las pequeñas lentes, pero es imposible, resulta inimitable. La música clásica que acompañaba a los dibujos sólo podía compararse a los fondos, bellamente abstractos, que estaban detrás de los personajes.

Aquellos dibujos animados los podía ver con igual deleite un niño que Picasso. Dicen que Occidente debe mucho al influjo de Sócrates. Los adultos de mi edad, desde luego, hemos pasado más tiempo escuchando a Bugs Bunny que a Sócrates. Sin duda, en este comienzo del siglo XXI, el influjo de Bugs Bunny sobre Europa es mayor que el de Sócrates.

El caso es que, mientras yo veía la tele en mis tiernos años, mi padre trabajaba de sol a sol en su empresa de cuatro obreros, dedicada al envasado de miel. Reinaba un ambiente de lo más familiar en aquel negocio. Mi padre era extremadamente amable con los que trabajaban en su empresa. Era una persona muy cálida. Su defecto era, indudablemente, su excesiva laboriosidad. Los que más trabajan en el mundo son los empresarios, eso es bien sabido. Para él no había horarios. Disfrutaba con su trabajo, eso sí. Su vida era su trabajo. Los obreros eran como de la familia, de toda la vida. Las alegrías y las penas de los que allí se ganaban el salario eran las alegrías y las penas de mi padre. Ya he dicho que había cuatro empleados en la fábrica. Como promedio, pues a veces eran más, a veces menos, dependiendo de la temporada. Porque la miel, como la uva, es un producto de temporada, que se «cosecha». En invierno, las abejas no producen miel. Entonces se las alimenta con agua azucarada. Podrían nutrirse de su propia miel, pero la envasábamos, y a cambio les poníamos en la colmena esa agua dulce, que es más barata.

La fábrica de mi padre siempre olía a miel y cera. Era una nave industrial de dos pisos, muy grande. Para un niño, el lugar ideal de juegos y exploraciones. Yo jugaba con la cera, la veía fundirse en un gran tanque, la pinchaba con uno de los muchos cuchillos con que la cortaban. Veía salir una masa caliente, y también observaba cómo después la prensaban con unos rodillos y le imprimían los hexágonos. Se trataba de láminas de cera para las colmenas, ya que también vendíamos material para apicultores. Era una cera del color del oro, intensamente amarilla. Cera pura y fragante, que podías modelar con los dedos, entonces tiernos dedos de niño. Muchas veces me acercaba a la gran cuba rectangular de cera fundida, un tanque de más de setecientos litros, y metía cuidadosa y brevísimamente el dedo, y el extremo de mi índice salía al momento cubierto de un líquido casi transparente, que se solidificaba ante mis ojos adquiriendo un color amarillo.

Otro recuerdo que tengo muy vivo es el de la miel fundida en los depósitos. La lámina dorada de cera en la que se imprimían los hexágonos para las colmenas salía de los rodillos y había que cortarla. Entre lámina y lámina iba un papel muy fino, como papel biblia, para que no se pegaran con el calor. En aquella época, nada estaba mecanizado. Todo lo hacían a mano cuatro mujeres contratadas cierto mes, que trabajaban entre bromas y que me sonreían y tenían mil deferencias conmigo, porque era el único niño que correteaba como un duende por la fábrica.

Era un lugar fantástico para las correrías y la imaginación de un niño. Me acuerdo de todo tan bien. Aquel camión viejo, renqueante, lleno de ruidos, con su grúa en la parte trasera; los bidones de miel de romero, blanca. Bidones con miel *mil flores*, dorada y brillante. Cada miel tenía su olor. Una misma clase de miel adquiría muchas diferentes texturas desde que llegaba en los bidones hasta que acababa en un frasco de cristal. Todo eso lo recuerdo con gran cariño.

Ver fundir bidones enteros de miel, hasta llenar la gran cuba de acero inoxidable, la mayor de la fábrica, era algo impresionante. Se ponían boca abajo, sin tapa, sobre una gran rejilla. El calor que subía de la cuba hacía que la miel cristalizada comenzara a fundirse. Hasta allí arriba llegaban unos vahos que olían con intensidad a miel caliente, y esa dulce fragancia suponía toda una experiencia. En la cuba había un grifo, por el que en vez de salir agua salía miel, un chorro que caía, espeso y áureo, sobre el tarro que yo sujetaba con mis manitas.

Si alguna vez había más pedidos de miel de los que podía satisfacer la fábrica en sus horarios de trabajo, toda la familia (incluidos tíos y primos) iba a ayudar a envasarla en frascos. ¡La cantidad de frascos que habré cerrado! Cada invierno, además, un día determinado, nos reuníamos con mis tíos y embutíamos chorizos para nuestro propio consumo. Aquella gran sala se llenaba del característico olor dulzón del pimentón. Varios barreños aguardaban, repletos de aquella carne roja y apetitosa, muy sazonada, que iba siendo embutida, y que después colgábamos en la despensa. Fuera de casa podía estar helando, cada noche, durante semanas enteras, pero nadie tenía miedo a salir en tales condiciones si se había tomado un buen plato de huevos con chorizo. Salvo un año, en el que, durante siete días, el frío fue más allá de lo que ninguno habíamos conocido en la comarca. La nieve y el hielo lo cubrieron todo. Por más ropa de abrigo que nos poníamos, llegábamos a casa helados. Se alcanzaron los once grados bajo cero.

Mi padre, gran cazador, guardaba los perros en un lugar anexo a la fábrica, un gran patio alargado, que colindaba con la nave industrial vecina. Esos perros eran una jauría que salía enloquecida hacia la furgoneta en cuanto se les soltaba para ir de caza. Mi padre era un gran aficionado a cazar. No había conejo, no había perdiz, no había liebre que se le resistiera. Donde ponía el ojo, ponía los perdigones. Ésa era la gran pasión de mi padre. Eso sí, nunca vio un partido de fútbol. Yo tampoco.

Mis abuelos paternos, que eran tratantes, provenían de Maranchón, pueblo de muchas nieves, de Guadalajara. Los tratantes eran desde hacía muchos siglos los que iban de pueblo en pueblo, de ciudad en ciudad, vendiendo mulas. Decir que mi abuelo se ganaba la vida como tratante era como afirmar que hablábamos de un auténtico negociante, curtido a base de grandes caminatas de hasta seiscientos kilómetros, endurecido por largos viajes. Viajes a pie y a caballo, en lo más riguroso del invierno o del verano. En aquella época, el *trato* daba dinero. Mis abuelos paternos tenían una casa muy grande, y una criada. Pero no eran burgueses, ni cultos, ni nada de eso, sino personas fuertes, tenaces, pragmáticas y resistentes a todas las inclemencias meteorológicas.

En la rama paterna de mis ancestros no se respiró nunca ningún tipo de idealismo. Eran comerciantes, gentes siempre con los pies en la tierra, y muy trabajadores. No se recuerda ningún clérigo de ningún tipo en esa parte de la familia. Cosa rara en una España en la que apenas encontramos familias en las que no haya un tío lejano o un primo que sea cura o, en el caso de las féminas, monja. En esa variante de mi sangre, misa dominical y gracias. No hubo, pues, por tal lado, mucha influencia mística en mi vida: misa en las fiestas de guardar y extremaunción en el lecho de muerte. Y punto. Se suponía que yo seguiría esta tradición familiar.

Con la paulatina introducción de la maquinaria agrícola, la compraventa de mulas fue decreciendo. Lo hizo lentamente, de manera que el negocio se pudo reconvertir sin brusquedades. Mi abuelo y mi padre, yendo por los pueblos, no sólo vendían mulas, sino que también compraban cera a los agricultores, para venderla en la ciudad en forma de velas. Durante muchos decenios, en la fábrica se vendieron velas y mulas. Poco a poco, aquel comercio con la cera y la miel fue creciendo, y disminuyendo el de los animales, hasta llegar a convertirse el primero en el negocio absoluto. Medio siglo después de la reconversión, en los muros de la gran nave de ceras y mieles todavía colgaban varias argollas, donde mucho antes de que yo naciera se ataban las caballerías. De momento, por tanto, observamos que por este lado de la familia la única conexión clerical era la fabricación de velas. Por más que le he dado vueltas al tema, no creo que exista una relación causa efecto entre esa circunstancia y mi servicio en la viña del Señor.

Mis abuelos maternos eran de Buera, un pueblo situado no muy lejos de Barbastro. Buera, con sus doscientos habitantes (en sus mejores tiempos), era la rusticidad llevada a la perfección. Era el campo bendito de Virgilio, el paisaje bucólico de los novelistas románticos del XIX. El pueblo contaba con una sola calle circular, recorrida por ovejas, burros, labriegos y niños bulliciosos que hablaban con un acento aragonés mucho más fuerte que el mío. Alrededor del fuego del hogar (mis abuelos nunca tuvieron televisión), se hablaba un castellano en el que cada frase contaba con dos o tres palabras baturras, cuya comprensión sólo era posible para los naturales de la comarca.

Mis abuelos maternos, agricultores, eran buena gente; gente sana, como los abuelos paternos. Mi abuelo era, además, herrero. Y en la fragua daba fuelle durante horas a hierros rugientes, golpeándolos después con sus potentes brazos, hechos a golpear con las pesadas mazas. Si las mulas y la cera constituyeron el horizonte vital de mi abuelo paterno, la herrería y las viñas fueron el de mi abuelo materno.

Mi abuelo se compró un caballo, e iba por Buera cabalgándolo, orgulloso, más tieso que un ajo, mientras los demás le miraban y le admiraban. Anda que no iba orgulloso mi abuelo en su caballo, montándolo con toda su juventud y gallardía. En aquella época, más o menos los años cuarenta, el resto de la gente iba en burro. Sí, mi abuelo era un poco presumido. Y, además de herrero, era jotero. Cantaba jotas. Con el tiempo, se compró una moto impresionante, señal de que la herrería daba algo de dinero. La moto causó furor en el pueblo. Era como esas que se ven que llevan los alemanes en las películas de la Segunda Guerra Mundial. Una moto muy larga, pesadísima, con un motor inmenso. En el pueblo no se había visto cosa igual. Primero había sido el caballo, después la moto. Mi abuelo debió de ser un partido muy deseado por todas las mozas del lugar; pero era de mi abuela, que era muy guapa, dicho sea de paso.

Mi abuela y mi tía abuela tenían aspecto de moscovitas. Es decir, el típico aire de las mujeres de los antiguos jerarcas soviéticos: de piel muy blanca, roqueñas, macizas, siempre con la misma expresión que las matronas de los tiempos de Jruschov o Breznev. Al principio mi abuela no era tan fortachona, pero el buen apetito, en una época en la que la obsesión por la línea era desconocida, fue redondeando su figura.

Tampoco se recuerda a ningún clérigo en ningún grado por esa rama materna, salvo un tío lejano. Por ese lado de mi sangre, hubo, sin embargo, algo más que misa dominical y extremaunción *in momento mortis*, ya que mi bisabuela Urbana, mujer de armas tomar, escondió los santos de la iglesia en su casa durante la Guerra Civil. Aunque tampoco tengo muy claro que este episodio bélico haya influido en mi entrada en el seminario.

Mis dos abuelos (el paterno y el materno) llevaban siempre una boina negra. Estoy seguro de que ni se les pasaba por la cabeza poder salir a la calle sin su *boineta*. Era como un elemento más de su ser. Mi abuela paterna tenía un precioso pelo blanco, y me quería mucho, porque, como ya he dicho, fui su primer nieto, su deseado primer nieto. Me mimaba en exceso y la reñían por ello. Me acuerdo de ella, pero poco, desgraciadamente. Todos mis abuelos fueron muriéndose antes de que yo pudiera ser lo bastante mayor como para conocerlos de un modo más consciente. Sólo el abuelo Francisco duró unos años más, pero tampoco muchos. Lo que más se me ha quedado en la memoria de él es que cada vez que me veía repetía la misma frase, siempre la misma, durante años: *Vaya, vaya, ¡jolines!, sí que ha medrao este chiqué, sí que ha medrao.* Aquello era para mí un tópico. Un tópico aburrido. Después del saludo, siempre llegaba aquella misma frase, sin variaciones ni añadiduras. Repetida varias veces, por si no nos habíamos enterado a la primera. Qué lejos estaba aquel niño (que era yo) de saber que, cuando pasaran los años, sería yo el que repitiera ensimismado el mismo tópico cuando viera a mis familiares más menudos.

Mis recuerdos de Barbastro son deliciosos. Evoco mi pequeña ciudad de quince mil habitantes casi como si fuera el escenario de una novela de Charles Dickens. Un núcleo urbano lejano de cualquier ciudad grande. Barbastro, en realidad, parecía lejos de cualquier parte. Lo cual le confería indiscutida preeminencia en varias comarcas y territorios adyacentes a ella. La villa secular se recostaba entre un río y un monte, donde descansaba su casco más antiguo. Si Machado dice que sus recuerdos de infancia son de un patio andaluz y mucho sol, los míos son de mucha niebla y mucha calle estrecha, gris e invernal, casi londinense. Las orejas dolían de frío no pocas mañanas. Todos los niños llegábamos al gran portón de las Escuelas Pías echando vaho por la boca. Cada día tenía varios kilómetros de camino para ir al colegio, y además andaba solo, pues era hijo único, en una época en la que todos los chicos pequeños regresaban a sus casas de la mano de los hermanos mayores.

Hacía el recorrido de varios kilómetros hasta los Escolapios, enfundado en mi abrigo grueso, con mi bufanda y mis guantes, y llevaba también un pasamontañas. Era una caminata, aunque nunca conté los kilómetros que recorría. Cada jornada hacía ese camino cuatro veces, porque iba a almorzar a mi casa. Pero yo no era una excepción, todos los niños de mi edad que vivíamos al otro lado del río andábamos distancias parecidas. Hoy eso se consideraría excesivo para unas criaturas de ocho tiernos añitos, ¡pero crecimos fuertes! Con aquel frío, con aquella excursión diaria, con aquella cartera cargada de libros, uno llegaba a casa con un hambre de mil demonios. ¿Quizá ese apetito de mil demonios me llevó a estudiar más adelante la demonología? Quién sabe.

Recuerdo que, cuando estaba en preescolar, una monja que me encontraba muy delgado aconsejó a mi madre que me diera cada día para el recreo un bocadillo de hígado. La monja me tomó mucho cariño, porque mi segundo apellido es Cucurull, y ella había conocido a un obispo que se apellidaba de igual manera. De modo que su afecto de episcopales remembranzas la impuso el caritativo y tenaz deber de hacer lo posible por engordarme. Esfuerzo que a la larga debía ahorrarse, pues cualquiera que esté en los cuarenta años sabe que para engordar sólo hace falta una cosa: dejar pasar el tiempo. Ojalá tuviera ahora aquí, conmigo, a esa monja tenaz, para que me ayudara con el mismo entusiasmo a lograr justo lo contrario. Dos esfuerzos, el de ella entonces, el mío ahora, con propósitos opuestos y resultados similares.

Pero ella estaba lejos de verme tan lustroso como estoy ahora, y así cada día me hacía comer un enorme, interminable, bocadillo de hígado. Entonces debía de ser algo muy recomendado por los médicos. Aquello era espantoso. He odiado el hígado para el resto de mi vida. Jamás he vuelto a probarlo. Su mero olor me molesta. Pero la monja no me dejaba marchar al recreo hasta que me lo acababa. Ella, con la mejor voluntad, se tomó muy a pecho lo de hacerme ganar unos kilos. Hasta que un día le dijo a mi madre que no me pusiera unos bocadillos tan grandes que ni ella misma se los hubiera podido acabar. Mi madre, como la hermana, también se había tomado muy a pecho lo de cebarme. *A ver si echa el mal pelo*, se decía observando cómo se marcaban mis costillas.

Muchos días, a la vuelta del colegio, mi madre me llevaba con ella a comprar los kilos de hígado que consumíamos. Íbamos a una carnicería donde sólo vendían entrañas, que tenían allí colgadas. Ese tipo de tiendas de la España franquista se llamaban chichorrerías. Allí había corazones, pulmones, hígados, expuestos a la vista de todas las matronas de los años setenta. Y yo, desde mi más tierna infancia, tenía que ver aquellas cosas, no me tapaban los ojos al entrar a la tienda. Después la gente se pregunta por qué no me impresionan las escenas de *Alien* o *La noche de los muertos vivientes*. A un niño que había visitado frecuentemente la chichorrería no le afectaban aquellos efectos especiales de sangre que se escurría como la salsa de tomate. Hollywood estaba muy lejos del realismo salvaje de aquellas tiendas de entrañas y otras carnicerías.

Por alguna razón, las pescaderías nunca han tenido el aire macabro de las carnicerías. Las sardinetas y los besugos parecen estar allí felices, tomando el fresco entre los cubitos de hielo y los trozos de perejil y limón. A veces, hasta había cangrejos vivos, y mi manita, con vocación pescadora, trataba de atraparlos entre el hielo picado, mientras mi madre esperaba la vez. Había mucha cola, porque a Barbastro sólo llegaba pescado fresco dos veces a la semana.

El caso es que no engordé, ni siquiera con todos aquellos bocadillos. Ahora sí que he engordado.

La lengua que hablábamos aquellos críos barbastrenses que correteábamos por las estrechas calles de nuestra querida ciudad era un castellano la mar de cuajado de modismos propios. El acento era muy fuerte, aunque no tanto como en los pueblos de alrededor. Bastantes palabras hubieran resultado incomprensibles para alguien no acostumbrado al baturro, y otras palabras, aun siendo castellanas, estaban corrompidas por las muchas generaciones de nuestros bárbaros antepasados bajados de los valles del Pirineo. Posteriormente la televisión y la lectura han ido uniformando aquel castellano propio de esa provincia tan alejada del centro geográfico de nuestra nación. Pero yo, hasta que no fui a Pamplona, a la universidad, no supe que no eran del todo correctas frases que a mí me parecían normales, como *tan apenas andé un cacho me harté del chiqué y le mandé a escampar la boira*. Ahora creo que manejo un castellano como el de Cervantes o Góngora, pero hubo un tiempo en que hablé con el acento de Paco Martínez Soria, y con un castellano repleto de palabras típicas del lugar (*bajemos a la demba a por el pozal y me estozolé al tropezarme con el jadico*). Hasta los veinticinco años no dejé de decir *andé*. *Anduve* me parecía excesivamente repipi, y la verdad es que todavía me lo parece.

Lingüísticamente, todos los giros oscenses se han ido atenuando, mayormente gracias a la televisión. Pero de niño pude disfrutar de un lenguaje que, sin dejar de ser meramente dialectal, era muy cerrado. Un poco más al norte de Barbastro ya sí que se hablaban las auténticas fablas de los valles del Pirineo. Varios compañeros míos de clase las hablaban como lengua materna. Más al este, en la franja oriental de Huesca, se hablaba el *chapurreado*. Así llamábamos a la mezcla del castellano y el catalán con que se comunicaban los oscenses de la zona de Binéfar y Fraga. Desde pequeño he crecido escuchando el catalán en la televisión, de manera que para mí es como mi segunda lengua. Pero ninguna lengua más querida para mí que el hablar de mis abuelos y tíos abuelos, un baturro cerrado, muy musical y agreste, repleto de idiotismos.

Cuando era niño esperaba el día de la semana en que ponían en la pantalla mi serie favorita. Siempre tenía una serie favorita. El día de mi serie favorita era mi día preferido en la semana. Mis series favoritas fueron consecutivamente: *Mazinger Z, Espacio 1999* y *Comando G*. Sin embargo, *Con ocho basta* me gustaba menos. *Heidi* les gustaba más a mis primas. *Heidi* era edulcorada hasta para un niño de nueve años. Prefería *Los Roper*, o *Mis terrores favoritos*, en la que Chicho Ibáñez Serrador salía con un puro presentando cada película.

Mi madre siempre hacía para el almuerzo patatas hervidas con judías verdes. Todos los días. Mi padre, como ya he dicho antes, era cazador, con lo cual yo estaba un poco harto de tanto conejo y tanta perdiz. La caza la comíamos de todas las formas posibles: asada, en escabeche, estofada. Sentado en la cocina, veía cómo mi madre pelaba los conejos. Los desollaba con maestría, no le temblaba la mano. A veces me llamaba para enseñarme que una mamá conejo tenía dentro conejitos. Yo me acercaba al fregadero y miraba con curiosidad: aquello era asqueroso, pero no apartaba la mirada, pues la curiosidad me podía. Lo que se veía en el fregadero de mi casa cada fin de semana me inmunizó grandemente para todo lo que tuve que ver cuando estuve un año como capellán de un hospital. Y eso que yo no presencié nunca la matanza. La matanza del cerdo a la llegada del frío del otoño, con asistencia de niños, era una mezcla de *La Matanza de Texas IV* y *El silencio de los corderos*. No entiendo ni entenderé jamás cómo los niños no salían de allí traumatizados y tambaleantes, ebrios de sangre y trastornados por los chillidos de la pobre bestia.

Lo que sí que me tocaba, con cierta frecuencia, era inmovilizar las patas de los gallos, mientras mi madre les cortaba el pescuezo. Voy a ahorrar al lector ciertos detalles sangrientos, pero al ver aquello me resultaba evidente que las agonías ficticias de los héroes heridos en las películas no se parecían en nada a las agonías reales del fregadero de mi casa. En las películas, los héroes se quejan apretando los ojos, mientras tapan su costado herido con la mano. Siempre es así, con ciertas variantes, hasta que dejan caer su cabeza de lado, como si durmieran. Nada que tuviera que ver con las reacciones fisiológicas que yo veía en un simple pollo, un conejo o un pavo. Del cerdo prefiero no hablar. No hay animal más escandaloso a la hora de despedirse de este mundo.

Las chicas de ahora, cuando compran una bandeja de lomo y disfrutan de este producto porcino, no saben que en mi infancia se necesitaba una familia entera para sujetar al cerdo que, créanme, luchaba con todas sus fuerzas por su vida.

Entonces se comía menos carne que ahora. Como decía, mi madre siempre hacía patatas hervidas. Al principio de su vida matrimonial experimentaba y cocinaba nuevos platos. Se compró varios libros de cocina, incluso la *Enciclopedia de la cocina paso a paso*, de tomos innumerables. Pero con los lustros, los entusiasmos de las recién casadas van mermando. Y así, lenta, insensiblemente, fuimos deslizándonos hacia un menú de saludables patatas hervidas. Con las patatas hervidas me pasa ahora como con el hígado, jamás las pruebo. He comido tantos sacos de patatas. Y, encima, siempre hervidas. Mi madre jamás hacía patatas fritas. De postre, invariablemente, fruta del tiempo. Su postre especial (su único postre) era el brazo de bizcocho relleno de crema, que hacía unas cuantas veces al año. Fuera de algún que otro flan casero, pocas veces tomábamos de postre otra cosa que no fuera fruta.

La gastronomía de esta nación ha sufrido una gran transformación en treinta años. Muy de vez en cuando, mi madre aprendía alguna nueva receta, y como la cogiera con entusiasmo, nos la repetía cuatro o cinco veces por semana durante un mes, hasta que, satisfecha, consideraba que ya le había pillado el truco. Un buen año aprendió a hacer sopa juliana, y además el hallazgo coincidió con la compra de una picadora de verduras, de modo que tomamos sopa juliana hasta que se nos salía por los oídos. Otro año aprendió a hacer la vichyssoise, y la tomamos hasta que ya no pudimos más. Creo que al final hasta mi padre, que no se quejaba nunca, debió admitir que no podía más.

Estudié la educación primaria en los Escolapios, al lado del ayuntamiento. El colegio de los Escolapios era un caserón inmenso, que para nosotros, los tiernos infantes, parecía datar de una edad que se perdía en la oscuridad más profunda de un tiempo anterior a la Edad Media. Había convento de frailes, internado, laboratorio, biblioteca, patios, galerías, más galerías, salas abandonadas, celdas de

los frailes, varios comedores, pasillos interminables poco ilumina-
dos, bibliotecas secretas (o que nos parecían secretas), sacristías oscuras como criptas, y un laberinto inacabable de corredores que llevaban a abandonados desvanes, a nunca transitados sótanos.

El edificio era tan grande y tenía tantas adiciones arquitectónicas
por haber sido un gran internado de niños, que fue creciendo generación tras generación. En aquel entonces, abandonado en gran
parte, tenía el encanto de ser un edificio, no exagero, por lo menos
con dos mil metros cuadrados de salas y corredores, en los que el
polvo se iba acumulando poco a poco, sobre unos muebles en los
que parecía haberse congelado el tiempo. Sólo había un edificio con
un encanto similar en toda la ciudad: el manicomio abandonado, al
lado del cementerio.

Nunca llegué a saltar las tapias para penetrar en este segundo
edificio, porque nuestros profesores (quizá para disuadirnos) nos
advertían que sus suelos podían caer bajo nuestros pies. En cualquier caso, aquel cascrón-monasterio-mansión de los Escolapios
era algo que iba más allá de nuestros sueños y de nuestra imaginación de niños. De hecho, nunca ningún niño había soñado siquiera
con cartografiar las regiones inexploradas de toda aquella construcción, resultado de añadidos y más añadidos. Nos daba la sensación
de que aquel inmenso convento, fruto de añadiduras amalgamadas
durante siglos, podía ser recorrido durante horas y horas, y que
siempre se podrían encontrar más y más pasillos, más y más alma-
cenes, más escaleras y escondrijos secretos. La mente de los niños
de nueve años tiende a verlo todo más grande. Aquello, en esa época, me parecía la borgiana biblioteca de Babel. La biblioteca de Babel habitada por bondadosos frailes que eran pozos de ciencia.

Todos los días, al llegar al colegio por la mañana, al acabar el recreo, y al entrar después de la comida del mediodía, los niños formábamos militarmente a golpe de silbato. Puedo asegurar que las

hileras y distancias eran perfectas. Formábamos cada mañana regimientos de infantes en uniforme gris de rayas negras, e íbamos entrando en el colegio ordenadamente, en filas, por cursos. Debo reconocer que en aquel colegio reinaban un orden y una disciplina sencillamente envidiables. Aprendíamos de verdad, se nos enseñaba a ejercitar la memoria. Teníamos que aprender un poema para la clase de lengua del día siguiente —eso con los niños de hoy día sería impensable—, había un ambiente distendido pero disciplinado, por parte de los niños se respetaba a los profesores y los frailes escolapios estaban ilusionados con su trabajo.

Muchos años después he sido profesor de religión en varios colegios y he tomado muchos cafés con otros profesores durante los recreos, y, francamente, fue entonces cuando me hice consciente de la degradación que había sufrido la enseñanza en pocos años. Los tiempos en que me tocó estudiar la educación primaria, los recuerdo casi como una edad dorada de la enseñanza. Aquello era el imperio de una autoridad amable. El respeto que existía entre alumnos y profesores es algo ya sólo para el recuerdo. Y digo esto por algo que va a parecer risible, pero que es verdad: los niños de esa época éramos más niños. ¿Por qué? Quizá apenas veíamos programas violentos, había sólo una cadena de televisión, en la que además, para colmo, salían siempre Caponata o Heidi. La violencia de aquella época no iba más allá de una película de Tarzán o una del oeste en blanco y negro. Puedo asegurar que la contemplación de tanta violencia, de tanto sexo, de tanto lenguaje maleducado, de tanto videojuego sangriento, ha cambiado a los niños. En aquella época, los niños éramos más niños. Ahora los chavales tienen el colmillo más retorcido.

Ahora los chicos se parecen más a Chucky, el muñeco asesino. Los chiquillos, con tanto *Matrix* y con tanta *Arma letal*, ya no son los niños que se divertían viendo a las gallinas en el corral.

Sí, conocí todavía los tiempos en que el portón de la casa de mis abuelos se dejaba abierto todo el día, por si algún vecino quería entrar. Sólo se cerraba por la noche. Los tiempos en que un sereno anciano, vestido con su gorra y su sayón, imponía su autoridad con un simple palo. Esa escena todavía la contemplé yo. Y llegué a ver los tranvías, en un viaje a Zaragoza. También veía pasar los rebaños de ovejas por el mismo centro de Barbastro, al caer la tarde. El tráfico del centro de la ciudad estaba ya acostumbrado a detenerse ante aquella idílica estampa, que dejaba las calles sembradas de bolitas de excrementos de los simpáticos animales.

En aquella época en que yo era un niño (un niño de ésos, de los de antes), lo que más me gustaba del colegio no eran las matemáticas ni la gramática, sino el olor a sopa que salía de la cocina de los internos cuando me marchaba a mi casa a almorzar. El juego con el que más me divertía era el de pillarnos en el patio. Para mí aquel juego era un frenesí, ¡qué bien me lo pasaba! Cuando en la actualidad, a mis años, practico ese mismo juego con mis monaguillos pequeños, retorno a la infancia totalmente. Me sumerjo en el juego en cuerpo y alma. Corro, chillo, persigo, huyo. Y eso a pesar de que mi corazón me recuerda que ya no tengo diez años, y que me puedo ir al otro barrio como me entusiasme demasiado y no pare a recobrar el resuello. Ciertamente, no tengo diez ni quince años, y tales entusiasmos en las carreras pueden hacer que, por motivos cardiacos, no llegue a los cincuenta. Así que debo interrumpir mis correteos y les digo a mis chicos que me dejen descansar un minuto. Pero al final es más de un minuto, porque mi corazón se resiste a volver a su ritmo normal, el pulso de mi muñeca no ceja en su deber de recordarme que aquellos años están muy lejos, cada vez más. Y con el gran Terenci Moix me digo: *Pensé que el tiempo me disculparía, pero ahora sé que el tiempo ha pasado para mí.* Fuimos inmunes al cansancio, podíamos brincar, correr todo el día, subir y bajar cuestas, pelearnos sobre la hierba, darnos patadas.

33

Al menos me quedan los recuerdos, todos entrañables. Recuerdo, hablando de la disciplina, que cuando teníamos diez años, don Ildefonso, nuestro profesor, tuvo que ausentarse de la clase durante unos minutos y nos dijo que leyéramos nuestros libros de texto mientras estaba fuera. Estábamos deseosos de que saliera, para jugar, pero él pintó un ojo en la pizarra, y antes de salir por la puerta nos advirtió que el ojo nos vigilaba como si estuviera él.

Ahora una afirmación de ese estilo provocaría el carcajeo de toda la clase. Los niños de hoy día, ya lo he dicho, tienen el colmillo muy retorcido. Pero nosotros nos lo creímos hasta tal punto que nadie se atrevió a levantarse de la silla, ni a decir gracias para que riéramos. Ahora eso resultaría impensable.

Otros profesores, si tenían que ausentarse unos minutos, dejaban a alguien que *cuidara* (como decíamos). Y el que *cuidaba* se quedaba de pie junto a la pizarra y nos miraba. El que hiciera el tonto o hablara era apuntado con tiza en una lista, que siempre estaba situada en el extremo derecho de la pizarra. El cuidador no apartaba ni un momento su mirada de nosotros. El hecho de que te mirara fijamente a ti en concreto suponía un aviso de que, como hicieras la mínima, iba a apuntar tu nombre. Y si el chico mirado, desafiante, le retaba a hacerlo, entonces le apuntaba. Y los apuntados se quedaban un cuarto de hora o media hora más, una vez acabadas las clases. El que cuidaba se sabía poseedor de aquel poder. El poder de castigar o no castigar. Y a esa tierna edad, vaya que si saboreaba el gusto de saber que un nombre apuntado en esa lista suponía ineludiblemente un castigo. El que *cuidaba* se lo tomaba tan a pecho que desde pequeño tuve muy claro que el poder absoluto siempre encuentra colaboradores. El fascismo de cualquier clase, el poder absoluto, siempre, ¡siempre!, encuentra colaboradores. Había visto con mis propios ojos, en mis compañeros, el placer de paladear con diez años el extraño sabor de la autoridad sobre otros seres humanos. Sólo se podía disfrutar durante unos minutos, pero sabía a gloria. Yo, aunque no había leído a Hobbes, comenzaba a sentir la evidencia de que *homo homini lupus*.

Además, cuando llegaban los castigos, no se piense el lector que existía una cierta solidaridad entre nosotros. Nada era recibido con más alborozo en las aburridas horas de clase que algún coscorrón propinado por el profesor a un compañero. Al profesor se le jaleaba, diciéndole a coro, con un cierto soniquete: *Dele, dele que a mí no me duele.*

Ya he dicho antes que en aquella época, la de la educación primaria, mi merienda era siempre lo mismo: pan con Nocilla. Todos los niños merendaban lo mismo. Es más, cuando mis padres se marchaban de casa, yo tardaba muy poco en ir a la cocina, agarrar una cuchara y solazarme dando rienda suelta a una gula que me estaba vedada cuando mi madre se hallaba presente en la casa. Aquello era gula en estado puro. Alguna vez me zampé, cucharada a cucharada, con lentitud llena de delectación, medio bote de Nocilla de una sola sentada. Otra vez fue el chorizo. Cortaba una rodajita, después otra. En una tarde que mis padres estuvieron fuera, desapareció medio chorizo. Mis padres no acababan de creerse que un niño tan pequeño y de cara angelical hubiera podido merendarse medio chorizo, sin ni siquiera acompañarlo de un poco de pan. Yo les miraba con mis ojillos inocentes, con cara de no entender. Yo no entendía, pero había desaparecido medio chorizo. Mis padres tampoco acababan de decidirse por tomar medida alguna: por un lado, era evidente que había que esconder mejor las cosas que más me gustaban; pero, por otra parte, también convenía que engordara unos cuantos kilos más.

Pero no piensen que cuando mis padres se marchaban me dedicaba sólo a comer lo que me apeteciera de la despensa. No, también experimentaba. Un día que mi madre estaba comprando, pensé: *¿Cómo se sentirá el frío intenso en la lengua?* Era una idea que me intrigaba. No lo dudé. Fui directamente a la nevera, abrí el congelador y puse la lengua sobre él. Era curioso, el sabor no era nada especial. Bien, el experimento había concluido. El resultado del experimento había sido negativo: el frío intenso no sabe a nada. Pero he aquí que cuando quise retirar la lengua descubrí que se me había pegado. Bastaron tres segundos para que se me pegara la lengua a la pared del congelador. Yo estaba subido a una silla (¡era pequeño!) con la puerta de la nevera abierta y la lengua completamente soldada al congelador, y solo en casa. Estuve así, en esa situación tan angustiosa, unos minutos. La lengua se hallaba pegada a la plancha de metal de un modo perfecto, no cedía ni lo más mínimo. Hice varios intentos, cada vez con más fuerza, pero no logré ningún resultado. Después de varias dolorosas tentativas inútiles, decidí que había llegado el momento del definitivo y supremo esfuerzo: ¡y con todas mis fuerzas arranqué mi lengua del congelador! Sonó: ¡raaas! Fue muy doloroso, aquello me dolió de verdad; pero estaba libre, por fin libre. Por más que me dolió, no dije ni una palabra acerca de este insólito incidente. He mantenido un discreto silencio sobre el asunto hasta casi treinta años después, cuando lo rompo en estas páginas.

Efectivamente, no dije nada a mi madre cuando llegó a casa. Me limité a poner cara de aquí no ha pasado nada. Si se lo hubiera contado me hubiera dicho: *Eres más tonto que Abundio.* Así que me callé. Es curioso, en el colegio nos enseñaban muchas cosas: física, reglas acerca de los sufijos y los complementos indirectos, geometría, trigonometría... Pero jamás nos habían dicho nada acerca de no meter la lengua en el congelador. ¿Cuántas lagunas más habría en nuestra educación? La vida me lo iría enseñando. Pero cuando la vida te enseñaba algo y acudías, dolorido, a tus padres (por ejemplo, si lo hubiera hecho con lo de la lengua y el congelador) los progenitores no te sentaban en sus regazos y te consolaban con tiernas caricias, sino que te daban una azotaina y te decían: *Para que aprendas, que pareces más tonto que mandado hacer por encargo.* Y es que el carácter oscense era muy agreste.

Mi padre siempre me repetía la historia de un conocido del pueblo de mi madre. Cuando su hijo por fin tuvo que marcharse de casa a los dieciocho años, a trabajar, le dijo: *Ven, hijo mío* —mi padre siempre ponía voz dulzona al relatar esta parte de la historia—, *ven, que te voy a dar algo para el viaje.* Cuando el hijo se acercaba, su padre le dio un guantazo, y dijo: *Esto para que no te fíes ni de tu padre.*

Yo era, como digo, un niño muy dado a experimentos. Otro día pensé: *¿Qué se sentirá si me meo por la terraza de un cuarto piso?* Dudé un poco, pero finalmente me decidí. Y para una vez que lo hice, me pillaron. Casi le di a un vecino. O quizá le di. Todavía me acuerdo de su tono incrédulo, pues le oía a pesar de estar yo en un cuarto piso y él en la acera, cuando decía con voz incrédula: *Si no me llego a apartar me da. Miré hacia arriba y vi que era tu hijo, meando desde la terraza.* Por aquel entonces no había leído todavía *Crimen y castigo*, pero no hizo falta: ya no volví a miccionar desde las alturas.

En este tipo de casos, mi padre solía castigarme. Usualmente, me sacudía la badana. Pero esta vez, para mi sorpresa, se quedó tan estupefacto que ni me castigó. Él, en realidad, sencillamente no podía dar crédito a una situación tan surrealista. Yo estaba ya preparado para una reprimenda monumental, pero se limitó a entrar en casa con cara de alucinado, con aire de pasmo, y no me dijo nada. No podía entrarle en la cabeza que entre las cien o quinientas cosas que podía estar haciendo su querido hijo único, la que se le había ocurrido era justamente la de orinar por la terraza del cuarto piso.

Eso de orinar sobre el personal debía de venir de familia, porque años después me enteré de que mi madre, a los cinco años, recibió una vez al cura del pueblo, que iba a entrar en casa, gritándole justo desde encima, desde el balcón, con cerrado acento aragonés: *¡Que m'enpicho sobre usted, mosén Santiago!* Bonito recibimiento al clero por parte de la futura madre de un digno presbítero.

Otro día, años más tarde, experimenté viendo qué pasaba si tiraba una bolsa llena de agua desde ese mismo cuarto piso. Había que llenarla bien, hasta que casi reventase. Cuando caía, el resultado era fantástico. Ese *experimento* lo repetí no pocas veces. Otro día probé a congelar pis en la nevera, quería ver si cambiaba de color o qué pasaba. Ahora reconozco que, al menos, debería haber advertido de ello a mi familia. Otro día traje una rata a casa. Yo creía que era un ratoncillo, pero no, era una rata, y encima muerta. Yo venía tan contento como el cazador que lleva su venado. Cuando escuché el grito de mi madre, aterrada en la puerta al verme sostener por la cola el bicho, comprendí que aquel mamífero no era de su agrado. También cazaba grillos, para oír por la noche cómo hacían cricrí dentro de su tarro con lechuga.

Un día de agosto me regalaron una lupa grande. No la utilicé ni una sola vez para ver más grande algún detalle de cualquier animal o cosa, pero sí que me sirvió infinidad de veces para quemar con los rayos de sol multitud de objetos inanimados y alguno animado. ¡Anda que no corrían las hormigas en cuanto las animabas un poco con aquel haz de luz, en verano! ¡Y no digamos los gusanos de seda! Ya he dicho que era un niño muy experimentador, menos mal que no me dio por el fuego.

Pero con los años apareció mi faceta de biólogo: ¡pobres bichos! Experimenté con mis tortugas... Ah, desgraciadas tortugas, no les sirvió de mucho el caparazón. Las pobres nunca comprendieron la utilidad del experimento. Todo fue por el bien de la ciencia. Aunque mi especialidad eran las ranas. Las más cercanas a la casa que teníamos en el campo, a dos kilómetros de Barbastro, fueron el juguete perfecto para un niño ocioso, con toda la tarde del sábado y el domingo entero por delante. Las ranas y los renacuajos eran juguetes inacabables; si se rompían siempre encontrabas repuesto. Bueno, había que cazar el juguete, pero no era difícil, al final siempre conseguías algún tipo de anfibio o de insecto palurdo.

Mis primas (en el chalet contiguo) jugaban con una muñeca que hacía pis y decía alguna palabra. Qué simplicidad de juguete, comparado con las ranas, que hacían de todo. Las lagartijas eran más difíciles de pillar y me gustaban menos. Además nunca logré librarme de la sospecha de que tenían veneno o que podían morder. Y las ranas eran más gordas. Ahora me da pena de todas las cosas que les hice. Dejé en aquellas lagunas muchas bolitas-negras-con-rabo, huérfanas. Dado que cada rana ponía miles de huevos, será necesario admitir que provoqué decenas de millares de orfandades. Aunque si la laguna era pequeña y poco profunda, no dejaba ni huérfanos, pues también experimentaba con esas bolitas negras cuya cantidad parecía infinita.

Me gustaría poder decir que en aquella época veía un ave y decía: *Hermano gorrión*, veía un bichito y decía: *Hermano ciempiés*. Pero no era así. Yo era un cafre. Menos mal que ahora estoy leyendo por las noches, antes de acostarme, la autobiografía de Albert Boadella, y él confiesa que también era un poco cafre. O incluso muy cafre. Aunque él era cafre también con los humanos, mientras que yo únicamente con el reino animal. En mi descargo diré que todavía no había en la televisión series en que los animales aparecieran hablando como seres humanos. *La abeja Maya* era la única excepción. Pero incluso después de ver la serie, yo seguía considerando aquellos seres como meros bichos con patitas. Unos más grandes, otros más pequeños. A veces incluso cambiaban de forma, pero todos eran para mí como maquinarias biológicas en manos de un relojero que las iba desmontando metódicamente para ver cómo dejaban de funcionar poco a poco.

Otros niños sentían placer persiguiendo gatos a pedradas —cosa que yo nunca hice—. Según ellos era algo que había que experimentar, un divertimento que no tiene nada de trágico, algo cómico, pues en ciertos momentos parece que hasta al gato le divierte y le hace a él mismo olvidar lo aburrida que puede llegar a ser la vida de un minino. Probablemente los gatos son tan recelosos y huidizos porque centenares de generaciones de niños de pueblo han inoculado en sus genes gatunos que no hay que fiarse de nadie, y menos de un cándido angelito aburrido una soleada tarde de sábado.

Mis padres también se percataron de ese afán por experimentar y me tenían miedo: ¿qué podía pasar si un día me daba por quemar la casa o por hacer algún experimento con los enchufes? Porque ya me había dado por hacer experimentos telefónicos. Eran experimentos acerca de la conducta humana. Por ejemplo, uno de mis favoritos era llamar y preguntar: *¿Es la pescadería? Pues no. ¿Entonces de dónde ha salido el besugo con quien estoy hablando?* De estas bromas tenía un buen surtido. Los tacos que se escuchaban eran graciosísimos, de esos que no salen en el diccionario. Si los nervios del sujeto estaban templados al recibir la primera llamada, a la quinta ya empezaba a surtir efecto. Con mi vecino, nos tapábamos la boca para que no se nos oyeran las risas, mientras el otro, fanfarrón, nos aseguraba que conocía nuestras voces. Nunca me dejé impresionar. Qué fantasma. Bien sabía yo que en esos años setenta no existía ninguna pantalla que identificara los números. Eso sí, todos te repetían con malos modos que te tenían fichado.

Sé que estos recuerdos de la infancia pueden parecer sencillamente imposibles en alguien tan lleno de buenos sentimientos, tan civilizado, como soy ahora. Pero sí, viví una infancia llena de emociones, a costa de los demás. Y, lo que es peor, sin ningún remordimiento.

Experimentaba con cualquier cosa cada vez que me aburría. Menos mal que no me dio por los explosivos, como sí que les dio a algunos otros niños de otros cursos, que consiguieron descubrir en algún libro la sencilla fórmula de la pólvora. Afortunadamente, tampoco me dio por el fuego; pero un día, jugando, se me cayó el secador del pelo encendido y enchufado en la bañera. Había dos primas mías dentro del agua: Amaya y María Eugenia. Siguen vivas, una con un niño y casada con un dentista, y otra con su carrera de Derecho. Si aquel día el fusible no salta, el niño no llega a nacer nunca y la otra se hubiera ahorrado tener que pasar noches enteras estudiando la carrera. Y el dentista, a saber con quién se hubiera casado. Pero yo era muy pequeño, pobre de mí, y los muy pequeños no son culpables. Pero sí, era el típico niño al que te dan ganas de darle dos sopapos.

Y así, a lo tonto a lo tonto, fui creciendo, los inviernos pasaban y me llegó la edad de hacer la primera comunión. De la catequesis de primera comunión, en la parroquia de San Francisco, recuerdo especialmente que, delante de todos, un niño más bajo que yo dijo una cosa que no me hizo ninguna gracia. Ahora ni me acuerdo del comentario. No abrí la boca aquel día hasta que acabó la catequesis. Y al salir me aproximé a él y, después de dos palabras, le propiné una soberana patada en la espinilla. Ahora casi me duele, sólo de pensarlo. El chico se limitó a quejarse, mientras yo bajaba serenamente las escaleras de piedra, tras mirar por última vez atrás sin sentir remordimiento alguno. Lamentable escena aquella saliendo de la catequesis, que, desde luego, no dignifica en nada mi currículum. Pero el niño aquel era muy pérfido, y a la semana siguiente le dijo a la catequista: *Señorita Lourdes, José Antonio me pegó una patada al salir el otro día.* Qué malo era aquel niño. Teníamos un chivato en el grupo. Me quedé callado y puse la cara más angelical que pude. Una cara de ángel indefenso y desvalido al que daban ganas de darle un beso. La catequista me miró y después miró a mi acusador, que sonreía relamiéndose de antemano por mi inminente castigo. La catequista repuso con tono seguro y bastante acritud hacia mi acusador: *¡No me imagino a José Antonio dándote una patada!* Yo, con mi cara de querubín desamparado, pensé: *Ay, pero qué tonto llegas a ser, Vicente. Pero qué tonto.*

Como se ve, la religión todavía no había domesticado mis impulsos más nietzscheanos, la obediencia a los Diez Mandamientos no había dulcificado aún mi carácter asilvestrado. De momento, me regía por una supuesta ley natural impresa en mi corazón.

La primera comunión la hice con mi prima María Eugenia, la misma que estaba dentro de la bañera cuando se me cayó el secador. Mi prima tenía un año menos que yo, e iba toda vestida de blanco. Parecíamos dos novios. La hicimos los dos solos, sin más niños, en El Pueyo, un monasterio medieval benedictino situado a unos cinco kilómetros de Barbastro, donde se habían casado diez años antes, el mismo día, mis padres y mis tíos. El mismo cura que los había casado nos dio la primera comunión. Aquel sacerdote había sido secretario del cardenal Tarancón.

En esa época de mi vida no era un niño muy religioso. Ni iba a misa los domingos, ni rezaba por las noches. Pero allí estaba yo, en el centro de la iglesia, ante el altar, con mi callada prima a mi derecha. Algunos dicen que ése es el día más feliz de sus vidas. En mi caso no dejó un recuerdo muy notable. Ya he dicho que no era muy religioso. La catequista nos aconsejó que al final de aquel día, una vez que estuviésemos ya metidos en la cama, habláramos un poco con Jesús. Nos aconsejó, incluso, que juntáramos las manos, una sobre la otra, encima del corazón, mientras habláramos con Él, pero yo me dormí al segundo.

Diría incluso que el día de la primera comunión fue para mí como un trámite. Aunque el señor Freud dice que no, que estas cosas se quedan agazapadas debajo de alguna piedra del cerebro, en tu subconsciente, y que cuando menos te lo piensas algo te pica y te encuentras cantando gregoriano en un monasterio. Lo cierto es que después de tanta catequesis seguía sin ir a misa los domingos y tampoco me acuerdo de rezar las tres avemarías al acostarme. Creía en Dios, pero era una fe vaga, imprecisa, en la que no había ningún elemento personal o cariñoso. Ahora me doy cuenta de que no tenía ninguna imagen mental de Dios. A pesar de la gran cantidad de pinturas y esculturas que había visto desde pequeño, cuando pensaba en Dios, pensaba en Él como en un concepto.

En aquella época, la primera comunión suponía en todas las familias una cosa importante: que te regalaban tu primer reloj de pulsera. Ahora, desde muy pequeños, los niños tienen una Play Station, ahora les regalan un viaje a Disneyland París y cosas de ese tipo. Pero en aquella época un reloj metálico (de plástico todavía no había) era nuestro gran regalo. Aunque el obsequio estrella fue el de un amigo de mi padre, que me regaló (le regaló, más bien, a mi padre) una cámara fotográfica. Otros amigos me regalaron un álbum para poner fotos, unos prismáticos, y otras cosas. En fin, como veis, poco pude disfrutar mis regalos, ya que estaban dirigidos más a mis padres que a mí. Mis padres, con muy buen sentido, apartaron todos aquellos regalos para cuando fuera mayor. Y tenían razón. De lo contrario, en una semana hubieran aparecido desmontados, como el reloj. *¡Mamá, se ha roto!*

Desde luego, nadie piense que yo era un descreído, no. Yo creía. Lo que pasaba era que esa fe que nos habían inculcado los escolapios, desde luego, en casa no nos la infundieron, se mantenía en mí de un modo superficial. Cuando, los jueves por la mañana, nos llevaban a la capilla a escuchar misa, y muchos se ponían en la fila del confesionario, yo también lo hacía algunas veces. Y confesaba de verdad mis mínimos pecados, y rezaba todas y cada una de las avemarías de las penitencias. Pero todo aquello seguía manteniéndose a un nivel eminentemente externo, sin que se hubiera producido un encuentro con Jesús.

Lo que sí que me llamaba muchísimo la atención en la enorme capilla del colegio era el retablo de la Virgen del Carmen. Y no precisamente por la Virgen, sino por las muchas almas sufrientes de lo que creía el infierno. Entonces no sabía que aquellas llamas representaban el purgatorio. Me fijaba mucho en aquellos hombres y mujeres sufrientes, llorando, en medio de las llamas, mirando hacia arriba, hacia la Virgen. Me llamaba la atención, sin impresionarme.

Durante las, para mí, interminables misas y sus correspondientes sermones, estudiaba detalle a detalle cada uno de los retablos de la iglesia, y sobre todo de las pinturas que ornaban la bóveda. Me pasaba la celebración entera tratando de buscar significado a aquellas escenas y símbolos. La mayoría representaban escenas de la vida de san José de Calasanz, y como no me sabía su vida, todo aquello se me escapaba, a pesar de que durante ocho años traté de descifrar su sentido.

Quizá sorprenda que mi primera comunión dejara tan poca influencia en mi vida. Pues bien, confieso que todavía menos dejó mi confirmación, cuando ya iba acabando la EGB. No me acuerdo muy bien de la edad que tenía, creo que fue antes de los catorce años. De la ceremonia sólo tengo la clara imagen del obispo, muy grave allí en medio, pero poco más. Don Ambrosio, el obispo, era un vasco muy serio. Que me perdone don Ambrosio, pero su sermón hubiera aburrido hasta a las ovejas. No tenía el don de la palabra. Es más, carecía de él completamente. Bien es verdad que esta afirmación es del todo subjetiva, porque yo desconectaba en cuanto empezaba un sermón. No recuerdo ni un solo sermón de ningún cura, ni un solo párrafo de ellos, de los escuchados hasta que cumplí los quince años.

B

Primeras amapolas primaverales

Comenzaba por fin la educación secundaria, que en aquella época se llamaba BUP. Así que de los Escolapios pasé a un colegio diocesano de bachillerato. Un inmenso colegio, en un magnífico edificio situado en lo alto de una colina. De la educación secundaria lo más memorable fue su carácter mixto. Hasta entonces, la clase había estado llena de chicos. A partir de entonces, estaba llena de personas de distinto sexo. Bueno, a mí me parecía que estaba llena, y aunque en realidad sólo eran el cincuenta por ciento, la verdad es que llenaban mucho.

Todas me parecían guapísimas; todas, menos un par. A las dos excepciones las encontraba muy feas. ¿Por qué tuvo que enamorarse de mí justamente, precisamente, una de las feas? Ésa es otra historia, que por supuesto no contaré, porque la pobre ya tenía bastante con ser sumamente insoportable además de fea. En fin, digámoslo claramente: era una bruja, una bruja fea y mala. Aunque, vaya usted a saber, quizá tuviera un corazón de oro.

Las mesas estaban agrupadas de dos en dos, formando filas. Mi apellido era Fortea (el mismo que ahora), lo cual significaba que siempre, cada año, me tocaba estar al lado de una persona llamada Fernández. Y daba la casualidad de que Fernández era una chica. Y, más casualidad todavía, Fernández era una chica rubia, de ojos azules, exuberante, alegre, inteligente, maternal, buena persona, atlética y bondadosa. Quizá me deje un par de cualidades más. No sé a ciencia cierta si en realidad eran azules sus ojos, pero a mí me lo parecían.

No obstante, mi corazón palpitaba más bien por una chica a la que vamos a llamar, por ejemplo, Eva. Estaba tan azorado por la belleza de Eva que nunca me atreví a mirarla con descaro y fijeza, no fuera que, como si fuese Medusa, me dejara petrificado *d'amour*. Era, sin duda alguna, la chica más guapa de la clase. Y estaba justamente a pocas mesas de mi fila. Eso, durante cuatro largos y románticos años. A un par de metros de mí, a la derecha, durante cuatro años con todos sus meses. Nunca se lo dije, pero me parecía una modelo de pasarela, un hada, una heroína, una valquiria. Nunca le revelé mis verdaderos sentimientos hacia ella, ella nunca lo llegó a sospechar. Pero mi corazón palpitaba ante la perfección de sus ojos castaños.

Si durante aquellos cuatro años me hubiera preguntado en cualquier momento si quería casarme con ella, le hubiera respondido al momento que sí, que dijera cuándo y dónde y en qué rito. Pero yo sabía que un hada como aquélla no era para un gnomo como yo. No, yo no era de su gusto. Sabía que no lo era. No albergaba la menor duda. Lo nuestro era un amor imposible. O mejor dicho, lo mío era un amor imposible. Ni siquiera lo intenté. Había otras en la clase que me hacían tilín, pero ninguna se podía comparar a Eva, salvo Rosalía, una pelirroja de 1,85 de altura, oriunda de un valle de los Pirineos. Comparar a Eva, Cristina, Teresa o Rosalía con otras era como comparar el monte Everest o el Aconcagua con el monte del monasterio de Montserrat. Aunque no puedo negar que un par más de chicas también me gustaban.

Rosalía tenía un carácter más cáustico, menos dulce, era más felina que las otras. Eva era más maternal, en ella había algo de novia y de madre. Teresa, con su gran cabellera dorada, era como un león rubio, también con corazón de madre. Cristina, la de la cabellera castaña, tenía en la cara, en su bella cara, dos ojos que me hipnotizaban. Por supuesto, ya he dicho que ni intenté escalar estos montes. No se puede poner uno delante del Himalaya con un par de herramientas y decir: *Venga, ánimo*. Hay empresas que no son cuestión de ánimo. Aquellas cumbres eran el Everest y yo no estaba pertrechado. No tiene sentido tratar de alcanzar la cima del Himalaya sólo provisto de ánimo y un simple piolet.

De todas estas cosas jamás se enteraron, pues yo era un chico muy discreto. Después me fui al seminario y todavía se enteraron menos. Finalmente me hice escritor y se enteraron (o se acabarán enterando), porque no hay mejor manera de conseguir que todo el mundo se entere, no de algo, sino de todo, que hacerse escritor. Los escritores somos tremendos para estos asuntos. De todas maneras, albergo una muy irracional esperanza, casi seguridad, de que no hayan comprado este libro, ni lo compren. En vista de lo que cuento, ni se me ocurre regalárselo. Afortunadamente, cada año se publican en España quinientos mil títulos. Me consuelo felizmente bajo el fútil pretexto de que sería mucha casualidad que cualquiera de ellas metiera la mano y sacara la bola. En estas cosas, confío en que la estadística no me falle. Sería un compromiso. ¿Por qué he silenciado la verdadera identidad de Eva? Pues porque no sería un plato de gusto para mí toparme, cara a cara, con una señora casada que, leyendo mi libro, se ha encontrado de sopetón con una declaración de amor de hace más de veinte años.

Si algún día nos encontramos, les diré a todos estos Everest que lo que hayan leído aquí es pura broma. *Cosas de escritores*, diré a modo de excusa, sonriendo nerviosamente y tratando de parecer natural. El caso es que cuando fui al seminario sabía muy bien lo que iba a perderme, era consciente de que renunciaba a un mundo de Rosalías, Cristinas, Evas, Lauras, Anas, Nurias y otras odaliscas que danzaban como musas por nuestra aula, despreocupadas, estudiando matemáticas y ciencias naturales. Sí, renunciaba conscientemente a la posibilidad de un mundo de valquirias rubias de ojos azules, que me hubieran llenado la casa de retoños de rizos dorados gritando: *Papá, papá*. Renunciaba a ser un Bill Gates, a ser presidente del Gobierno, a ser un afamado matemático, renunciaba a las mujeres, a la dulce y fiel esposa, al dinero, a los niños, al poder, a las prebendas del poder, al viaje al Caribe, a las playas de Acapulco, a todo.

Pero lo del seminario todavía quedaba lejos, porque en aquella época yo no iba ni a misa. No rezaba por las noches, ni por el día; no rezaba nada. Y lo peor es que no me remordía nada la conciencia. Era un egoísta consumado, un caprichoso que no sentía remordimiento alguno. Tenía catorce años, y a esa edad ya pensaba que el amor y los ideales nobles eran una mera ficción literaria. La religiosidad de mi familia se limitaba a la asistencia a los funerales, bodas y primeras comuniones. El tema de la religión no se sacaba jamás en casa. Nunca, ni una sola vez al año. El único que hablaba del asunto era el abuelo de mis primos, don Domingo, médico republicano, que siempre repetía en el salón de casa que los curas, todos, eran unos enfermos mentales. Lejos estaba de pensar que aquel jovencito que le caía tan simpático, yo, acabaría siendo cura. Todos los que conocíamos a don Domingo sabíamos que para él los curas, Franco y la benemérita eran como una tecla que, si se pulsaba, le arrancaba sus notas más destempladas. El caso es que después no se tomó tan a la tremenda lo de que me hiciera cura, sino al revés. En eso influyó, creo, la caída del muro de Berlín.

Desde que cayó el muro de Berlín, las cosas no volvieron a ser iguales para él. Don Domingo, que siempre había estado plenamente convencido del triunfo marxista-leninista a escala mundial, él, firme creyente de los dogmas de *El Capital*, vio en la televisión no ya caer un muro, sino su credo, a manos del feliz pueblo proletario, que ya estaba muy harto de su felicidad. Por eso cuando se hundió el muro fue para él un poco como cuando san Pablo se cayó del caballo. Sin embargo, mi familiar no vio la Luz, sólo cayó al suelo. Dejó de poseer cualquier ideal hasta el fin de sus días.

Pero ni en el suelo dio su brazo a torcer del todo. Me repetía que el comunismo había fallado porque, para que funcionase, antes debería haber desaparecido el capitalismo completamente de la tierra. Al final, como siempre, la culpa la tenían los americanos. Sí, hasta el final siguió sosteniendo que el comunismo había fracasado por culpa del capitalismo. La última falta, la última culpa, la última crueldad del capitalismo fue incluso acabar con la dialéctica economicista. La tesis había devorado finalmente a la antítesis y a la síntesis, derribado los muros y fraccionado en un mosaico el *imperio del mal*. *Imperio del mal* según Ronald Reagan, *imperio de la solidaridad y república de los obreros felices y libres,* según el abuelo de mis primos.

Una vez, cuando yo ya era cura, él me confesó que años antes había ido a París, al Folies Bergère, y a la vuelta paró en Poblet, para tomarse un descanso. Al entrar en la abadía, dio la casualidad de que comenzó el rezo gregoriano de vísperas. *¡Aquello valía mucho más que todo lo que había visto en París!* Eso me repetía emocionado aquel ateo, republicano empedernido y anticlerical hasta la médula.

Hasta aquel momento, las opiniones de don Domingo y otros familiares republicanos suponían un interesante y diabólico contrapeso rojo a las seráficas lecciones que recibía de los beatíficos escolapios. Desde luego, yo era un adolescente tan poco religioso como muy apolítico. Debo hacer notar que por aquella época yo no tenía voz de cura, ni cara de cura, ni rasgo alguno de cura. Nada hacía sospechar en mí un futuro profesional al servicio del Evangelio.

De momento, más que el Evangelio, lo que me atraía era la televisión. Durante la educación secundaria no estudiaba demasiado. Mi compañera de clase me halagaba: *Eres listo* —buen comienzo de la frase—, *pero no das ni golpe* —mala conclusión de una frase que principiaba bien—. Pero no importaba, el comienzo de la frase me llenó de orgullo, mientras que lo de que no daba ni golpe ni me inmutó. Después he pensado que a lo mejor ese elogio se lo dicen a todos. Ya he escuchado ese mismo comentario unas diez mil veces, en alusión a diez mil tipos distintos. Desde luego nunca he oído que le dijeran a nadie: *Eres tonto, y sólo a base de tanto trabajar te mantienes a flote, pero que sepas que eres idiota.* Eso no lo escuché nunca. Lo contrario sí. *Mi hijo es muy listo... Lo que pasa es esto o lo otro.* La culpa siempre la tiene esto o lo otro, pero el chico es invariablemente listo, para sus padres. A ningún padre le he escuchado decir que su hijo es bobo de capirote. Pero yo no lo sabía entonces, y el halago me lo tomé completamente en serio. ¡Yo era listo, lo que pasaba era que no estudiaba!

Mis notas fueron muy normales, pero que muy normales, hasta entrar al seminario. Sin embargo, me hallaba medianamente convencido de que debajo de mi cabeza, más allá de mi vagancia, había verdadera inteligencia en estado latente. Una especie de talento en bruto esperando a despertar. Pero a los catorce años no se puede pedir a un chico lleno de vida, que rezuma vitalidad, amante de su sillón televisivo y del séptimo arte, que se encierre a estudiar la tabla de las valencias y la sintaxis. A un niño tan vital como yo se le podía pedir que brincara por el campo, pero no que se sentara en su escritorio. ¡A esa edad, no!

Y debo afirmar con total sinceridad que no me arrepiento de ninguna de las horas que he dejado de estudiar en mi niñez y adolescencia. A esa edad yo era un Tom Sawyer, no un niño repelente con cara de rata de biblioteca. Sólo me sentaba en aquel mueble de mi habitación —mi escritorio— en caso de suma y extrema necesidad, fundamentalmente la tarde inmediatamente anterior al examen. Lo curioso es que nunca me desesperaba viendo que tenía que hacer en una tarde lo que no había hecho en varios meses. ¡Qué sangre fría! ¿Por qué sólo se fijó en mí la más fea de la clase?

Lo cierto es que, hasta que fui al seminario, nunca estudié con gusto. También diré, en honor a la verdad, que una vez que empecé la carrera de Teología me puse a estudiar de lo lindo, con un hambre atrasada de años. Y ya no he parado.

Pero los tiempos del seminario todavía no habían llegado. Eso sí, ya entonces era un lector infatigable, pero sólo de lo que me gustaba. Nunca de libros de texto, en realidad, nunca de un libro. Sólo los cómics me fascinaban. Para mí no existía el tiempo cuando tenía un cómic en mis manos. Crecí leyendo *Mortadelo y Filemón, Los Pitufos, Superlópez, Astérix y Obélix, Lucky Lucke, Valerián agente espaciotemporal.* No sé por qué se extrañaban mis profesores de que sintiera más interés por *Los Pitufos* que por la química inorgánica. Cualquiera que tuviera dos dedos de frente hubiera preferido *Pepe Gotera y Otilio* a los infernales logaritmos y la endemoniada tabla periódica. Con mi comportamiento, lo único que estaba haciendo era demostrar mi buen sentido. Jamás entenderé cómo al final lo aprobaba todo en junio, no estudiando nada. He ido pasando los cursos empollando la víspera de cada examen. Con este sistema pedagógico no hubiera sido de extrañar que las matemáticas y la química se me atascaran algún año, pues eran asignaturas que había que llevar al día. Para mí, francamente, sigue siendo un misterio cómo lograba aprobar sin dar un palo al agua. Máxime cuando en clase no me dedicaba a otra cosa más que a dibujar en los márgenes de los apuntes. Durante años llegué a atribuir este inexplicable paso de un curso a otro a lo que consideraba *mi irresistible encanto personal.*

Y eso que no era santo de la devoción de algunos profesores. Todos los adolescentes se quejan de que algún profesor les tiene manía, y no siempre es cierto; pero en mi caso tengo pruebas objetivas. Ofreceré sólo un botón de muestra.

Durante la clase de educación física tenía por costumbre esconderme en la habitación de un interno. Allí, con el inquilino del cuarto y con otro chico del curso, filosofábamos acerca del cosmos y todo lo que lo rodeaba. Pues bien, Juan Emilio Naya (así se llamaba el interno) me hizo reparar un día en un detalle: en los últimos meses, ninguno de los dos había asistido ni a una sola clase de educación física, ni a una. Y, sin embargo, yo tenía de calificación un *bien,* y él un *notable. ¡Caramba!,* exclamé. *Esto es injusto, creo yo.* Pero ¿a quién se le ocurriría protestar? Cualquier protesta podía llevar al final de aquella situación idílica de ausencia no notada. Claro que, con nuestra ausencia, tampoco hacíamos daño a nadie. Era la típica acción que no perjudicaba a terceros. ¿Que ellos querían correr como gamos y conejos?, pues muy bien, allá ellos, ¡libertad!, adelante, corred, corred, saltad, brincad. Nosotros, en los fríos días de diciembre, estábamos calientes en aquella habitación en la que entraba un solecito de lo más agradable. Debo decir, de paso, que Juan Emilio acabó siendo ingeniero de la NASA. Y el otro interno, Mora se apellidaba, está en Alemania, contratado en no sé qué cosa importantísima, creo que algo de superconductores de fibra óptica. Y yo... Yo acabé como todo el mundo sabe.

De aquellos años recuerdo muy bien lo mucho que me gustaba dibujar en los márgenes de los apuntes de clase. Qué vicio. No podía parar. Sí, lo reconozco, encima de no estudiar, me pasaba las clases dibujando en los márgenes, sin prestar atención a los profesores. Dibujaba naves espaciales, caricaturas, romanos, puentes (sí, puentes), monstruos, marcianos, de todo. Después, una vez acabado el dibujo, levantabas la cabeza y era como si emergieras de un sueño, te encontrabas en medio de una clase sobre los complementos indirectos en las oraciones subordinadas. Fantástico.

De todas maneras, había profesores y profesores. Por ejemplo, el director del colegio, don Antonio, profesor de latín, era una persona que sabía comunicar pasión por cualquier cosa que enseñase. Transmitía tal pasión a un verso de Cicerón que aquel verso parecía más bien un acorde de la quinta sinfonía de Beethoven.

Hablaba con tal énfasis que muy a menudo, en los momentos de mayor excitación, se le caía hacia delante el falso flequillo con el que ocultaba cuidadosamente su calva, y que en realidad era cabello de uno de los lados de la cabeza. Y aunque él, sin interrumpir su ardorosa explicación, trataba de recomponer su orden capilar, casi siempre se le quedaban colgando hacia un lado aquellos pelos largos. En medio del ardor latino de la lectura de unas líneas que describían el momento inminente del golpe de Estado de Catilina, ese asunto carecía de importancia. A pesar del flequillo, que nos despistaba, enseñaba con fogosidad y aprendías sin notarlo. Era como si vieras a los púnicos en sus barcos, o a Julio a punto de entrar en batalla.

Don José Mora, profesor de literatura y canónigo de pelo blanco, era la dignidad y la respetabilidad personificadas. Aquel clérigo amaba la literatura como a una segunda religión. El problema era que la enseñanza de la literatura consistía en aquella época en aprender ristras de autores, con sus listados de obras. Y de cada autor había que saberse dónde había nacido, qué estilo tenía, en qué corriente literaria se insertaba, dónde había muerto y detalles inútiles de ese tipo, que únicamente servían para fortalecer más el músculo de la memoria, pero no para amar más la literatura. La asignatura constituía un mero ejercicio mnemotécnico y nada más. Desde luego, no me leí ni un solo libro de los mencionados en todos los años de clase de literatura. El *Botones Sacarino* tenía todavía mucho más interés para mí que *La Regenta*.

La Geli (todavía hoy sólo la conozco por el mote), profesora de inglés, era la dulzura femenina perfumada de inocencia. Todos la queríamos, parecía sacada de *La casa de la pradera*. Mientras, otro profesor (no voy a decir el nombre) enseñaba con fastidio y conseguía transmitir plenamente ese fastidio a todos sus alumnos. Si su objetivo era la enseñanza del fastidio, hay que admitir que logró sobradamente sus objetivos. Claro que el programa de su asignatura nunca supuso un obstáculo para que él hablara en la clase de lo que le diera la gana. Sus *ex cursus* podían prolongarse durante toda la hora de clase.

En esos años, en las universidades y entre la juventud de las capitales ya se fraguaba una nueva cultura de la rebelión y del inconformismo. Pero esos malos modos, ese espíritu de protesta agriada, aún tardó en llegar a Barbastro. Bendito provincianismo, gracias, Señor. Gracias a que las ovejas seguían pasando por el mismísimo centro de la ciudad —y eso que ya se habían colocado cuatro semáforos en el gran cruce central—, el virus de ese malestar generacional, que llevaba a la insumisión y al gusto por la mala música, no me afectó ni a mí ni al bendito rebaño de barbastrenses que escuchábamos a Tácito o que salíamos al campo con nuestro profesor de biología en busca de insectos.

Ya he explicado que era yo muy poco religioso, como todos los de mi clase, salvo contadísimas excepciones, concretamente dos chicas, que trataban de pasar lo más desapercibidas posible. Qué lejos estaba yo de imaginar que la Divina Providencia, en sus sabios y amorosos planes, tenía dispuesta su irrupción en mi vida, a los quince años, un día 12 de octubre. Aunque yo no lo supiera, había divinos engranajes, celestiales maquinarias, cuyas ruedas dentadas se movían pesadamente hacia el punto justo, desplazando palancas invisibles que iban a poner en marcha movimientos hasta entonces para mí desconocidos. Movimientos que a su vez activarían otras partes de la maquinaria, y que terminarían por cambiar definitivamente el curso de mi vida y mi eternidad.

Sí, mi cambio llegó cuando estaba en segundo de BUP. Un día como otro cualquiera, entré en mi habitación y, de pronto, sentí que era un egoísta y una mala persona. Me entró un gran arrepentimiento y vi que la Iglesia era el camino por donde iría progresando hacia la virtud. Todo esto no duró más de medio minuto, no oí ninguna voz celestial, ni tuve ninguna visión, pero de pronto se había operado en mí una gran conversión: había comprendido que era un pecador y que el camino de la salvación era la Iglesia. Así de sencillo, así de repentino. Ya me gustaría poder escribir treinta capítulos, como san Agustín, explicando mi marcha hacia la conversión. Pero en mi caso no hubo evolución, sino irrupción repentina de la gracia.

Es curioso, nada había preparado ni presagiado ese momento, no tenía ningún remordimiento, ninguna preocupación, nada. Fue una actuación fulminante de la gracia. Vivía tan feliz en mi alejamiento de la religión, y de pronto... De pronto, en medio minuto, me acababa de convertir en una persona religiosa. Era increíble. En los días precedentes, ni mi familia, ni mis amigos, ni mis profesores me habían impulsado a ello. Nada, absolutamente nada. No había una causa razonable que provocara aquel cambio tan brusco, tan profundo. Sin duda, cualquier psiquiatra me diría que eso se debía a mil causas latentes en mi subconsciente. Pero no, yo, que me conozco bien, puedo asegurar que aquello fue la gracia, una gracia súbita, contundente, que me hizo pasar del blanco al negro en medio minuto, sin hablar con nadie, sin leer nada, sólo dándome cuenta de esas dos cosas, que yo era un pecador y que las enseñanzas de la Iglesia eran la verdad y constituían el camino para progresar en virtud. Fue un cambio sin dudas ni vacilaciones.

En aquel mismo momento me arrodillé al lado de mi cama y oré intensamente, sabiendo que alguien me escuchaba. Aquélla sí que fue una oración profunda. No duró más allá de dos minutos, pero en cuanto me levanté, tomé una hoja de papel y comencé a hacer examen de conciencia. Sin ningún tipo de resistencia por mi parte, entendí que debía confesarme.

Externamente seguí igual, pero internamente era ya otra persona. No comuniqué a nadie mi cambio, mi conversión. Al llegar el domingo, pensé que debía ir a misa. Pero se me hacía muy duro, porque cuando iba a misa era acompañado de mi familia o de todo el curso. Me resultaba muy violento ir solo. Pensaba que, al entrar, la gente me miraría y que comentarían en voz baja mi presencia allí. Barbastro no era Nueva York, todos nos conocíamos, y mis miedos no eran infundadas imaginaciones de mi mente. Estuve luchando internamente media hora, en mi casa. Pero cada vez que me decía *voy*, me imaginaba a las señoras susurrando *ah, mira, el hijo de Fortea, qué raro, si nunca viene.*

Finalmente, a pesar de mis esfuerzos internos, me rendí; no podía ir, era superior a mis fuerzas. Diez minutos después, un amigo que en nueve años nunca me había invitado a ir a misa me llamó por teléfono y me preguntó: *¿Quieres ir a misa?* Nadie me había propuesto jamás a ir a misa, y ese domingo, ¡justamente ése!, recibía aquella llamada. Dios existía, dijeran lo que dijeran Marx, Freud o Sagan en su documental *Cosmos*.

Ese día fui, y ya no dejaría de ir cada domingo en lo que me quedaba de vida. Ese domingo me confesé y por fin comulgué a ciencia y conciencia. Dios había irrumpido en mi vida de un modo arrasador. No había precisado de tiempo, ni de preparación, ni de nada; entró cuando Él quiso, como Señor que entra cuando quiere, donde quiere.

No hace falta decir que mi presencia en aquella iglesia de San Francisco fue notada. Había más de trescientas personas, y las noticias no tardarían en llegar a mi madre. *Y reza muy fervorosamente después de comulgar*, le llegó a decir a mi madre una señora de la misma calle. Mi madre no se opuso y no me dijo nada, pero sí que me refirió ese comentario, sugiriéndome que no me significara tanto.

Mi padre no me hizo comentarios, porque ya un año antes había empezado su enfermedad, que iba a durar dos años. Comenzó con un dolor en la zona de los riñones. Al principio nadie le dio mucha importancia, ni siquiera mi padre. El problema era que el dolor se iba acentuando y los médicos no sabían qué era. Al cabo de varios meses, determinaron que era lumbago. Él se tomó muchas medicinas, tuvo que soportar muchas inyecciones. Muy dolorosas. Pienso en el sufrimiento que le debieron producir. Porque en eso mi padre y yo éramos de la misma pasta. Mi padre podía pasarse todo el día de caminata, a la caza de la perdiz, podía trabajar de sol a sol, mover los bidones más pesados y soportar todas las inclemencias de los hielos de enero y del infierno de agosto, pero el dentista y el practicante eran algo que iba más allá de sus fuerzas. Una vez hasta se desmayó en el odontólogo. Y no fue por pérdida de sangre. En eso he salido totalmente a él.

Después de mucha medicación y nulo resultado, mis padres decidieron consultar a más médicos. Finalmente fueron a la Clínica Universitaria de Navarra. No le encontraron nada. Por eso le dijeron que eran nervios. Mi padre seguía perdiendo peso de un modo alarmante. Así transcurrió el primer año. Don Domingo, el médico republicano abuelo de mis primos, le dijo: *Mira, cuando los médicos no sabemos qué es una cosa, decimos que son nervios.* Así que le dijo que se fuera a Valencia, y que allí él y sus colegas amigos le revisarían todo lo revisable, hasta encontrar lo que causaba aquel dolor en aquella parte del cuerpo. Y al final lo encontraron. Era cáncer. El cáncer había comenzado más de un año antes, en el páncreas. Pero a esas alturas ya lo tenía muy extendido por más órganos. No había nada que hacer. No tenía sentido operar, ni serviría de nada la quimioterapia.

Un amigo de mi padre le insistía en que fuera a un curandero de Pamplona, pero él, como buen escéptico, era muy contrario a este tipo de cosas. Pero tanto le insistió que, con el apoyo de mi madre, que ya sabía lo que tenía, finalmente cedió. Mi madre tampoco creía en estas cosas, pero dado que la ciencia ya no podía ofrecer nada, apoyó la propuesta del amigo.

La visita a ese curandero de Pamplona, concretamente de Burlada, fue muy curiosa. Ese señor observaba el iris del ojo, y sin hacer ninguna pregunta, allí mismo, en medio minuto, te decía las enfermedades que tenías. Para todos nosotros fue una sorpresa que ese hombre, con un simple vistazo al iris, les dijera a mis padres lo que ellos sólo habían descubierto tras gastar mucho dinero en varios hospitales privados. Y además, el curandero de Burlada se lo dijo con toda precisión. Afirmó que era cáncer y empezó en el páncreas, pero ya se había extendido por más órganos, y no había nada que hacer. Después me enteré por un cura que había predicado un retiro espiritual, al que había asistido aquel curandero, que ese hombre de Burlada había sido pastor y que tras la muerte de su hijo recibió de Dios aquel don.

Yo siempre estoy hablando contra los brujos, videntes y santones. Pero aunque ese gremio esté ocupado al cincuenta por ciento por locos y dementes, y al otro cincuenta por estafadores y embaucadores, es decir, aunque la mitad está completamente en la luna y la otra mitad, por el contrario, con los pies muy asentados en el suelo; aunque soy consciente de eso, doy fe de haber comprobado que hay un reducido número de ellos que tiene verdaderos e indudables dones. Desgraciadamente, o más bien lógicamente, aquel señor no hacía milagros. La noticia del cáncer se la dio, no a mi padre, sino a mi madre y mi tío, en un aparte. De manera que mi padre nunca supo que tenía cáncer. Siempre pensó que se recuperaría. Siempre creyó que alguien fuerte como él, que había llevado una vida tan sana, que nunca había tomado un medicamento, superaría aquel bache.

Pero mi padre, a los cuarenta y nueve años, seguía perdiendo peso. Al final se encontraba esquelético, pasando en la cama ya todo el día. Curiosamente, tenía unas ganas inmensas de vivir. Pero en este caso las ganas no bastaron. Se suele decir que las ganas de vivir hacen que no te mueras. Yo sé que eso no es cierto, o por lo menos no siempre, porque de serlo, mi padre seguiría vivo, cazando perdices y conejos y envasando miel. No, las ganas no bastan. En este caso como en tantos otros casos de la vida, no son suficientes para que las cosas dejen de ser como son. Las cosas son como son, con independencia de nuestras ganas. Murió en primavera, por la noche. El día siguiente fue un día primaveral, de una gran belleza, sin frío, ni calor, con muchas flores esparcidas por el campo que se veía desde las ventanas de nuestra casa, en el montecillo coronado por la ermita de San Ramón. Murió a eso de las tres de la madrugada, asistido por una de esas monjitas que acompañan a los enfermos por la noche, para que los familiares descansen. No nos llamó cuando vio que las cosas se pusieron mal. Mi madre ya le dejó claro que prefería no ver morir a mi padre. Yo sí que hubiera querido estar allí en esos últimos momentos, pero nadie me avisó.

Cuando me levanté por la mañana, me comunicaron que no tenía que ir al colegio, que mi padre había muerto. Digo *me comunicaron* porque me encontré con que estaban allí mi madre, su prima Ana Mari, de Angüés, y unos tíos. Cuando entré a la habitación, a ver por última vez el cuerpo de mi padre, lo encontré vestido con su traje, como si durmiera. Me dio la impresión de que tenía una expresión menos lastimosa que los días anteriores.

Al día siguiente fue el entierro. Y así, a mis quince años, vi cómo mi padre fue colocado en el sepulcro familiar de los Fortea, en Barbastro, que consiste en dos nichos. Dos, porque así, cuando hay que enterrar a alguien, se coloca al último difunto (en este caso mi abuela, esa que decía que yo era la primera rosa) en la caja del nicho de arriba. Lo que queda del último difunto se pone en una sábana, se anuda y se deposita en el ataúd superior. En el féretro superior ya están mi abuelo y mi abuela, juntos en vida y juntos en la muerte.

Este sistema de reordenamiento funerario que ha practicado mi familia desde hace generaciones, yo pensaba que lo conocía todo el mundo, pero en los últimos años me sorprendió comprobar que estas cosas no las sabe casi nadie. Resulta que las familias suelen usar un nicho por difunto. No me extraña que después se quejen tanto de las costas mortuorias. En fin, aquí, en mi autobiografía, queda explicado este sistema, que se puede usar de generación en generación. Y créanme que no exagero al decir que sirve para que se reúnan varias generaciones. Incluso diré que sirve para que se reúnan en la misma caja. Porque al final es tan poco lo que va quedando de cada familiar, que en un ataúd puede cobijarse buena parte del árbol genealógico. Además, no se piense que para esta operación se requiere personal muy especializado. Cualquier sepulturero con una pala es más que suficiente. Eso sí, conviene que estas maniobras las ejecute alguien que no sea de la familia. En este tipo de asuntos, los lazos carnales son casi, diríamos, un obstáculo. Mi madre siempre tuvo escrúpulos de ir a un ginecólogo que era de la familia. Ni el sepulturero, ni el ginecólogo, ni el confesor conviene que sean de la familia. Cuando en un pueblo pequeño el confesor es de la familia, comprendo que los primos y sobrinos se vayan a confesar al pueblo de al lado. Es algo lógico y natural, algo que, diríamos, va en el ser de las cosas.

Durante la enfermedad de mi padre, un amigo suyo trajo a casa un libro. El amigo era naturista vegetariano, y con el mejor de los deseos trajo el libro para que lo leyéramos y viéramos si era posible que mi padre mejorase con sus sanas enseñanzas. El amigo hizo que mi padre tuviera que soportar una diaria compresa de berenjena. El caso es que yo, por curiosidad, comencé a leer aquel libro, escrito por un tal Lezaeta. Y conforme lo leía me fui convirtiendo, primero, en un vegetariano, después en un entusiasta vegetariano, y finalmente en un devoto entusiasta vegetariano. Sí, la vida sana, natural y sin carne era una fuente de salud, pensaba. Ahora ya soy tan escéptico sobre casi todo que creo que ni siquiera la vida sana y natural es buena para la salud. Pero para un chico tan jovencito e inexperto como era yo entonces, aquel libro se convirtió en un dogma nutricional. Lezaeta, que cada vez que abría el libro me contemplaba desde la foto de la primera página con una mirada bondadosa, digna de san Francisco de Asís, me enseñó que las malas digestiones aumentan la temperatura de los órganos de la digestión, y que el equilibrio de nuestras entrañas se restablece con una alimentación frugal de vegetales crudos. Lo creí a pies juntillas.

El único problema que yo veía era que mis abuelos campesinos habían llevado la vida más naturista del mundo y se habían muerto a la misma edad que todos. Mis abuelos hacían todos los días abundante ejercicio físico, vivían al aire libre y no hacían más que comer ensaladas, patatas y cosas por el estilo. Y nada, sus años de vida no se habían prolongado más que los de una vecina que teníamos en la avenida de los Pirineos, que estaba tan gorda que reventaba, que jamás daba un paso y que llevaba la más innatural de las vidas. A decir verdad, esa mujer vivió bastantes más años que mis abuelos. Según el libro, debería haber sucedido lo contrario. La buena mujer, sentada a la puerta de su casa, a la cual veía todos los días al volver del colegio, era el recuerdo constante de que el libro no funcionaba. Mal que bien, me mantuve en la trinchera vegetariana durante cuatro años. Bien es verdad que, aunque creía en el vegetarianismo, no lo practicaba.

Mi abandono del vegetarianismo tuvo lugar cierto día en el que tuve ocasión de hablar con una de las vacas sagradas del naturismo, y me dijo: *El animal es el mejor laboratorio de la naturaleza. Comerse a ese animal es comer todos los productos que él ha elaborado asimilando los vegetales.* Cuando oí aquello de sus labios se me cayó el cielo enci-

65

ma. Yo creía, estaba convencido de ello, que todos los naturistas eran vegetarianos y que todos defendían lo mismo. Y ahora resultaba que el naturismo estaba dividido en, digámoslo así, Iglesia ortodoxa, anglicana, episcopaliana y multitud de sectas. Sólo sé que a poco de tener esta conversación ratifiqué con obras mi recién recobrada libertad gastronómica. Creo que, de haberlos tenido a mano, me habría zampado tres cervatillos y un cochinillo. Además, años después me enteré de que Lezaeta se había muerto, pero no precisamente a los ciento veinte años. Ahora como de todo, y especialmente como más de lo que más me gusta.

Pero aquella desideologización vegetariana todavía no había llegado en los años en que yo cursaba tercero de BUP. Mi compañera de pupitre se quejó un día, por la tarde, de que volvía oliendo a ajo, un tubérculo dotado, según el autor del libro, de muchas virtudes. El ajo tiene muchas propiedades, ciertamente, y una de ellas es que huele. Si a mi lado hubiese estado Teresa, no hubiera tenido lugar aquel lamentable incidente en medio de la clase de Historia, pues ella no se habría quejado. Y menos delante del profesor y de todos los alumnos. Teresa me lo aguantaba todo. Pero una vez al año se hacía un pequeño cambio de reparto de asientos, para no estar siempre con el mismo compañero. Y a mí me tocó al lado una chica que era una bruja, a la que llamaremos Sandra. ¡Pero qué mala era! Llegamos al punto de trazar una línea en la mesa, con el lápiz, para establecer los límites de su territorio y los del mío.

Aquella chica me traía por el camino de la amargura. Era una arpía. Un día la llamé precisamente eso, *arpía*. No sé cómo reuní arrestos suficientes para soltárselo. Pero fue peor el remedio que la enfermedad, porque ella no sabía lo que significaba esa palabra, y creyó que se trataba de algo peor. Y entonces, de golpe, me agarró por el pelo del cogote, y tirando hacia atrás me preguntó, con aquella boquita de dientes de caimán, qué significaba *arpía*. Era una pregunta y a la vez una orden, que me lanzaba mientras me tenía agarrado y bien agarrado del pelo. Ella tiraba con tanta fuerza que yo me tenía que agarrar para no caer de la silla. A todo esto nos miraba toda la clase, pues estábamos en un descanso, y el profesor en el pasillo. Yo era un chico con cara de buena persona, un muchacho popular, y todos se quedaron sorprendidos al ver a aquel buen chico (yo) agarrado por las zarpas de aquel monstruo que tenía al lado (ella). Pero nadie hizo nada. Así que yo, que no aguantaba más el dolor, le dije el significado de la palabra *arpía*. Pero no arreglé nada, ella no se creía lo que le estaba contando. Creía que todavía me estaba cachondeando más de ella.

La escena no deja de ser graciosa, contemplada ahora, claro: un chico en aquella postura, aguantándose el intenso dolor, y explicando al mismo tiempo el significado de aquella figura mitológica de los tiempos gloriosos de la Hélade. Como es lógico, ella no juzgó creíble ni una palabra de mi explicación. Pero yo ya no pude decir nada más, el dolor me bloqueaba todas mis neuronas, sólo exclamaba un lamentable *ay, ay, ay, suéltame*.

Al final me soltó. En cuanto lo hizo, fui yo quien, lleno de rabia, la agarró del pelo y le hizo probar un poco de su misma medicina. Siempre he sido un firme partidario de la igualdad de los sexos. Lo de pegar a una chica no me planteaba ningún problema ético. Aquella arpía hizo lo del pelo una segunda vez, y ninguna más, porque yo no estaba dispuesto a dejarme maltratar. Así que cuando ella me agarró del pelo, yo hice otro tanto. Fue graciosísimo vernos a los dos agarrados mutuamente y ordenándonos: *Suéltame. ¡No, suéltame tú primero! No, tú.*

Sandra, ante un comentario inapropiado, era muy capaz de dar una bofetada a cualquiera, tenía las manos muy largas. Pero sabía con certeza que yo era el único chico en la clase que le hubiera respondido al instante con un bofetón, por lo menos de la misma intensidad. Al final, al ver que yo me defendía con la misma saña que ella empleaba, mantuvimos un cierto statu quo en el pupitre. Jamás me confesé con el cura de estos incidentes con ella. Me puedo arrepentir de muchas cosas, pero no de haberme defendido con todos los medios a mi alcance.

De mis confesiones guardo un recuerdo muy agradable. Camilo José Cela dice en una de sus novelas: *Sus ojos me miraban fríos y escrutadores como los de un confesor*. Nada de eso fue mi caso. El sacerdote, don Ramón, de la parroquia de San Francisco, siempre de sotana, era la afabilidad personificada. Cuando confesaba te miraba con ojos miopes detrás de sus gruesas gafas. Sus ojos aparecían allá en la distancia, tras dos vidrios que eran auténticos culos de vaso. De forma que se trataba de una mirada lejana, inaccesible y distante, como si en su confesionario mirase desde un cierto más allá. Mirarle mientras te confesaba era como mirar los ojos de la esfinge. Hablaba con una bondad rebosante de sincero ímpetu.

Aunque, eso sí, sus penitencias eran algo elevadas, para qué vamos a mentir. Y ponía tanto empeño en el sacramento que cada confesión era como ir a que te predicaran un sermón para ti solo. A veces me dolían las rodillas de tanto esperar la absolución. Alguna vez, hasta él mismo se daba cuenta de que estaba arrodillado sobre una tabla desnuda y concluía su sermón diciendo *bueno, voy a acabar, que ya deben dolerte las rodillas*.

Dado que sus penitencias, como ya he dicho, no solían bajar de diez padrenuestros, diez avemarías y diez glorias, me daban ganas de pedirle que me descontara un poco de la penitencia por el dolor de rodillas. Pero nunca me atreví. El caso es que aquel sacerdote era un santo varón. Un hombre eternamente fiel a su confesionario. Un verdadero sacerdote, espiritual, siempre alegre, siempre dedicado a las cosas de Dios y del prójimo. Para mí es un modelo de lo que debe ser el sacerdote. Su muerte me causó una grandísima pena. Jamás olvidaré cómo desde el ambón, o sea, el púlpito, nos advirtió un día: *¡No se os ocurra acostaros en pecado mortal...! ¡Podríais despertaros en el infierno!*

Esto lo dijo con un acendrado acento aragonés, cosa que aminoraba el impacto dramático de la frase. En gallego todavía hubiera sonado más suave. Pero la misma sentencia proferida por un vasco, con su acento duro y tajante, habría resultado tremenda. El caso es que ese tipo de consideraciones nunca nos traumatizó al reducido grupo de amigos que íbamos a misa. Al contrario, hacían nuestras delicias. Y después eran muy comentadas, y aun recordadas mucho tiempo después. En cierto modo, las frases que más nos gustaban eran las de ese calibre. Siempre estábamos pidiendo más fuego, más crueldad tonante. Lo que no nos gustaba eran los sermones light de otros reverendos. Donde esté un sermón como Dios manda, como los de antes, entusiástico, con infierno, con pecado, con brío, que se quite una homilía dulzona, sin garra, siempre hablando de la paz y la solidaridad. Digo esto porque durante unos años se puso de moda hablar sólo de asuntos muy sociales o de cuestiones teológicas muy teóricas. Nosotros, mis amigos y yo, siempre preferimos los sermones de truenos y relámpagos, con mucha gesticulación y muchas amenazas. Pero cuando don Ramón se murió, todos supimos que en Barbastro se había muerto la oratoria sagrada. Cuando el albañil puso la escayola al nicho, los presentes entendimos que se había enterrado al último representante de los sermones de la vieja escuela.

Cuando leí una biografía del Cura de Ars, patrono de los sacerdotes seculares, me llamó la atención que el santo dijera en un sermón que cuando un alma se convierte, el Demonio trata de alejarla de su conversión con tentaciones de intensos escrúpulos. Y me llamó la atención porque eso fue exactamente lo que me sucedió. Los escrúpulos, como bien conocen los confesores, son unas continuas dudas que atenazan el alma. El alma siente que cualquier cosa es pecado y que los pecados no han quedado suficientemente confesados. Era terrible aquella sensación de intranquilidad. Cualquier cosa podía convertirse en algo suficientemente grave como para hacerme sentir que de nuevo urgía confesarme. El alma siempre estaba atenazada, nunca respiraba a pleno pulmón. Padecí escrúpulos bastantes meses, casi un año. Pero es curioso, después desaparecieron como por ensalmo.

Estoy seguro de que eran una tentación del Demonio, porque aparecieron de golpe, duraron casi un año, y después desaparecieron bruscamente. Un buen día no volvieron a aparecer. Es más, desde entonces lo que padezco es más bien una cierta falta de escrúpulos. La última frase es broma, pero lo que no es broma, sino que lo digo con toda sinceridad, es que siempre me ha costado notable esfuerzo sentir dolor de los pecados. Nunca he logrado entender del todo cómo soy tan comprensivo conmigo mismo.

Otra característica mía es que siempre me he despistado muchísimo oyendo sermones; enseguida se me va el santo al cielo. No importa quién predique, obispo o canónigo, misionero o vicario episcopal, toda predicación hace que mi mente comience un vuelo hacia las angélicas alturas. Hago todo lo posible por centrarme en el sermón, pero nada, es imposible. Esto no lo estoy refiriendo como una virtud mía, sólo doy cuenta del hecho. No lo puedo remediar. Por eso siempre he sido muy condescendiente cuando algunos feligreses me han dicho que les pasa lo mismo. De inmediato les digo que eso me pasa a mí desde mi más tierna adolescencia. Y con el rosario, no digamos. Me consoló mucho que santa Teresa del Niño Jesús dijera en su autobiografía que nunca pudo acabar un misterio del rosario sin distraerse, y que ella tampoco podía evitarlo ni intentándolo con todas sus fuerzas. Enseguida me dije que si una santa no pudo evitarlo, no iba a poder yo más que ella. Desde entonces sigo haciendo todo lo posible por no distraerme en el rosario, aunque con la tranquilidad de conciencia de que en algunos casos eso no depende de uno. Cuando escucho un sermón, todavía hoy me contento con poner cara inteligente. No es poco, no se crea, poner cara inteligente, pueden probarlo y verán que cuesta lo suyo.

Una providencia que lo abarca todo

Mucha gente me ha preguntado qué fue lo que me llevó a hacerme sacerdote. Bien, buena pregunta, pues debo reconocer que no había pensado hacerme sacerdote antes de los quince años. Y puedo asegurar que la primera vez que se me ocurrió tal cosa, no me hizo ninguna gracia, ni la más mínima. Era una ocurrencia que podía repercutir de forma aterradoramente vitalicia en mi existencia. Dicho con claridad: no quería ser sacerdote. La vida del sacerdote es una vida de entrega, de sacrificio, de obediencia, de celibato. Eso ya lo sabía entonces, aunque en aquella época conocía bien poco del mundo. Del sacerdocio, concretamente, lo único que sabía era lo que había visto en *El cardenal*, película que pusieron en *Sábado cine*. No era esa vida de sacrificio y entrega lo que yo tenía pensado para mí. Bien al contrario, ya en esa tierna edad tenía muy claro lo que quería hacer con mi futuro: una casa individual con jardincito, una mujer todavía más fantástica que la casa, niños correteando alrededor de la vivienda, un perro que me saliese a recibir meneando la cola al llegar del trabajo, un masaje en la espalda por la noche, antes de dormir, viajes a lugares exóticos una vez al año y muchas muchas más cosas. Lo anterior era sólo para empezar. El sacerdocio me parecía que era como enterrarme en vida. Puesto que era optimista, confié en que la idea del sacerdocio se me fuera en un día o dos. Pero no se fue.

No llevaba mucho tiempo yendo a misa, ni confesándome, y tampoco practicaba otros actos de devoción. Aun así, aunque fuera poco devoto, tampoco me parecía bien decirle a Dios que no de un modo tan directo y expreso. Estaba convencido de que esa ocurrencia se iría deshaciendo con el tiempo, sin necesidad de que yo hiciera nada, como se derrite con el amanecer el hielo de una noche de helada. En resumen, que incluso a alguien no muy religioso como yo no le parecía bien la idea de decir no a Dios. Pero tenía muy claro que la amorosa mujer rubia, el perro que me recibía moviendo la cola, los masajes y todo lo demás dependían de que la ocurrencia siguiera adelante o no. El asunto no me hacía ninguna gracia, pero me consolaba con la idea de que se iría disipando por sí misma, sin ayuda de nadie. La clave estaba en no prestarle especial atención. Pero pasaba el tiempo, y aunque procuraba no hacerle caso, la ocurrencia mostraba una gran resistencia a disiparse.

Tras ignorarla durante dos semanas, y ver que por ese camino no llegaba a ninguna parte (ya que la ocurrencia, tenaz ella, permanecía viva), pasé a una segunda fase, en la que le estuve dando vueltas al asunto durante un par de meses. Me gustaría decir que obtuve muy buenos consejos de algún sacerdote sobre este tema; pero sólo me confesaba con uno, don Jesús, y sus consejos fueron especialmente desganados. ¿Por qué? Pues digámoslo claramente, el sacerdote con el que me confesaba una vez a la semana era un cura de la prelatura del Opus Dei, y veía que yo era una persona de buena voluntad, pero poco estudioso (prefería brincar y saltar a sumirme en los libros), con pensamientos muy propios (estaba en mi fase vegetariana), con nulo gusto por la oración (sólo tres avemarías por la noche) y de una obediencia más que dudosa (era evidente que yo era un Voltaire agazapado tras un flojo barniz cristiano). Mi amor por la libertad era excesivamente fuerte, casi libertario. Dicho de otro modo, yo representaba las cualidades contrarias a lo que ellos buscaban para los miembros del Opus Dei. De hecho, nunca jamás en los años siguientes se les ocurrió proponerme el ingreso en la Obra. Para ellos, lograr la salvación eterna dc mi alma era labor más que suficiente.

El caso es que, al cado de dos meses, un pensamiento que me rondaba la mente me animó a hacer las maletas y trasladarme al seminario. El pensamiento fue éste: si Dios ha creado tantos placeres, tantos goces, tantas cosas que disfrutar (la mujer, los hijos, una fortuna, una mansión, etc.), qué será lo que el Creador de todos esos goces habrá preparado para recompensar a aquellos que renuncien a esas satisfacciones por amor a Él. Sé que se trataba de una idea un poco mercantilista. Pero, al fin y al cabo, yo no dejaba de ser el hijo de un comerciante. Y el razonamiento me parecía sumamente satisfactorio. Además, ese pensamiento tan comercial sí que estaba en plena sintonía con la tradición de la familia. No sé cuántos habrán agarrado la maleta y se habrán ido al seminario con la idea de que era un buen negocio, pero el caso que así me fui yo. Eso sí, lo hice como un reo va al patíbulo.

Lo ideal habría sido que el amor a Dios y al prójimo fuera el norte que me guiaba hacia la vocación; pero no, fueron ideas menos nobles las que encaminaron mis primeros pasos. Desde luego, no se trató de amor al prójimo, ni a los pobres, ni nada similar, sino el pensamiento del gozo que me esperaba en el cielo si me sacrificaba ahora. Eso fue lo que me movió. La idea del ciento por uno, he aquí el razonamiento que me llevó al sacerdocio.

Afortunadamente, una vez que estuve en el seminario, mi horizonte cambió. Descubrí todo un mundo espiritual, que para mí era desconocido. El seminario se me presentó como un paraíso de oración, de virtud, de ciencia teológica. Un pedazo de cielo, de paz, de armonía, tutelado por buenos sacerdotes que no buscaban más que nuestro aprovechamiento espiritual. Sé que puede parecer que estoy exagerando, pero para mí eso fueron los cinco años que estuve en

Pamplona. Allí ya sí que proseguí con mi vocación por motivos más místicos y menos egoístas. Reconozco que los primeros fueron espiritualmente egoístas, pero egoístas al fin y al cabo.

Nos levantábamos a las siete de la mañana, y media hora después estábamos en la capilla para hacer treinta minutos de oración mental. Tras la misa, dedicábamos diez minutos a la acción de gracias por la comunión recibida. Después desayunábamos, hacíamos la cama y estudiábamos hasta la hora de la comida. Un rato antes de comer, dedicaba un cuarto de hora a la lectura espiritual. Leía diez minutos vidas de santos, y cinco el Evangelio o partes del Nuevo Testamento. Después de la comida, teníamos un rato de tertulia todos juntos, cosa de media hora. Rezábamos el rosario e íbamos a la facultad. Tras cuatro horas de clases (Sagrada Escritura, moral, teología dogmática...), volvíamos al seminario. Hacíamos media hora de oración mental, y a cenar. Media hora de tertulia, todos juntos, examen de conciencia en la capilla y a dormir. Así durante cinco años. Cinco años maravillosos. Una época de clima de oración, compañerismo, buenos propósitos y maravillosos ejemplos de algunos seminaristas, unos verdaderos santos. Varios compañeros eran canonizables allí mismo. De haber sido posible, me hubiera provisto ya de reliquias de ellos. Menos mal que no me quedé con un hueso de alguno de ellos, ya que varios de estos santos se secularizaron y acabaron casándose.

Por las mañanas, aquel chico delgado, de gafas gruesas, que era yo, llegaba a la capilla unos minutos antes de la hora. Poco después, el rector se arrodillaba y todos nosotros nos persignábamos mientras escuchábamos el comienzo de una plegaria: *Señor mío y Dios mío, creo firmemente que estás aquí, que me ves, que me oyes...*

Después nos sentábamos (alguno, más fervoroso, se quedaba de rodillas otro rato) y en silencio hacíamos nuestra media hora de oración mental. Cada uno llevaba un librito para leer un poco si se distraía. Yo me imaginaba escenas. Por ejemplo la crucifixión, o a Jesús hablando a la multitud en lo alto de una colina, o cómo sería el momento en que muriera y entrase en el cielo, e incluso a Jesús sentado frente a mí, y yo hablando con Él. Tengo una imaginación muy viva, de manera que todas estas escenas, y muchas más, las vivía con toda intensidad. Siempre acababa la media hora haciendo dos cosas: un acto de amor a Dios lo más intenso posible y propósitos para el resto del día.

Me proponía no repetir bizcocho en el desayuno, no ver una de cada tres películas de las que nos ponían los sábados, ser puntualísimo con las horas de comienzo del estudio, etc. Escogía también una jaculatoria para la jornada, normalmente un breve versículo, que repetía mentalmente de vez en cuando, en cualquier momento. En aquellos cinco años no tuve ninguna crisis espiritual. Ni un solo día me sentí árido o frío al rezar en la capilla. Estaba contentísimo y me hallaba rodeado de chicos que lo único que buscaban era la perfección.

Debo añadir que, al acabar la educación secundaria, fue tan triste para mí la idea de dejar mis proyectos personales y hacerme sacerdote, y tan grande la lucha subsiguiente, que durante los años del seminario no tuve ni una sola vez una sola tentación contra mi vocación, ni una sola duda. Después, la idea del futuro sacerdocio ya sólo fue para mí una fuente de felicidad y de dicha. Bien es verdad que lo que más me movió al sacerdocio fue el amor a Dios y el deseo de gozar de Él toda la eternidad. Las predicaciones, confesiones, visitas a enfermos y todas las demás obras eran puros medios de mostrar a Dios mi amor por Él. He conocido sacerdocios más centrados en el prójimo o en el deseo de una actividad pastoral determinada. A mí la actividad sacerdotal concreta me daba lo mismo. No me importaba mucho ni poco. Trabajar con los enfermos exclusivamente, o en una parroquia, o en un despacho de la curia dedicado a los papeles, me era indiferente. El mío era un sacerdocio muy cristocéntrico.

Lamentablemente, la devoción a la Virgen me resultaba fría. Tenía devoción a Ella sólo porque así debía ser según la teología y los maestros de la vida espiritual. Al no ser educado desde niño en el amor a María, esa devoción no acababa de salir de mi corazón de un modo efusivo. Por el contrario, debía esforzarme continuamente en fomentarla. Hay teclas del alma que si no se pulsan en la infancia ya no suenan nunca.

Por alguna extraña razón, la devoción a los santos y a los ángeles sí que me resultaba mucho más fácil. En el caso de los santos no me costaba ningún trabajo, porque al leer sus vidas se me hacían cercanos y conocidos, y les tomaba cariño. A mi ángel de la guarda también me resultaba muy fácil tenerle devoción, pues me lo imaginaba siempre a mi lado, alto, con una gran túnica blanca, dos alas majestuosas y un rostro verdaderamente angélico, que despedía ternura y bondad.

Mi santo favorito siempre era aquel del que estuviera leyendo su vida. Al cabo de unos meses, una capa de santos cubría con un cierto olvido a aquel del que tanto me acordaba mientras leía su biografía. Ciertamente viví —las viví de verdad— la vida de santa Teresa de Jesús, de santa Catalina de Siena, de santa Teresa de Liseaux, de san Pío X, de san Juan de la Cruz, de san Juan Brebeuf. Nada me gustaba tanto como las vidas de santos, ya fueran mártires, jesuitas, papas, humildes monjas, pecadores convertidos en santos, o santos de toda la vida.

Entre todos, uno era mi favorito, sin lugar a dudas: santo Tomás Becket, un arzobispo de Canterbury. ¿Por qué? Pues porque a la segunda semana de llegar al seminario, nos pusieron la película protagonizada por Peter O'Toole y Richard Burton, que trataba de la vida de este arzobispo medieval. Para empezar, las películas de reyes, cortes medievales e intrigas están entre mis favoritas. Además, ésta me dejó clavado en el sillón, petrificado, me impactó de un modo increíble. Me hizo llorar, por supuesto. Pero no sólo eso, sino que, durante los siguientes años y hasta ahora, me acordé de santo Tomás Becket cada día. La película se podría resumir para mí en un lema, el honor de Dios. Y ése fue mi lema durante todos los años de mi formación para el sacerdocio: cuidar del honor de Dios, puesto que Él también tenía honor.

Pero no era sólo eso; la película me impresionó mucho por la unción que rodeaba al recién ordenado arzobispo, por su conversión, por su serena defensa de la honra del Creador.

La segunda película religiosa que más me influyó fue un *Hombre para la eternidad*, que cuenta la vida de santo Tomás Moro. Me hizo llorar más que *Becket*. La primera película tuvo una curiosa consecuencia en mi mente, que me sigue sorprendiendo incluso ahora, y fue que me hizo amar profundamente la Edad Media. Y en todos los años siguientes, inconscientemente, me seguí imaginando a la Iglesia con los tintes pretéritos de mis venerados santos medievales. Misteriosos son los mecanismos de la mente. Ahora soy consciente de ese hecho y trato de corregirlo, pero durante mucho tiempo mi visión ideal de la Iglesia era la de una Iglesia medieval.

Así como la lectura de los clásicos latinos, en la educación secundaria, me hizo amar profundamente la época del Imperio romano y despreciar la Edad Media, ahora caí en la enfermedad justamente contraria. Menos mal que tenía diecisiete años, pues con esa edad entré en el seminario. Había tiempo para que la vida siguiera haciendo reformas en los esquemas de mi mente.

A propósito de los esquemas de mi mente, tres libros me influyeron de un modo completamente decisivo en ellos: las obras completas de santa Teresa de Jesús, la *Subida al Monte Carmelo*, de san Juan de la Cruz, e *Historia de un alma*, de santa Teresa de Liseaux. Los años de mi formación fueron, en cierto modo, el intento continuado de llevar a la práctica la vida que allí se describía.

Fueron tiempos maravillosos. Ojalá fuera posible repetirlos. Quién pudiera regresar a esa edad y rehacerlo todo, mejor. A veces pienso que un hada madrina debería tocar con su varita mi cabeza y enviarme allí otra vez, y repetirlo todo, y recomenzar, y retomar todo todavía con más entusiasmo, con nuevo empeño, y no cometer ya ningún error, y enderezar desde el principio el rumbo del barco hacia Dios y sólo Dios. De todas maneras, sé que esto es imposible. Nunca es posible retornar a la época en que todo es descubierto. La primera vez que toqué un cáliz, la primera vez que preparé con otro seminarista, sobre una mesa de mármol de la sacristía, los ornamentos para la misa de uno de los sacerdotes, plegándolos con toda la veneración del mundo. Me imagino que todo esto tiene su paralelismo en el primer beso, la primera novia y todo eso. Ya no es posible volver, pues aunque retornáramos ya no somos los mismos. Podemos regresar al mismo lugar, a la misma situación, mas somos nosotros los que ya nunca volveremos a la primera vez. A esa edad en que todo es nuevo y reciente. Nuestro colmillo se va retorciendo, las manos se vuelven callosas, una cierta insensibilidad va endureciendo el espíritu. Las cuatro estaciones del año son también las cuatro estaciones de la vida. Y la primavera no vuelve. La primavera sólo pasa una vez. *Creímos que el tiempo nos disculparía. Mas ahora sé que el tiempo ha pasado para mí*, escribirá Moix poniéndolo en la boca de Cleopatra. *No me digas que fue un sueño*, el realismo se impone. Pero el recuerdo de esa primavera de la vida es dulce como la miel. Sólo un año se me amargó un poco. Fue el tercero. Dos sacerdotes, en ese tercer año, fueron la excepción a este ambiente idílico que he referido. Nunca entenderé por qué me cogieron tanta ojeriza, nunca entenderé qué sentido tiene ser cruel con un seminarista. Si quieres cambiarlo, inténtalo, persuádelo, convéncelo, pero presionar a una persona hasta llevarla a sus límites, aunque sea con un buen fin, no tenía ninguna justificación. Afortunadamente, alguien más se debió de dar cuenta de sus virtudes como formadores, pues sólo duraron un curso en sus puestos.

Ciertamente, don Antonio y un tal don Enrique me santificaron mucho a base de hacerme ejercitar la virtud de la paciencia. He querido consignar aquí sus nombres para que vean que no soy desagradecido y que me acuerdo de ellos.

Mi momento favorito del año, aparte de la Navidad, era el verano. Cada día me levantaba, rezaba mis oraciones y por la mañana me dedicaba a leer novelas y a traducir textos latinos. Iba línea a línea, leyendo un breviario latino, y cada palabra cuyo sentido me resultaba un poco impreciso la apuntaba en un folio con su significado y etimología. Era un sistema un poco duro y prusiano, al que, sin exagerar, tuve que dedicar centenares y centenares de horas. Pero así aprendí latín, dedicando cada día del verano dos o tres horas a traducir y memorizar lo ya traducido. Por la tarde, después de rezar el rosario, leía un rato más, y tras eso me iba a la zapatería de Juan, donde se solían congregar unos cuantos amigos más. Allí conversábamos con su encantadora y enlutada abuelita, que estaba en una silla cerca de la puerta. Siempre en el mismo sitio. Durante años en la misma silla, en el mismo lugar de la zapatería, con sus ojos ciegos y su voz llena de bondad. Cuando ya estábamos reunidos todos los amigos, Juan pedía permiso a su padre para dejar la tienda, pues era un joven muy respetuoso, y dábamos una vuelta por la ciudad, con nuestro cono de helado en la mano.

Al acabar el paseo, nos sentábamos en un banco, a la vera del río, bajo grandes chopos. Era un lugar, si no idílico, al menos lo más cercano a la utopía que en esta vida se puede encontrar. Un rincón poético de una tranquila villa que descansaba en las colinas previas a las estribaciones del Pirineo. Qué agradables eran esas tardes de verano, plácidas y sosegadas, charlando, con el aire cálido poblado por los chillidos de las golondrinas. Teníamos toda la vida por delante. Cada uno con sus sueños. Uno quería ser un gran médico, otro un sabio profesor de griego, otro un psiquiatra bienhechor. Y así, charlando y con el cono de helado llegando a ese punto delicioso en que pierde su frigidez y se comienza a derretir, se nos echaba encima la hora de la cena. Otro día se había ido. Otro día magnífico se marchaba. Emprendía la subida de la avenida de los Pirineos, mientras otro crepúsculo incendiaba el cielo con sus tonos rojos. La sucesión de días parecía tener un crédito ilimitado.

Después de la cena, veía la tele en el sofá, con mi madre. Al final, al filo de la medianoche, me quedaba solo ante la pantalla. Era el momento de *La dimensió desconeguda*, que emitían cada noche en TV3, la televisión catalana, que llegaba hasta Barbastro a pesar de estar en Aragón. Esa serie era, en realidad, una selección de capítulos de la famosa *The twilight zone*, un clásico. Después de ver ese clásico, que ya entonces estaba un poco anticuado, rezaba mis últimas oraciones del día, y a la cama. Suelo dormirme al instante, aunque a veces en los veranos daba muchas vueltas a causa del calor, que no deja dormir ni a las personas de conciencia tranquila como yo.

Sin que haya que adjudicarme mérito alguno por ello, mi vida era un remanso de calma y quietud, de santa quietud y católica calma. Una existencia sosegada y ordenada, como convenía a la apacible condición de un seminarista. Sobre estos firmes sillares de quietud y sosiego se siguieron poniendo los cimientos de mi futuro sacerdocio. La verdad es que nunca me han gustado mucho las aventuras. Ni siquiera en el cine. Prefiero *Paseando a Miss Daisy* a *Misión imposible*. Aquí paz y después gloria, era mi lema.

Algunas mañanas me iba con uno de los amigos al río. En el Cinca había un tramo especialmente adecuado para nadar. Aguas limpias y muy frías, en las que, buceando, veías los peces, los pulidos guijarros del lecho, en los que ondas de luz de la superficie hacían bonitos juegos de luces, e incluso, si tenías suerte, sorprendías al lucio con cara de pocos amigos. Aquel trecho del río Cinca era el territorio de un lucio fiero de casi un metro de largo. Lo vi varias veces. Un día en que ese pez descansaba bajo una piedra, pero su larga cola sobresalía, estuve a punto de decidirme a agarrarlo. Aunque al final, prudentemente, no me atreví. Después me enteré de que los lucios muerden. Me acuerdo perfectamente de la excitación que sentí bajo el agua, buceando, y mis dudas sobre si debía agarrar aquella cola o no. La edad nos vuelve más prudentes, pero la emoción del momento revive cuando la evoco.

Me acuerdo de aquellos veranos, inacabables, deliciosamente inacabables y eternos. Para un chico de diecinueve años, tres meses son una porción de la eternidad. Cada mañana gozaba de las aguas del río, frías en pleno agosto, los buceos, los guijarros pulimentados en los que se deslizaba la luz ondulante de un tórrido sol de agosto, la arena del fondo, recorrida por anodinos pececillos fluviales. Aquella sucesión de tardes pasadas con los amigos, tomándonos el helado, sentados en un banco bajo los árboles, charlando de temas profundos y triviales... Tardes y más tardes de feliz despreocupación. Por la noche, otra vez la tele, en la que siempre había alguna cosa que me gustaba. A esas edades no tenía yo un gusto muy exigente. Me parecía que todas las películas tenían algo. No puedo dejar de pensar en aquellos veranos sin una cierta nostalgia de los días llenos de sol, de optimismo, jornadas pletóricas de vida sencilla. Iba a misa al mediodía y seguía una zambullida en el río, con un amigo. Rezaba un poco por la tarde, media hora, siempre a las siete; leía la Biblia, estudiaba latín, daba un paseo, veía un rato la tele, era feliz. No pedía más a la vida.

— A veces me pregunto por qué se deshizo aquel grupo de amigos de Barbastro. No sé. Creía que éramos amigos para siempre. Pero cada uno se fue en una dirección, en una dirección de verdad, no metafórica, a un punto distinto de la geografía de la Península. Cada uno consiguió su novia. Las novias son el punto final de las amistades de los solteros. Ahora miro atrás y creo que en la amistad siempre di más de lo que recibí. Creo que siempre puse mi corazón en la amistad, mientras los otros no buscaban tanto. ⟍

Quizá yo, hijo único, buscaba algo más que ellos en esa amistad. Amigos para siempre, amistad eterna, envejecer con la amistad... Pero algunos de ellos, al final, sólo vieron en mí al clérigo, al amigo que iba a ser sacerdote, al seminarista que no podía ir a las discotecas, un chico que ni bebía, ni fumaba, ni hacía nada. No era buena compañía para ellos. En cierto modo, podían verme como un lastre, un santo lastre. Ahora me doy cuenta de que ellos no eran dignos de mi amistad. En realidad no perdí ningún amigo, pues nunca los tuve. Después de doce años compartiendo cumpleaños, tardes de cine, campamentos, conversaciones, descubro que en el fondo no había nada entre nosotros. Me queda la tranquilidad de saber que no fui yo el que se alejó de ellos, sino ellos de mí. En cuestión de amistad debo admitir que la fortuna no me ha sido propicia. Cuánto he buscado el tesoro de la amistad. Pero esto, como los noviazgos, es una lotería. Y a veces no tienes el número. En los noviazgos, en la amistad, en la salud, en tantas cosas, a veces tienes buena suerte y a veces no; y no hay que darle más vueltas.

Uno de esos veranos puse una velita a una Virgen del convento de los padres misioneros de Barbastro. Aquella velita se quedó ardiendo sola entre los silenciosos muros de la vetusta iglesia. Era la primera que encendía en mi vida, e iba acompañada de una intensa petición. Abandoné la iglesia para irme a almorzar, pero la llamita seguía recordando a la Virgen mi súplica, quedar exento del servicio militar. En aquella época era obligatorio, y yo aduje en los impresos hipermetropía y astigmatismo. Sin embargo, el médico militar era de otra opinión. Dios no me concedió mi petición, cosa que me sorprendió sobremanera, porque se la había formulado con mucha fe. Pero a veces el mejor regalo de Dios es que no nos conceda nuestras peticiones. Posteriormente, bastantes años después, ya como sacerdote, hice el servicio militar y me lo pasé fenomenal. Di entonces muchas gracias a Dios porque no me hubiera hecho caso. En ocasiones, las peticiones no concedidas son el mejor signo de que Dios escuchó nuestra oración.

Ya puestos, quiero referir también que a la entrada de aquella iglesia, la de los misioneros claretianos, había un crucifijo de emotivo gesto doloroso. Un día, un amigo del grupo me comentó en confianza que al entrar se quedó rezando delante de ese crucifijo, y que de pronto, en plena concentración en el rezo, le pareció ver una lágrima justo en el lagrimal del ojo. Con miedo, acercó su mano y tocó aquello. Y con sorpresa comprobó que la lágrima era real, auténticamente líquida. Inmediatamente hizo una confesión general. Esto me lo comentó en completa confianza. Lo curioso es que este hecho de la lágrima líquida sucedió otras dos veces a otras dos personas distintas. Lamento comentar este tipo de sucedidos, que a los ateos les pueden parecer increíbles y quizá resten credibilidad a la obra. Pero así son las cosas.

Como es lógico, episodios de este tenor eran imposibles de creer para mi tía Josefina Cucurull, testigo de Jehová. Normalmente me solía llamar *beato podrido*. Pero en otras ocasiones me dejaba de llamar ese tipo de cosas, para recordarme, una vez más, que el fin del mundo era cosa de años, quizá de días, y quién sabía si no era cuestión de horas. Con ella sostuve incontables discusiones bíblicas. Al final abandoné esos agotadores parlamentos, por considerarla sumida en lo que desde hace siglos la tradición de moralistas católicos denomina *ignorancia invencible*. Desde entonces, mis relaciones con ella alcanzaron un inalterado estado de tregua. No la intento convencer a ella, y dejo mansamente que ella me intente convencer a mí. Es la no-violencia de Gandhi aplicada a las relaciones familiares interconfesionales. Pero este esfuerzo por mantener la pasividad, este negarme a una confrontación teológica, era tanto más necesario cuanto que no había ni una sola vez que hablase con ella (por breve que fuera el intercambio de palabras, personal o telefónicamente) en la que no me recordase, como quien no quiere la cosa, que soy un condenado idólatra. Un idólatra, un secuaz del Demonio, un adorador de divinidades prepaganas y un compinche del Príncipe de este Mundo. Beato podrido es una definición que se ha quedado corta con los años. Ella no da por mi salvación ni un céntimo de euro. Yo, ecuménico en grado sumo, me muestro más generoso con su futuro en la otra vida.

Cuando hablas con un testigo de Jehová no hay esgrima teológica, como sucede con nuestros hermanos anglicanos, luteranos o presbiterianos. Ante un testigo, desenvainas tu florete, lo agitas, lo flexionas en el aire, y de pronto tu adversario saca una porra, un tarugo como los que los romanos atribuían a Hércules, un tronco pesado de madera apenas desbastada, un garrote de troglodita y se lanza a ti a la carrera, gritando como un bárbaro de la Edad de Piedra. Los testigos de Jehová me recuerdan nuestros mejores tiempos de la Inquisición. Si ellos tomaran el poder, las cazas de brujas se tornarían tan comunes como los partidos de fútbol. Probablemente, hasta harían concursos de piras, a ver qué equipo quemaba más idólatras. A las catedrales les aguardaría el mismo destino que a las Torres Gemelas, y a los sacerdotes nos esperaría el final que merecen todos los servidores del mismísimo Averno. A pesar de todo, mi relación con mi tía va bien. Para ella, soy carne de infierno, pero nuestra relación... Bien.

A propósito de mis ocupaciones veraniegas, en aquel entonces no le di excesiva importancia al aprendizaje del latín. Quiero decir que dedicaba mucho tiempo a aprender esa lengua, pero no pensé que su conocimiento fuera algo que hubiera de tener excesiva repercusión en mi vida. Me equivoqué. El dominio del latín fue la llave que me permitió leer casi cualquier obra occidental escrita desde la caída del Imperio romano hasta el nacimiento de la Modernidad. Cuando en agosto gastaba tantas horas declinando ignotas palabras, elucubrando etimologías de verbos compuestos, desconocía que esa lengua arcana iba a convertirse en un poderoso instrumento de conocimiento. Una lengua misteriosa que me abriría puertas cerradas a páginas, no sólo de teología, sino también de libros de plantas, de medicina primitiva, de epistolarios privados y de cualquier cosa que hubiera sido puesta en palabras durante más de mil años.

¿El conocimiento de esa lengua estaba haciéndome más conservador? Sin ninguna duda, conocer las lenguas clásicas te hace más conservador en todos los terrenos, y en el teológico especialmente. Es difícil que alguien que esté en diaria conexión con la tradición de los santos padres y doctores de la Iglesia, con sus sermones y tratados, caiga después en el furor iconoclasta de querer comenzar de cero, arrollando todo lo pasado.

Muchos teólogos, dogmáticos, biblistas o moralistas, cayeron en la trampa de querer hacer la revolución. Un verdadero conocedor de la historia sabe que la revolución (cualquier revolución) es sólo la revolución número MMMCCXLII de la ya bastante zarandeada historia de la progenie adánica. Por eso cualquier cultivador del conocimiento de la historia se sienta a ver pasar la revolución; pero es difícil que contraiga la fiebre de la pasión por demolerlo todo.

En aquellos años ochenta había mucha tendencia a la revolución teológica, a empezar de cero. La revolución iconoclasta, arrasadora del pasado, es propia de espíritus cándidos y poco cultivados. Desde aquellos años, me sentí poco proclive a las ideas revolucionarias exegéticas, éticas o teológicas. Deseaba vivir serenamente una religión tranquila, que me llevara más a Dios. Y el latín decoraba bastante bien la casa de mi alma habitada por ese deseo.

Se piense lo que se piense de las lenguas muertas, para mí poder leer latín sin diccionario supuso la apertura de una ventana al conocimiento de los detalles de la historia. Pero dedicarme con tanta intensidad al latín supuso tener que abandonar tres cosas cuyo desconocimiento todavía me da pena: abandoné mis estudios de órgano, de griego y de alemán. Ya me había imaginado las yemas de mis dedos deslizándose por el órgano, como el fantasma de la Ópera, escuchando las locuras de Hitler en sus berridos originales y saboreando a Platón en su soleada lengua propia. Pero no me arrepiento de haber abandonado al mar del olvido lo que de esas tres cosas llegué a saber. La avaricia de conocimiento es como cualquier otra avaricia. Hay que poner coto a la ambición de saber, igual que a las demás drogas, porque es un estupefaciente que, exactamente como otro cualquiera, llega a eclipsar la vida. Ya lo decía un proverbio chino: *No descuides tu propia felicidad, porque ya es demasiado tarde*. He conocido a personas del ámbito universitario cuya vida no ha consistido en otra cosa que internarse en un itinerario sin fin por la infinita biblioteca del conocimiento. Yo, tierno seminarista, nunca caí en esa trampa. E incluso no exagero si digo que hoy día no puedo leer un libro, cualquier libro, más de diez o quince minutos sin descansar un rato, al menos un poco. La letra impresa me fascina, pero cansa mucho.

Ya que he hablado bastante de mi amor por la tradición, debo dejar claro que el tradicionalismo siempre me ha parecido un extremo tan vicioso como el de los ultraprogresistas clericales. E incluso me parece un extremo más vicioso el de los lefevrianos. Porque si me he de condenar, casi prefiero hacerlo con la conciencia laxa de los teólogos holandeses, que no con el inflexible rigor de los miembros de la inhumana fraternidad de san Pío X. El ultraconservadurismo, en todas las religiones del mundo, es una deformación que nace de la soberbia y de la rigidez de espíritu.

Cuando regresaba de las vacaciones del verano a Pamplona había siempre dos novedades. La primera eran los nuevos seminaristas

que se incorporaban al centro, la segunda saber qué viejos seminaristas no se reincorporaban. En cada ocasión había un reducido número que en verano veía con claridad que su vocación era la de ingresar en la institución matrimonial. Ya antes del verano solíamos
notar este tipo de ausencias, sin comentarlas demasiado. Solía ocurrir tras las vacaciones de Navidad y Semana Santa. Pero algunos,
como se ve, resistían hasta el verano. Nunca veíamos estas decisiones como deserciones. Mejor casados que malos curas. Nunca nos
enterábamos antes de que faltaran de entre nosotros. ¡Qué en secreto lo llevaban! A nadie le expulsaban, eran los mismos seminaristas
los que acababan viendo que aquella vida no era la suya. Aunque en
algunos pocos casos, muy pocos, eran los formadores del seminario
los que le iban haciendo comprender al seminarista en cuestión que
no era ése su camino. Normalmente, en estos pocos casos, los estudiantes se lo tomaban muy a mal. A algunos se les mete en la cabeza lo de ser cura y no hay manera de hacerles cambiar de opinión.
Es como si hubieran recibido un mandato divino traído por un ángel que les hubiera anunciado: *Tú serás cura*.

No fue ése mi caso, siempre estuve a lo que me dijeran, fui un
ejemplo de perfecta obediencia al juicio de mis superiores. Incluso en
el caso de que mi superior fuera un mentecato. A lo largo de cinco
años pasaron por mi vida seminarista sólo tres mentecatos. De los
tres, uno era un mentecato simple, los otros dos eran mentecatos con-
sumados. Hay una diferencia abismal entre un mentecato moderado
y uno de marca mayor. En fin, digamos el pecado pero no el pecador.

La aparición de mentecatos en la vida de un seminarista puede
parecer algo muy malo, pero no lo es, forma parte de la pedagogía
divina. Es decir, forma parte de las lecciones que conviene que
aprendan los candidatos al sacerdocio. Porque la obediencia no
cuesta nada cuando tu superior es un hombre prudente y santo. Se
prueba realmente si eres obediente o no cuando el que te manda ni

es prudente ni santo. Obedecer con gusto es fácil. Obedecer si te mandan lo que te complace, no cuesta nada. No sabrás si eres obediente hasta que no seas puesto a prueba. Y cuando seas puesto a prueba, siempre te parecerá que obedecer aquello está al límite de tus posibilidades. Es entonces cuando sabes si eres o no eres obediente. Se han dado muchas definiciones de la obediencia, y no digamos de las condiciones para ejercitar esta virtud; pero las cosas están muy claras, sea cual sea la definición, sean cuales sean las condiciones: si obedeces, obedeces, si no obedeces, no obedeces, y lo demás son mandangas de la China.

La merienda en el seminario siempre era igual. Merendábamos de pie, al lado de un carrito metálico lleno de tazones de leche, de galletas (baratas, baratísimas, de hecho, ni sabía que había galletas tan baratas en el mercado) y trozos de pan para acompañar el embutido o la mermelada. Alguna vez, excepcionalmente, había chocolate o galletas de mejor calidad (pastas de té, galletas con guinda, etc.). Esos días tenía que hacer esfuerzos heroicos para no abalanzarme sobre la bandeja entera. Y no es que me quejara de la comida del seminario, que era abundante y muy buena, pero el reto de comenzar a estudiar en serio me daba un hambre como nunca la había conocido en mi vida. Eso y el hecho de no poder picotear en la nevera durante todo el día.

Los sábados y los jueves había natillas en la cena. Mi madre jamás hizo natillas en mi casa. Me hubiera zampado media fuente de aquella crema deliciosa, pero había más seminaristas y debía moderarme y dar muestras de cristiana templanza. Nunca he entendido ese afán mío por los dulces. Lo tengo desde pequeño. En el seminario siempre esperaba a que todos se sirvieran, repitieran y dijeran que no querían más, para acabar con todo lo que quedara en aquella inmensa fuente de cristal. Lo malo es que la campanilla del rector solía sonar antes de que mi amable contención obtuviera los frutos de su paciente espera.

Los sábados por la noche ponían una película. Sólo se veía la televisión ese día, a excepción de los telediarios de antes de la cena. También se veía un partido de fútbol los domingos. Pero a mí el deporte no me gusta, ni siquiera el televisado. Ya se habrá dado cuenta el lector del poco espacio que el deporte ocupa en esta biografía. La película de los sábados era algo muy esperado por todos. Y eso que la veíamos en una pantalla de televisión completamente insuficiente para los setenta que nos agolpábamos frente a ella. Gracias a Dios, la hipermetropía me permitía ver bien de lejos. Pero la vista tenía que sortear tantas cabezas que era un esfuerzo. En el salón de estar había que colocarse según el orden de alturas. Y los de las primeras filas tenían que hacer propósito de hundirse lo más posible en sus butacas para obtener sus privilegiados puestos. Sin embargo, la jerarquía de las alturas no regía para el rector Bastero. El rector estaba por encima de las alturas.

Hasta ahora he usado las palabras *seminario* y *seminarista* por no complicar demasiado el relato. Pero la realidad canónica era más complicada en cuanto al uso de esos términos. El lugar al que fui era, de hecho, un seminario, pero jurídicamente no había sido erigido como tal, aunque en mis tres últimos años ya obtuvo la aprobación de la Santa Sede y entonces fue constituido como seminario internacional. La explicación de por qué aquella casa no era un seminario desde el principio resulta complicada. La Universidad de Navarra, como todo el mundo sabe, pertenece al Opus Dei. Cuando la Obra creó la Facultad de Teología en su universidad, consideró que era muy adecuado proveer de un lugar para que vivieran en él y se prepararan para el sacerdocio los estudiantes de aquella facultad. Y se fundaron colegios mayores dedicados sólo a dar residencia (y formación) a los que estudiaban teología con la idea de hacerse sacerdotes.

Esos colegios mayores (llegó a haber tres) fueron el embrión del futuro seminario. Estaban muy mal vistos por algunos obispos, pues tenían la impresión de que les robaban seminaristas. Esta impresión, tan retorcida como cierta, no les llevaba a elevar ninguna protesta a instancia eclesiástica alguna, pues en los años setenta había no pocos seminarios por España que hubieran merecido que se les hubieran llevado todos los seminaristas, sin dejar ni un monaguillo. La existencia de esas residencias (que eran de facto como seminarios) era conocida por los obispos, pero, como digo, nadie protestó. También hubo silencio, en parte, porque el Opus Dei organizó aquello con impecable pulcritud canónica. Canónicamente todo estaba en regla, eran colegios mayores, y sólo colegios mayores.

Los estudiantes de esa Facultad de Teología de Pamplona no pertenecíamos al Opus Dei, e incluso alguno era ocultamente muy opuesto al Opus Dei. Yo, que conste, ni pertenecía, ni pertenezco. Bueno, el caso es que en esa Facultad de Teología había varios que eran seminaristas y otros, como yo, que no éramos seminaristas. ¿Por qué no lo era? Antes de ir a Pamplona había pedido una entrevista al obispo de Barbastro, porque quería saber si estaría dispuesto a aceptarme como seminarista si me iba a estudiar a la Facultad de Teología de Navarra. El obispo, amablemente, me respondió que era su voluntad que sus seminaristas estudiasen en Zaragoza. Entonces tuve que elegir entre estudiar en Zaragoza y ser seminarista de Barbastro, o ir a Pamplona y hacerme, más adelante, seminarista de otra diócesis, pero olvidarme de Barbastro. No tuve que pensármelo mucho, porque, la verdad, a mis diecisiete años, no tenía muy claro todavía si quedarme en Barbastro, irme de misiones o hacerme religioso o monje. En esta situación me dejé guiar por el sacerdote con el que me confesaba. Si el confesor me hubiera dicho ¡a Zaragoza!, pues a Zaragoza. Pero me dijo que a Pamplona, y allí me fui. Al no saber nada de cuestiones eclesiales, fui a donde me dijeron. Si me hubiera dicho a Zaragoza, pues hubiera ido y probablemente ahora sería un cura progresista vestido de paisano, con ideas liberales en la cabeza. Pero el confesor me dijo con voz segura *¡a Pamplona!* Y allí me fui, sin saber, pobre de mí, que con ese destino me estaba convirtiendo en un cura reaccionario. La verdad es que me siento bastante reaccionario. Sobre todo a ratos.

Me alegro de haber estudiado en una universidad que me hizo reaccionario y retrógrado, en vez de hacerlo en un seminario que en los años setenta era un ejemplo de todas y cada una de las desviaciones posconciliares. Me alegro profundamente de que el matrimonio arrebatara del ejercicio sacerdotal a la mayoría de los discípulos de esos profesores. Mejor casados que en las parroquias, extendiendo aquellas ideas. Diecisiete añitos tenía cuando fui a hablar con el obispo, don Ambrosio. Allí, en una salita decorada con un tresillo al estilo de los años sesenta, se jugó buena parte de mi futuro. Únicamente con recordar la espantosa decoración clerical de aquella sala de visitas del palacio episcopal, uno comprende hasta qué punto el posconcilio fue la etapa más negra de la Iglesia en el plano estético.

A don Ambrosio le pedí audiencia tres veces en cinco años. Y las tres veces me dijo lo mismo. Debo añadir que tengo por este obispo un gran respeto. Algunos curas barbastrenses han criticado después, hablando conmigo, la postura de don Ambrosio. Yo les he dicho que a mí no me pareció mal su negativa, ya que es el obispo quien decide dónde estudian sus seminaristas. Por eso acepté su decisión con indiferencia jesuítica. Siempre le defendí de corazón, porque me parece muy lógico que sea el jefe quien designe el lugar de los estudios de sus seminaristas.

Así que, dada su negativa a aceptarme, me fui a ver a un obispo de una diócesis parecida a la de Barbastro. A este otro obispo no le pareció mal que yo acabara los estudios en Pamplona y me aceptó como seminarista. No voy a mencionar el nombre de esta nueva diócesis, para dejar en la oscuridad la identidad de los clérigos protagonistas de tristes acontecimientos posteriores que a continuación voy a relatar.

Acabados mis estudios de teología, me dirigí lleno de entusiasmo a la diócesis de la que ya era seminarista. Mi vida en esta nueva diócesis era la propia de un seminarista modélico. Me levantaba tempranísimo cada mañana para rezar mis oraciones. Y allí, en la capilla del seminario en el que vivía (yo era el único seminarista), me sentaba junto a una estufa eléctrica. Pasaba mucho frío, y eso que cada mañana oraba enfundado en mi grueso abrigo y con guantes. En una pequeña capilla de estilo moderno, en un silencio por nada interrumpido, en una soledad total, hablaba con Jesús. Tras esas mañanas de oración empezaba con entusiasmo un nuevo día de clases de religión.

Me habían encargado ayudar en una parroquia y ser profesor de religión. Dar clases de religión es muy duro. El profesor de religión es el profesor de una asignatura «maría». Si hoy en día todos los profesores tienen problemas para mantener el orden, mucho más el profesor de religión. Cada día acababa con mi voz deshecha. Tenía que gritar, que mandar que se callasen una y otra vez. Era mi primer año como profesor y estaba verde, muy verde. En el primer año uno está cogiendo el ritmo, aprendiendo a mantener el orden, y eso lo notan los alumnos.

Trabajaba duro, con entusiasmo, con convicción, con deseo de que todos se convirtieran escuchando las verdades de nuestra fe, pero no vi fruto ninguno. Salvo el cariño de los alumnos y la estima de mis compañeros profesores. Los colegas de docencia se comportaron maravillosamente conmigo, y les tomé cariño a todos. No era de extrañar que me tuvieran afecto los compañeros profesores, pues a mis veintitrés años tenía la malicia de uno de diecisiete. Ingenuo e inexperto, con muy buena voluntad, era un pan bendito, un alma de cántaro.

Después de las clases llegaba el trabajo en la parroquia. Pero para mí no era mucho trabajo. A esa edad, con el entusiasmo de un novicio, hubiera hecho eso y mucho más. Pero después de la cena llegaba la soledad. Soledad en aquel inacabable caserón que era el seminario, un inmenso edificio. Y sus únicos habitantes eran seis sacerdotes mayores. Pese a su presencia me sentía solo, y no por la edad de ellos. No, no era eso. Me sentía solo, más que nada, porque allí no había nadie que participara de mis deseos de santidad, de mis ansias de perfección. Se trataba de una soledad espiritual. No tenía a nadie con quien hablar, con quien pasear. Además, aquellos pocos sacerdotes mayores fueron bastante crueles con un joven al que consideraban completamente *opusiano*. Eran curas modernos (aunque todos frisando los sesenta años) y yo era una versión decimonónica del ideal de santidad sacerdotal. Para ellos era una resurrección extemporánea de todo aquello que, según ellos, había barrido el Vaticano II. Fueron bastante inmisericordes. Así que mi tiempo libre lo ocupaba en paseos. Paseos solitarios en presencia de Dios, recitando jaculatorias, rezando rosarios, leyendo libros piadosos. Aquel año leí las obras de san Bernardo, las cartas de san Jerónimo, *La Ciudad de Dios*, de san Agustín... Ésos fueron mis amigos.

El obispo de esa diócesis era una bellísima persona, pero el sacerdote que tuvo que dar el informe acerca de la idoneidad para mi ordenación era un hombre de ideas sumamente liberales. No deseo que esta autobiografía sea el medio para que la gente conozca la identidad de este sacerdote, que vive todavía. Por eso omitiré el nombre de la diócesis, omitiré el nombre de la ciudad y omitiré el nombre de este sacerdote, que trató de convertirme a sus ideas desde el primer día. ¿Qué ideas eran ésas?

Bien, según él, yo tenía en mi cabeza unos esquemas teológicos propios de la escolástica del siglo XIV (o incluso quizá anteriores), unas ataduras morales que parecían sacadas de los peores momentos de Pío XII y unas ideas bíblicas dignas de san Jerónimo. Y lo que es peor, yo parecía refractario a todo cambio de mentalidad. *Muy obediente, sí* —decía—, *pero se nota que procede de Pamplona. No es del Opus Dei, pero a todos los efectos es como si lo fuera.* Cosas así decía.

De manera que, después de un año de pastoral, sin haber desobedecido la menor orden o regla, habiendo mostrado el máximo respeto hacia su persona, se me dijo que me fuera a estudiar a la facultad de Salamanca. El obispo estaba perplejo, me consideraba una buena persona, rezador y obediente, ¿por qué su rector se oponía a mi ordenación? Sé muy bien lo que pensaba el obispo de mí, porque me leyó el informe de su rector sobre mí. Al final, su conclusión era clara: mi forma de pensar era demasiado tradicional para los tiempos actuales. El obispo me dijo claramente que estaba perplejo, que me conocía y le parecía perfecto, y que conocía al rector, y le parecía perfecto. Pero que, al final, si tenía que elegir, evidentemente elegiría al rector. Pero como no había dado motivos de queja en cuanto a obediencia, y todo el informe giraba en torno a mi formación, me enviaría a Salamanca. Y expresamente se me dijo que tenía que adaptar mis esquemas mentales a la teología que imperaba allí, en esa facultad. Le dije con toda humildad al obispo *¿y si no cambio? ¡Hay que cambiar!,* fue la orden tajante que salió de su boca, sin contemplaciones.

Había pasado un año, tenía veinticuatro, y aquel cándido y bondadoso seminarista salió del despacho silencioso, meditabundo, encomendando el asunto al Señor, viendo cómo su ordenación se alejaba sine díe. Humanamente hablando, después de todas las humillaciones que tuve que sufrir por parte de ese clérigo, el rector, durante un año entero, lo normal hubiera sido que me marchara dando tal portazo que hubiera dejado al prelado petrificado. Pero en ese año del Señor de 1992 yo era un santo, un santo sumiso, de dulce sonrisa.

Cuando te mandan algo concreto, por arduo que sea, lo haces. Pero si te ordenan algo difuso, como es modernizarse, algo que no es externo, sino que entra de lleno en el ámbito del fuero interno, de los esquemas mentales, entonces aquello empieza a recordarte el título de esa película tan famosa: *Misión imposible*.

Había, por otro lado, varios sacerdotes que me apoyaban, dos de ellos de gran peso y autoridad. Decidí hacer un viaje relámpago a Pamplona, a ver a mis antiguos formadores, y de paso a preguntar al rector (de Pamplona) qué me aconsejaba hacer. Allí el rector me riñó, me echó en cara el hecho de no haberle consultado la diócesis en la que quería incardinarme. Me dijo que ya sabía él, desde el principio, que iba a suceder lo que había sucedido. El caso es que, después de regañarme con acritud, me dijo: *Ve a Alcalá de Henares*. Me explicó que en ese momento había dos diócesis que admitían seminaristas procedentes de Pamplona, en mis circunstancias: Valencia y Alcalá de Henares. Pero me aconsejaba que fuera a Alcalá y dijo que él enviaría los informes, que eran buenos. ¡Después de la riña, cualquiera escogía Valencia! La verdad es que tuve que buscar en el mapa dónde se encontraba esa diócesis de Alcalá de Henares. Me sonaba que era una ciudad situada más o menos por el centro de España.

Ocurrió una cosa muy graciosa en mi viaje a Pamplona. Yo lo había organizado sin decir nada a nadie. Calculé el tiempo de ida y de vuelta, y pensé que estaría de regreso para la misa de ocho de la tarde en la parroquia en la que ayudaba. Pero en un viaje tan bien calculado una cosa se me escapó, por no ver la televisión, y era la Vuelta Ciclista a España. En mi camino de retorno me encontré con la carretera cortada más de una hora. El resultado fue que tuve que llamar y decir que no llegaría a ayudar en la misa. En la cena, el párroco me preguntó que dónde había estado. Ahora, a mi edad, hubiera dicho algo que, sin ser mentira, no descubriese la verdad. Pero en aquella época carecía yo de los más elementales resortes de astucia.

Así que le dije la verdad, que había estado en Pamplona. La cosa cayó como una bomba. Uno de los comensales, un cura viejo, no se mordió la lengua, gritando con cara de escándalo delante de todos: *¡Has ido a recibir consignas! ¡Confiésalo! ¡Al menos reconócelo!*

Por una vez en la vida, tenía razón. Por una vez, el rector y los dos curas amigos de ese pájaro tenían toda la razón del mundo. Hubieran dado cualquier cosa por conocer esas consignas. Jamás imaginaron que la consigna era: *Deja esa diócesis y ve a Alcalá de Henares. Donde estás y con esos curas no tienes nada que hacer.* Pero todo esto quedó guardado en mi augusto pecho y me limité a seguir tomando mi puré de espinacas. *¿Consignas? ¿A qué consignas os referís?*, pregunté.

Yo era seminarista, y por tanto, según el Código de Derecho Canónico, podía dejar la diócesis cuando lo deseara. Me fui sin dar portazo. Me despedí amablemente del obispo, el cual pasó una noche sin dormir, según me refirió mucho tiempo después. Me despedí del rector, el cual se llenó de rabia, porque se olía la tostada y no tenía ninguna duda de que en Pamplona ya me habrían buscado otra diócesis. No poder seguir ejerciendo su despotismo sobre mí le fastidió íntimamente. Mas la paloma volaba.

Agarré la maleta y marché a Alcalá de Henares. Y aquí vine y aquí estoy. De ese capítulo de mi vida en una diócesis que no nombro no me ha quedado un regusto amargo en la boca; al contrario, la considero una etapa que el Pedagogo Divino tenía preparada para enseñarme cosas, lecciones que no se aprenden en los libros. Desde entonces he visto muy claro, tremendamente claro, todavía más claro, que la ortodoxia en la fe y la obediencia a Roma son el camino. Aquel sacerdote de los informes negativos y los que le apoyaron eran la evidencia palpable de que existe una relación inversamente proporcional entre exigir más libertad de Roma, por un lado, y por otro comportarse como unos tiranos en casa. Los que se yerguen contra el Sumo Pontífice muchas veces son a su vez provincianos sumos pontífices. Aquellos sacerdotes, acérrimos detractores de la *Humanae Vitae*, enemigos de toda jerarquía eclesial, contrarios a todo dogma, enemigos de todo ascetismo, enemigos de todo misticismo, aquellos enemigos de toda mortificación, bien que me mortificaron. Aquellos enemigos de todo dogma bien que dogmatizaban. Aquellos enemigos de toda jerarquía bien que pontificaban. Ellos eran *la verdadera Iglesia*. Ellos fueron, sin pretenderlo, los mejores maestros de todo lo contrario que me enseñaron. Desde entonces, casi me he vuelto contrarrevolucionario. Contrarrevolucionario de lo que sea.

Pero esas personas formaban parte ya de mi pasado, de lo que hemos dejado atrás, a la vera del camino, mientras hemos seguido caminando hacia delante. Sí, me encontraba en la diócesis de Alcalá de Henares. La etapa de pastoral la hice en Coslada, en la parroquia de San Pedro y San Pablo. El párroco, don Pablo, era un hombre roqueño, sacerdote de vida sencilla, piadosa y edificante. Todas las mañanas estaba allí a las siete. Confesaba un par de horas al día, y siempre iban fieles a su confesionario. Una vez al mes se pasaba toda la noche de vela ante el Santísimo. Al mismo tiempo, era un hombre serio, nunca te daba confianzas, pero era de una pieza, desbordaba integridad. No era brillante en su predicación, ni en su teología, ni en nada, sólo era brillante en su vida. Su existencia era un verdadero testimonio de entrega sacerdotal, visitando a enfermos continuamente, trabajando largas jornadas. Nos caímos bien desde el primer momento.

Pero nunca acaba por sernos concedido un cielo perfecto sobre esta tierra. Durante esa etapa de pastoral estuve medio año viviendo en un piso de Coslada, con un seminarista de vocación tardía, al que le cogí todo el cariño que me fue posible. Es decir, ninguno. Me recibió ya el primer día, en cuanto entré por la puerta, quejándose de tener que compartir el piso conmigo. La vivienda era de la diócesis y él era seminarista en etapa de pastoral, como yo. Así que, aunque no le gustara la perspectiva de pasar medio año conmigo, no le quedó otra posibilidad, por determinación del obispado.

Al llegar a aquel piso de Coslada, pensé que con el paso de los días crearía una gran amistad con él; ingenua pretensión. Esta persona jamás salía de su habitación, jamás. Pasábamos horas y horas bajo el mismo techo, pero él nunca tenía ganas de hablar. Yo me encontraba unas veces en el salón de estar, otras en mi habitación, otras en la cocina. Él siempre, en todo momento, permanecía en su cuarto, me imagino que leyendo. Al principio pensé que a lo mejor esa forma de actuar la tenía sólo conmigo, y que con los demás quizá fuera una persona maravillosa. Ahora que han transcurrido los años veo que no. Ha pasado ya por tres parroquias, dejando tras de sí una *estela gloriosa*. Los feligreses lo exculpan diciendo que quizá es que no está bien de la cabeza. Me callo y lo medio disculpo sin mucho entusiasmo. Bueno, más que disculparlo, lo que hago es cambiar de tema. Tampoco hay ningún peligro de que se enfade conmigo leyendo estas líneas. Es algo fuera de toda duda que él jamás perdería su tiempo leyendo algo escrito por mí. Conviviendo bajo el mismo techo que él, comprendí que el karma acumulado en mis existencias pretéritas había debido ser descomunal para recibir tal penitencia. Mejor que vivir con él, hubiera preferido pagar aquella deuda cósmica en forma de vaca, de batracio o incluso de topo.[1]

---

1. Nota aclaratoria para el lector no habituado al sarcasmo: no tengo constancia de haber vivido otras vidas pasadas, tampoco tengo constancia de haber acumulado demasiado karma. Es más, afirmo tajantemente que la reencarnación es para mí un hecho tan imposible como una hipotética subida al poder de los Testigos de Jehová en Las Vegas y Ámsterdam simultáneamente.
No tengo la menor duda de que el más allá tiene forma de *Juicio Final* de Miguel Ángel, y no de vaca paseando cachazudamente su cornamenta por las callejuelas de Bombay.

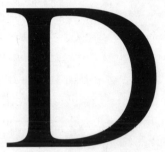

D

Devs vincit

Mi retiro de ordenación diaconal lo hice en Leire, una abadía que está justo en el límite entre Navarra y Huesca, y el de mi ordenación presbiteral en Font Gaumbold, en la Normandía francesa. Si el gregoriano de la primera abadía era magnífico, el de esta segunda resultaba insuperable. La misma iglesia era como una catedral, y su observancia regular una de las mejores del mundo. Ya desde mi etapa de seminarista me había convertido en un asiduo visitador de monasterios de regla benedictina. Todos los veranos pasaba algún tiempo en ellos. Introducirse en cuerpo y alma en la maquinaria monástica que es el horario diario de una abadía constituye una experiencia por la que debería pasar todo ser humano. Ese lánguido fluir del tiempo en la alternancia de trabajo y oración, ese orden divino-paradisíaco que supone una comunidad de monjes, con sus campos, su biblioteca, su claustro, sus celdas y sus liturgias corales, son un fragmento de armonía más allá de lo terrenal. Una bien poblada abadía medieval, en lo alto de una colina rodeada de bosques, es una fantástica burbuja, un mundo, un microcosmos. Un monasterio es un universo en el que se profundiza durante una vida. El retiro claustral, en cierto modo, es la escuela de Dios. Allí el alma aprende cada día las lecciones del Espíritu Santo, en un recinto habitado por hombres-ángeles. Ya he dicho que en el pasado había albergado mis dudas acerca de si mi vocación no sería más bien monástica. Pero aquello ya había quedado atrás también, porque estaba haciendo mi retiro para la ordenación, y en pocos días sería sacerdote.

Si mi vocación hubiera sido la claustral, no estaría usted leyendo esta obra. Aunque mi vida hubiera sido igual hasta este punto, a partir de aquí mi existencia habría tomado un rumbo diferente. Un rumbo en el que ciertamente no se escriben autobiografías, sino que todo queda oculto entre el silencio de unos muros, donde el presente parece perpetuarse un día tras otro, sin movimiento, con una perfecta quietud. Ahora medito sobre lo que queda de esta autobiografía, lo mucho que queda por contar, tantas experiencias, tantas cosas como me han pasado, tanto tiempo vivido. Nada de eso hubiera sucedido de haberme hecho monje.

De la ceremonia de mi ordenación, ¿qué diré? Siempre había pensado que ese día me encontraría sumergido en la oración, desde el amanecer hasta la liturgia final, que estaría sumido en la meditación de tan sagrados misterios, en la súplica de fuerzas y gracias para el futuro ejercicio del ministerio. Sin embargo, no fue así. Cualquier día tuve menos ocupaciones y más tiempo para la oración que ése. Habían venido mis familiares y amigos, y hube de atenderles. Recuerdo que, cuando por fin tuve un poco de tiempo para mí, horas antes de la ceremonia, el obispo me mandó que fuera al supermercado a comprar un pollo. Pero toda esa falta de tiempo en el día de mi ordenación no me intranquilizó lo más mínimo. Si así lo quería el Señor, así lo quería yo. Pero comprobé una vez más lo distintas que son las cosas que nos imaginamos de lo que finalmente resultan ser en el mundo real. Me había imaginado esas horas antes de la ordenación sumergido en un ambiente casi monacal, y allí estaba yo, volviendo del supermercado, con una bolsa y dentro de ella un pollo muerto.

El caso es que a pesar de todas las naturales distracciones que rodean a todo ordenando en ese día, yo estaba muy concentrado en la importancia que tenía aquella ceremonia para el resto de mi vida.

Señor, para celar tu honra y tu gloria:
>Danos sacerdotes santos.

Señor, para aumentar nuestra fe:
>Danos sacerdotes santos.

Señor, para sostener tu Iglesia:
>Danos sacerdotes santos.

Señor, para predicar tu doctrina:
>Danos sacerdotes santos.

Señor, para defender tu causa:
>Danos sacerdotes santos.

Señor, para contrarrestar el error:
>Danos sacerdotes santos.

Señor, para aniquilar las sectas:
>Danos sacerdotes santos.

Señor, para sostener la verdad:
>Danos sacerdotes santos.

Señor, para dirigir nuestras almas:
>Danos sacerdotes santos.

Señor, para mejorar las costumbres:
>Danos sacerdotes santos.

Señor, para desterrar los vicios:
>Danos sacerdotes santos.

Señor, para iluminar al mundo:
>Danos sacerdotes santos.

Señor, para enseñar las riquezas de tu corazón:
>Danos sacerdotes santos.

Señor, para hacernos amar al Espíritu Santo:
Danos sacerdotes santos.
Señor, para que todos tus ministros sean luz del mundo y sal de la tierra:
Danos sacerdotes santos.[2]

Siempre había soñado que me ordenaría en una gran catedral gótica, con un soberbio órgano sonando. Me imaginaba siendo ungido en las manos en una gran ceremonia ambientada a la luz de las velas, entre unas columnas como las de Reims. Nunca se me pasó por la cabeza que me ordenaría en una fea iglesia de los años setenta, de estilo zafio e indefinible. Sin duda, definiría el estilo de ese templo parroquial no como gótico, ni barroco, ni neoclásico, sino como *estilo nave industrial*, muy propio de los años posfranquistas. Los templos erigidos en la década de los setenta parecen diseñados por los más acérrimos enemigos del cristianismo. Esas iglesias son una exquisita muestra de mal gusto, que por derecho propio merece aparecer en cualquier antología del arte universal bajo el epígrafe: *Cuando el buen gusto se volvió loco*. ¿Qué quedaba en esos templos-naves industriales de aquellas simetrías medievales, de aquellos sutiles simbolismos, de aquellos complejos espacios, mejor perfilados a cada generación que pasaba? Pero no es de extrañar. Aquellos templos eran simplemente una manifestación del espíritu destructivamente revolucionario de tantos curas jovenzuelos, que en los años setenta nos iban a mostrar la auténtica cara del Evangelio. Todos los que les precedieron habían estado tocando el violón, y ellos,

---

2. Para satisfacer la curiosidad de algunos añadiré estos datos: recibí el 22 de diciembre de 1991 el rito de admisión a las sagradas órdenes. Recibí el lectorado y el acolitado el 20 de junio de 1992. Fui ordenado diácono el 9 de enero de 1994, y ordenado presbítero el 3 de julio de 1994.

los genios de la lira, nos iban a tocar una melodía que nos dejaría embelesados. Aunque al final lo que sonó fue una melodía teológica en forma de desbandada de secularizaciones. Aquello era como la *Tocata y fuga* de Bach... Fuga de vocaciones, y de la tocata mejor no hablar.

Por desgracia, los profesores de seminario progresistas, después de derrumbar la teología, decidieron que le había tocado el turno también a la música. Los nuevos profetas de la liturgia nos aseguraban que Tomás Luis de Victoria, Palestrina, Allegri quedarían a la altura del betún en cuanto escucháramos los sones de Simon & Garfunkel al alegre tuntún de la pandereta. De las misas latinas cantadas a cuatro voces pasamos a sentirnos como si estuviéramos de campamento, alrededor de una fogata. Quizá parecerá que exagero, pero aquellos que hayan vivido los años setenta sabrán que la Iglesia sufrió en esa década la Revolución francesa y la Revolución rusa juntas y en versión intraeclesiástica. Si alguno cree que estoy magnificando las cosas, que pregunte a los anticuarios. En esa edad dorada para el negocio de las antigüedades, el anticuario se convirtió de facto en el notario que levantaba acta de fe de hasta qué nivel había llegado la enfermedad teológica.

En los años ochenta la tormenta fue perdiendo paulatinamente su virulencia, en parte porque todos estos profetas del nuevo Evangelio se habían fundido con el pueblo. O mejor dicho, se habían encarnado con él totalmente, creando familias por doquier. La secularización de estos sacerdotes revolucionarios constituyó la mayor pena y, gracias a Dios, la mayor alegría de la Iglesia durante esos años. La paz eclesial se fue recobrando a medida que estos émulos de Jonás fueron lanzándose a nadar en las aguas matrimoniales. Después de la revolución posconciliar se fue implantando la paz wojtiliana. De manera que en los noventa la Iglesia ya había recobrado bastante de su paz interna.

El triunfo paulatino de esa *pax eclesiastica* dio lugar a cambios personales la mar de curiosos, impensables unos años antes. Por poner un ejemplo sin importancia, pero sintomático, para mí no dejó de tener cierta gracia ver a determinado rector de cierto seminario (pongamos como ejemplo el de Madrid), y a otros camaradas, pasar de la corbata y la americana a llevar una camisa gris, pero clerical (eso sí, con pantalones de otro color), para después llevar un clériman (eso sí, todavía muy gris), y acabar en un completo conjunto negro. Este cambio de indumentaria suponía siempre un proceso gradual, que expresaba un cambio paralelo en el interior de la mente de la persona, en sus esquemas eclesiales o en sus ambiciones. Si París bien vale una misa, una mitra bien valía el regreso a la negritud indumentaria.

En su momento, lamenté íntimamente que estos coletazos finales de la estética años setenta afectaran a la belleza de la ceremonia de mi ordenación. Pero a estas alturas de mi vida, también eso queda ya muy atrás, mucho. En cuanto a los detalles de la ordenación... Me conformo con que mis funerales se celebren con un mínimo orden y concierto.

Parte del poco afecto con el que recuerdo mi ordenación se debe a la ineludible fealdad de la parroquia en la que me ordené. He visto hangares de aviones mucho más bonitos que aquel templo moderno. Podría llegar a perdonar a ciertos cardenales renacentistas que hayan tenido algún hijo natural, pero jamás podré perdonar a determinados obispos que aprobaran la erección de esos desatinados recintos sacros. Un hijo ilegítimo puede ser resultado de la pasión y fogosidad de un momento. Pero no hay pasión, ni fogosidad, que pueda explicar la aprobación sobre el papel de esas iglesias de los años setenta.

De mi ordenación sacerdotal guardo pocas impresiones, cosa que no me extraña, dada la lógica agitación que hubo ese día y que no me ayudaba nada a concentrarme en asuntos espirituales. Pero lo que sí que dejó en mí una honda impresión fueron las primeras misas, las misas celebradas en la capilla privada de la residencia del obispo, donde yo estaba haciendo la función de secretario del prelado. Esas misas celebradas en la más absoluta intimidad, sin otros ojos que los de los ángeles, esas misas en que podía detenerme en cada fórmula, en cada rito, dejaron una huella permanente en mí. Todavía recuerdo aquella emoción, aquel estupor. Jamás se me olvidará la primera vez que levanté la forma nada más consagrarla. Estaba atónito. Tan atónito que en un momento dado me repetí a mí mismo: *La Santa Iglesia Católica me asegura con toda su autoridad que mis manos acaban de transustanciar este pan.*

Aquellos días, cuando levantaba el cáliz, me lo imaginaba llenándose de la sangre que manaba del costado abierto de Cristo en la cruz. Me veía acercando el cáliz a su herida. Qué pena que con el tiempo llegue, implacable e imperceptible, la rutina. Por más que luchamos contra ella, somos seres humanos. En realidad, aquel estupor era tan tremendo, tan hondo, que era difícil que se prolongase demasiado en el tiempo. En el matrimonio sucede lo mismo. Los recién casados dicen que toda su vida será una continua luna de miel. Pero pronto la realidad se encarga de recordarnos que nosotros no somos una excepción a sus leyes, a las inexorables leyes de la vida. En el mundo de los sueños no hay leyes. O por lo menos no hay otra ley que el deseo. Pero la realidad es muy tópica. Las leyes de la realidad están llenas de tópicos.

Nada en este mundo me produce, aún hoy, mayor emoción espiritual que celebrar misa privada en un templo desierto, a la luz de las velas. Completamente solo, en una iglesia antigua, ni una sola luz, seis gruesos cirios sobre el altar, una vela delante del misal, un magnífico cáliz neogótico, y yo aproximándome al altar, haciendo una inclinación profunda y comenzando a musitar en voz baja: *In nomine Patris, et Filii, et Spiritus Sancti. Amen. Dominus vobiscum.*

Celebrar en ese silencio, en un templo en el que sólo el altar está iluminado, pudiendo detener mi rodilla en el suelo tras la consagración mientras inclino mi cabeza, pudiendo reflexionar sobre cada rúbrica, pudiendo imaginar a los ángeles volando alrededor del ara. Comulgando el Cuerpo de Cristo, consciente de que absolutamente nada me va a distraer de la adoración del Misterio. Ése es el mayor placer del sacerdote. Ese placer, esa divina prerrogativa, ese privilegio de poder realizar esos sagrados misterios en un ambiente óptimo, para mí sólo es comparable, lo afirmo sin ningún pudor, al acto conyugal en el matrimonio.

Una de las primeras cosas que hice nada más ordenarme fue casar a mi madre. Pocos hijos pueden decir: *¡He casado a mi madre!* Yo sí. Casé a mi viuda madre con otro viudo de su misma edad, aragonés también. Ahora viven en Zaragoza, felices y comiendo perdices todos los días. En serio, me salió muy bien esa boda. Los casé férreamente. La estadística no miente, más de la mitad de los matrimonios de este país acaban tirándose los trastos a la cabeza. Pero el maduro enlace nupcial de mi madre con el que ahora es mi querido padrastro es de los que sólo la muerte separa. Mi nuevo padre, un empresario del ramo de las estructuras metálicas, fue el marido ideal para mi madre, y un buen padre para un huérfano de, entonces, veinticinco años. Siempre bendije el nuevo matrimonio de mi madre, pues la vi muy poco resignada a llevar vida de viuda. Pasado un año de su viudez, le aconsejé sin demasiadas sutilezas una y otra vez que se buscara un marido. Una segunda boda era la solución ideal para ella y para mí, ya que mi madre es muy metomentodo y pronto hubiera ejercido la función de párroca en cualquier lugar al que me enviaran. Vivir con mi madre hubiera sido fantástico. Pero mi madre manda mucho. Trescientos kilómetros de distancia me dan mayor libertad de acción.

Una de las novedades que experimenté en cuanto me ordené sacerdote, y por tanto fui vestido de cura, era que al ir por la calle la gente te decía cosas. Por ejemplo, te cruzabas con un joven por la acera y se volvía y exclamaba lacónicamente: *Puaj, qué asco.*

El Señor me ha dotado de muy buen oído, de forma que escucho no pocos de los comentarios que la gente hace al toparse con un cura por la calle. Para oír algunos de esos comentarios no hace falta hallarse extraordinariamente dotado de buen oído. Hay quien quiere que los oigas. Unos te califican de insecto *(cucaracha)*, otros de pájaro *(cuervo)*, otros tienen pretensiones más ilustradas *(mira, un tridentino)*. Algunos, en vez de *cucaracha* prefieren denominarte *escarabajo.* Unos, sentados en un banco de un parque, te gritan con retintín y soniquete: *Ave María purísima.* Otra vez escuché cómo un niño miraba a su padre y le preguntaba: *¿Existen todavía?* En otra ocasión oí que un novio le decía a su novia: *Mira qué cura tan pedo.* En otra ocasión, el chico exclamó por lo bajo con mirada torva: *Jo, colega, qué malas vibraciones.*

A veces te sorprende la edad provecta del que te dice esas cosas. Una señora cincuentona, al pasar justo a mi lado, espetó de modo telegráfico e hiriente: *¡Opus!* Esta línea escrita tendría que estar dotada de voz audible para poder transmitir el exacto tono con el que me obsequió al proferir esa palabra. Escucho y sonrío. Y lo hago sin malicia. Sonrío sin amargura ante la fauna humana que se me presenta. Sonrío ante una existencia en este mundo que me ofrece los más exquisitos honores y los insultos callejeros más maliciosos.

En mi tiempo de pastoral, antes de la ordenación, he mencionado que fui secretario del obispo. Durante ese año, sobre todo atendí llamadas telefónicas, preparé los cubiertos para muchas comidas, ayudé en la cocina y me dediqué a llevar el maletín al obispo. Le ponía la mitra, se la quitaba, le daba el báculo, se lo retiraba, le llevaba las gafas. Mis responsabilidades estaban limitadas a cosas así y a nada más. Pero lo de poner y quitar la mitra tiene mucho intríngulis. Hay que saber cuándo se pone, cuándo se quita, cuándo se le da el solideo, cuándo el báculo. Hubo una vez un asistente de un obispo que le puso la mitra en posición inversa, y las ínfulas cayeron por la cara del prelado. El obispo le ordenó flemáticamente, en voz baja: *Apártate de delante para que todos puedan ver lo inútil que llegas a ser.* Por lo menos tal era la historia, seguro que falsa, que corría de boca en boca por los pasillos del seminario.[3]

Nada más ser ordenado fui a Estados Unidos un mes, a casa de una familia amiga. La visita a Yanquilandia fue para mí un verdadero regalo de ordenación. Lo único que sabía de aquel país cuando puse los pies en él era que *América es la leche que hierve de frescor bajo la ubre matriarcal de la vaca demócrata.* Es decir, no sabía nada. Externamente, todo me era familiar (¡cómo no, con tanta serie de televisión que había visto!): allí estaban las hamburguesas, las banderitas en el porche de las casas, las calabazas naranjas con sus velas dentro (era Halloween), las cajas de donuts, las mazorcas de maíz. Pero lo que fue para mí un descubrimiento es el alma de ese país. Creía que acababa de llegar a Babilonia (en las series siempre hay dos o tres adulterios por capítulo) y me encontré con un lugar más puritano que el pueblo de mis abuelos en Huesca. Aquello era el país del *In God we trust.* Llegué allí creyendo que yo representaba, religiosamente hablando, la derecha retrógrada más conservadora y recalcitrante, y me fui con la vaga sensación de ser un pardillo liberal y casi izquierdista. Digo de verdad que el viaje a Estados Unidos fue toda una experiencia en mi vida. Poder subir por las escalinatas que hay justo delante del Capitolio, pasear por la Quinta Avenida, ascender hasta la cabeza de la Estatua de la Libertad fue una gloria.

---

3. Observen la discreción de esta autobiografía, palpable en el hecho de simplemente mencionar que fue secretario del obispo y, sin embargo, no decir prácticamente nada sobre esa época que se prolongó durante un año. Esta reserva honra al autor de estas líneas. (Nota del autor.)

Tenía la continua sensación de estar caminando dentro del escenario de tantas películas, de tantas series.

También subí a lo alto de las Torres Gemelas. Ni una sola de las muchas personas que contemplábamos el panorama desde el mirador del último piso podríamos haber imaginado que todo aquello se volvería recuerdo y ceniza, polvo y escombros entre hierros retorcidos. ¿Quién podía adivinar que mirábamos el paisaje en el punto exacto desde el que el mundo iba a entrar en una nueva era? Si un profeta con piel de cabra hubiera clamado en ese momento, desde los pies de las dos moles, *¡polvo eres y al polvo volverás!*, habríamos sentido la tentación de pensar que frente al mundo de las ideas, que frente al mundo de los sentimientos religiosos, se imponía la formidable realidad de aquellos colosos. Sin embargo, nuestros ojos vieron cómo aquellos colosos eran polvo y al polvo retornaron.

Después de aquella estancia de un mes en casa de esa familia de Estados Unidos, fui enviado por la diócesis a hacer el servicio militar. En esos años todavía era obligatorio, incluso para los sacerdotes. La mili la hice ya como cura. Fue un año divertido y diferente, en el que realicé mucho apostolado y aproveché para estudiar el primer curso de la licenciatura de Teología en la especialidad de Historia de la Iglesia. Muchos me han preguntado por qué me decanté por esa especialidad. La Facultad de Teología de Comillas, para alguien venido de la Facultad de Teología de la Universidad de Navarra, parecía un poco progresista, parecía que a veces hacía equilibrios en la raya de la recta enseñanza del dogma. Pasar de las aulas del Opus Dei a las de los jesuitas era como pasar del siglo XVIII al siglo XX. No en vano, los de la prelatura del Opus Dei eran un poco como los jesuitas del siglo XVIII, mientras que los jesuitas del siglo XX eran como los fraticelli de *El nombre de la rosa*. Los de Comillas estaban dentro de la ortodoxia, pero uno siempre tenía la sensación de que podían estarlo más.

De forma que, siguiendo los sanos y prudentes consejos de un buen amigo que pertenecía a la Renovación Carismática, Carlos Bordallo, opté por la rama más objetiva y aséptica de la Teología. Tal es la pura verdad, escogí Historia por ser más aséptica. Los dogmas se pueden retorcer bastante, ya no digamos la moral. Pero los hechos históricos gozan de una mayor resistencia a la parcialidad. Lo cierto es que después, una vez ya dentro, encontré aquella facultad mucho menos herética de lo que me habían comentado. Incluso debo reconocer que, en todos los años que estuve, no escuché ni el más ligero atisbo de heterodoxia. Bueno, quizá me he pasado un poco en la última frase. Pero desde luego, salí con una impresión muy buena de todos mis profesores, salvo un par. Ay, en todo cocido siempre hay un par de garbanzos oscuros.

En especial, no puedo olvidar la deliciosa picardía del reverendo La Boa. Ah, ya no volveré a disfrutar de clases tan divertidas como las de ese Voltaire con sotana. Por cierto, que ahora suele llevar más corbata que sotana. No puedo decir que la ortodoxia fuera férrea y absoluta, pero sí, ciertamente, que aquel infierno jesuítico era mucho menos tenebroso de lo que me habían advertido amigos de la diócesis. Recuerdo que un miembro de Comunión y Liberación me había dicho: *Un día de éstos voy a bombardear la facultad desde el aire con catecismos de la Iglesia católica.* ¿Hubieran resistido las débiles estructuras arquitectónico-teológicas de la facultad el impacto de toneladas de catecismos de color butano de ochocientas páginas? Es difícil saberlo.

Ciertamente, no puedo decir que el sol de la ortodoxia brillara en todo su esplendor entre aquellas nubes jesuíticas. Para todos los profesores, el Demonio había dejado de existir voluntariamente desde el final de la Edad Media. Y Marciano Vidal, en su departamento de Moral, seguía enseñando aquello de *all you need is love*, y *ama y haz lo que quieras*. En Sagrada Escritura, muchos no estaban del todo seguros ni de que hubiera existido Abraham.

En fin, el caso es que me hallaba a la mitad de mis veinticinco años, con el sacerdocio recibido, con mi madre casada, con una incipiente calvicie y con muchas ganas de trabajar a la mayor gloria de Dios y por el bien del prójimo. Y mi trabajo, de momento, era cumplir el servicio militar y sacar adelante esa licenciatura. Muchos de mis compañeros no hicieron el servicio militar porque se declararon objetores de conciencia. Nunca entendí mucho esta objeción, ya que a los capellanes militares sólo se nos pedía que hiciéramos apostolado con todas las almas que estaban allí haciendo la mili. Además, la única arma que teníamos que empuñar durante el servicio militar era el hisopo, el instrumento con el que se asperja agua bendita. Los capellanes militares pasábamos un mes de instrucción antes de recibir nuestros destinos. Durante la instrucción, todos los sacerdotes de España nos hallábamos agrupados en una compañía bajo el mando de oficiales y suboficiales especiales. Digo especiales porque el clero formaba una compañía de lo más peculiar, como no podía ser de otra manera. Durante ese mes de instrucción se nos enseñó a distinguir entre un sargento y un coronel, corrimos como conejos e hicimos muchas flexiones, como en las películas de marines USA. Cuando acabábamos una carrera, siempre había chistes fáciles entre colegas. *Un cura, un cura, necesito la unción de los enfermos*. Si desfilábamos y lo hacíamos mal, decían: *Es que estamos acostumbrados a desfilar de dos en dos*. A veces el sargento no podía ni aguantarse la risa. Lo único que hicimos de forma óptima e insuperable fue lo de cantar *Cuando se muere un amigo* para la jura de bandera. Era la canción que se cantaba a los caídos. Se notaba que lo de cantar se nos daba bien. En la instrucción únicamente se me resistió un poco lo de marcar el paso. Cuando íbamos en formación, marcando el paso, de vez en cuando oía una enérgica voz a mis espaldas que gritaba: *¡Forteaaa!* No se me daba bien el desfile. En este asunto, si quisiera echarme una flor, diría que los librepensadores nunca marcamos bien el paso. Pero no pienso decirlo.

Nos lo pasamos muy bien en la instrucción. Nos montaron en un tanque, en un caza F-16, nos invitaron a un espléndido cóctel en el edificio de la curia castrense. Nos mimaron, porque el Arzobispado Castrense buscaba desesperadamente curas. Resultaba explicable tanto mimo, pues los capellanes militares éramos una especie en extinción. Se nos mimaba como se mima a un oso panda o a una lechuza de las nieves. Y no era para menos, pues cada uno de los curas que estaban allí había ido por su voluntad, libremente quería ofrecer nueve meses de su vida para ayudar a las almas que estaban en los cuarteles. Ni uno solo de nosotros desconocía que, para no hacer la mili, bastaba con decir *soy objetor*. Es más, el Tribunal Constitucional admitió hasta la objeción sobrevenida. De manera que si un teniente te mandaba algo que no te hacía gracia, podías decirle: *¿Sabe usted que creo que estoy viendo que esto de las fuerzas armadas no va con mis creencias?* Así que todos sabíamos que estábamos dando todos esos meses de vida por puro afán de ayudar al prójimo. El Arzobispado Castrense también era consciente de ello, y se portó con nosotros de un modo más que impecable.

En la jura de bandera, cuando a los reclutas se nos daba a elegir entre jurar la defensa de la patria hasta derramar la última gota de sangre, o prometerla, es decir, en el momento en que el coronel nos hiciera la patriótica pregunta, todos debíamos gritar: *¡Sí, lo juro!* o *¡sí, lo prometo!* A mí no me hacía ninguna gracia eso de jurar ante Dios y comprometerme ante Él a una cosa así. No es que no estuviera dispuesto a defender a mi patria, pero prefería no añadir otra carga a mi conciencia si no lo hacía. Así que me dije: *Lo prometeré. Pero no lo prometeré por Dios, sino por mi honor.* Pero, finalmente, hasta eso me pareció demasiado, pues pensaba: *Si vienen los alemanes hacia aquí, ¿me metería yo en una trinchera y empuñaría un fusil con bayoneta, o más bien correría en dirección opuesta a aquella por la que se aproximaran los panzer? Si peco de cobardía, ¿quiero añadir a mi falta el incumpli-*

miento de una promesa? Cometeré dos pecados en vez de uno. Así que decidí que en la jura de bandera optaría por mover los labios sin decir nada, pero después pensé que eso suponía quizá una mentira. Mover los labios sin decir nada, puf, menudo engaño. Al final, ni moví los labios. Nunca se sabe qué vueltas puede dar la vida y qué guerras pueden acercarse a nuestras fronteras. Porque, claro, no es lo mismo que te ataque Andorra o que te declare la guerra el Congreso de los Estados Unidos de América. Prefería no prometer nada.

Desde luego, si no tenía muy claro mi papel ante una eventual defensa armada de esta península frente a sus futuros invasores, lo que sí que tenía muy claro es que, durante aquellos nueve meses, un sacerdote podía ayudar muchísimo a los pobres muchachotes recién sacados de casa por primera vez. Yo tenía veinticinco años y ellos dieciocho, de manera que nuestra relación era como la de Gandalf y Frodo, o como la del viejo Obi Wan frente al joven Luke Skywalker. Eran unos niños, recién salidos del cascarón —el huevo era su casa familiar—, y hacíamos de paño de lágrimas, incluso de madre. Los curas castrenses éramos los padres del cuartel. *¿Pero, hijo mío, cómo se te ha ocurrido firmar ese documento para ir a la Legión?*, le preguntaba a uno que no dejaba de llorar. *No lo sé, padre, no lo sé, pero ayúdeme, ayúdeme, sáqueme, no me quiero ir a Ceuta.* Al final lo logré, no tuvo que irse a África y la madre pudo seguir disfrutando de su hijo los fines de semana. Otro venía todas las tardes a hablarme de su novia. No entendía por qué le había dicho ella que quería tomarse un tiempo de reflexión. *¿No lo entiendes?*, le pregunté. *No*, contestó el afligido recluta. Así que tuve que despertarle diciéndole con claridad meridiana: *Hay otro.* Le aconsejé que se dejara de reprochar lo que había hecho mal, que dejara de hacer quiméricos planes para volver a reconquistar el amor perdido de la muchacha. *Cuando hay otro por medio, no queda nada que hacer. Mientras esté el otro, no hace falta que intentes nada, será inútil, ¡una pérdida de tiempo! ¿Pero está* *seguro de que hay otro?* ¡*Seguro!* Al cabo de una semana me vino a la capilla: ¡*Hay otro!, ya me lo ha confesado ella.*

En el cuartel comía en el comedor de oficiales, de manera que en cada comida salían siempre los mismos temas: *Bueno, páter, ¿qué opina de Setién?* Cómo la Santa Sede mantenía en su puesto al obispo vasco con ideas nacionalistas era algo incomprensible para los oficiales. (Finalmente Roma acabó pensando como los oficiales y lo hizo dimitir.) Otro tema que les interesaba mucho era la correlación entre la jerarquía militar y la eclesiástica, y también cómo se llegaba a ser obispo. En un cuerpo tan jerarquizado como el ejército, el tema estrella era siempre ése, el paralelismo entre la Iglesia y el Ejército. Es curioso observar que los oficiales militares de todas las épocas siempre han mirado afectuosamente a la Iglesia, por considerarla como una especie de ejército sacro. En la mesa yo siempre tenía tendencia a sacar el tema de la Guardia Suiza, la circunstancia de que el arzobispo castrense goza del rango de general y otros tópicos por el estilo, que hacían las delicias de nuestras animadas cenas.

Durante ese curso, estuve a las afueras de Madrid, en un cuartel de logística del Ejército de Tierra de la Región Militar Centro, y simultáneamente en el Servicio Geográfico del Ejército y en un tercer cuartel, donde estaban centralizadas buena parte de las comunicaciones militares de Madrid. En esos meses y los siguientes tuve como director espiritual a un sacerdote que era un santo. Su lema era que yo hiciera *oppositum per diametrum* de todo aquello que me pidieran mis apetitos concupiscibles. Alcanzaba la virtud hasta un grado casi sobrehumano. Era ese tipo de persona que la *beautiful people* ni se imagina que existe. La *jet society* no tiene ni idea de qué tipo de almas habitan esa misma capital en la que ellos mismos viven y organizan sus piscolabis y pasarelas. Es sencillamente increíble que, mientras unos van de cóctel en cóctel, de fiesta en fiesta, otros se dediquen a abrazar la Cruz del modo más intenso posible.

Desde luego, aquel presbítero, cuyo nombre omito, era todo él una llama de amor a Dios. Escribir acerca de esta alma no resultaría creíble, daría la sensación de estar describiendo a un espíritu angélico e inmaterial. Después fue enviado al extranjero, y allí, en Argentina, cayó muy enfermo. Le perdí la pista, pero ahora hago propósito de hablar con conocidos para tratar de enviarle alguna carta. A veces hay que escribir una biografía para darse cuenta de que hay que hacer todo lo posible por encontrar una dirección postal.

Después de un año como capellán en el ejército, recibí nombramiento para mi primera parroquia, un pueblo de mil habitantes, Estremera. Desde que me licenciaron de mi servicio militar hasta que tomé posesión de mi primera parroquia me quedaron libres dos meses y medio. En ese tiempo tuve que sustituir a muchos y variados sacerdotes, todos ellos entregados a sus vacaciones estivales. Hice de capellán para dos conventos de clausura, de capellán en un hospital, de capellán en un cementerio (cada día, con no menos de tres funerales) y de sustituto en la parroquia de Valdeavero. Trabajé mucho; mucho, mucho. Pero cuando uno es un recién ordenado y la gracia está fresca, puede con todo; con todo. Pienso que si no se tiene entusiasmo al principio, habrá que esperar lo peor de los años venideros. Si un recién ordenado no tiene una obediencia perfecta, una disponibilidad absoluta, un deseo ardiente de trabajar, la experiencia demuestra que el tiempo por venir será progresivamente peor.

Por eso creo que no debería ordenarse a nadie que no tenga un espíritu en verdad ardiente en el deseo de servir al Señor. No es el número de sacerdotes, sino la calidad de éstos la que levanta el edificio de la Iglesia de Dios. Ningún perjuicio viene de prolongar los años de pastoral en caso de duda. Uno debe ser ordenado cuando el obispo esté seguro de que el candidato es verdaderamente digno de recibir ese don. Si no está seguro, debe colocar la vocación en el crisol de la espera. Todo tipo de males ha venido del hecho de que hayan llegado las fechas de la ordenación y la cosa no se vea muy clara. No seguir estas claras instrucciones supone arriesgarse a tener que conceder un año sabático pocos cursos después.

De esos dos meses y medio llenos de sustituciones no tengo mucho que contar. Puesto que decía la misa en un convento, me daban de desayunar las monjas. Es la costumbre. Pero tenía que desayunar a solas, lo que también es costumbre; una costumbre muy aburrida. Ellas, las carmelitas de la madre Maravillas, no desayunan. Me pasaban la comida por un torno. Cogía la leche caliente y unas magdalenas, y me iba a la salita de la hospedería. Desayunar solo es un poco rollo, insisto, aunque sea en un convento. A las hermanas sólo las veía al darles la comunión, ya que asistían a misa tras una gruesa reja. Incluso la comunión se la daba a través de la doble verja en la que se abría una ventanilla.

Si en el convento «veía» a las monjas, en el cementerio de Alcalá lo que vi fue unas cuantas incineraciones. No hice malas migas con el sepulturero, que tenía la misma socarronería inglesa que los enterradores de las obras de Shakespeare. Me enseñó con detalle el modo en que se movían las brasas (del difunto) en el horno crematorio, con una vara de metal muy larga, operación que se realizaba una hora después del proceso, y me contó cómo seguían allí otra hora. Estos plazos de tiempo de los que hablo no son muy fiables, porque han pasado ya muchos años. Pero sí recuerdo que me dijo que después de eso el cuerpo (lo que quedaba de él) era introducido en una especie de lavadora con bolas de petanca. Y allí, esos trozos, que se parecían a los de la madera quemada, se trituraban hasta quedar reducidos a polvo. La *lavadora* era como llamaban a la *tremuladora*, que era su más digno nombre. Después de la *tremuladora*, al cuerpo le aguardaban varias posibilidades de urna. Había urnas funerarias más caras, más baratas, de línea más moderna, de línea más clásica. Pues así como hay muchos tipos de vivos, también hay muchos tipos de envases para muertos. Incluso había recipientes fúnebres de evidente mal gusto, que hacían juego con aquellos difuntos que se hubieran destacado en vida por su chabacanería.

Aquel cementerio, empresa mixta entre inversores privados y el ayuntamiento de Alcalá de Henares, tenía césped por todas partes, un estanque con patos, una capilla interconfesional (aunque en la práctica absolutamente católica) y otras muchas cosas. La empresa que gestionaba el cementerio era modélica. Parecía que el ayuntamiento quería dar la sensación de que, si la vida en la ciudad no era lo perfecta que los ediles quisieran, por lo menos la vida eterna sí que era motivo de encendidos elogios a los administradores de la casa consistorial.

Da gusto morirse así, es el lema publicitario que tendrían que haber puesto en la propaganda. Pero no es fácil encontrar un lema para un tanatorio. Para una pastelería, para una zapatería, sí, pero para un tanatorio no. Prueba de sapiente prudencia fue el lema de la funeraria de la calle Mayor de esta ciudad, Alcalá, que durante un par de años tuvo el siguiente: *Estaremos cuando nos necesites.*

Después de unos años usándolo, Funhenares debió de darse cuenta de que un lema en la puerta de una funeraria sólo servía para provocar el general ludibrio de los viandantes. Y desgraciadamente, aunque con muy buen sentido, quitó la genial frase de dos verbos entre un adverbio y un complemento indirecto. No se podía decir más en menos palabras.

En cualquier caso, independientemente de los lemas, sí que es cierto que el Cementerio Jardín era eso mismo, como un jardín. A mí no me importa que dignifiquen un poco los cementerios, porque últimamente se estaban convirtiendo en el refugio supremo del mal gusto. Había cada nicho de cemento, cada sepulcro barato, cada mausoleo «ladrillístico», que... En fin, no tengo palabras. Viendo esas necrópolis diseñadas por el más basto de los sentidos estéticos, no daban ganas de morirse; y no lo digo en broma, literalmente no daban ganas. No me extraña que algunos traten de posponer ese último trance todo lo posible. No digo que todas las necrópolis tengan que ser neogóticas, pero hay un término medio entre el basto cemento y el ladrillo barato sin enfoscar y el sepulcro de Julio II.

Nada más acabar el servicio militar recibí un papel con una firma y con un sello de tinta roja. Como ya he dicho antes, me acababan de nombrar párroco de un pueblo, un gracioso caserío de mil habitantes. Allí estuve de 1995 a 1998, tres inolvidables años.

Así fue como pasé a vivir en un pueblo. Yo, que pertenecía a esa generación que se ha criado pegada al televisor, absorbiendo diariamente series americanas de marcianos y que no tenía ni idea del mundo rural. En mi adolescencia jamás pensé que acabaría viviendo en un entorno campestre, pues pertenecía a esa hornada de adolescentes que, a base de tragar tanta película policíaca, conocía mejor el Bronx de Nueva York que la vida provinciana del pueblo de mis abuelos. Con lo dicho ya se puede entender que mi llegada al pueblo resultó como el ingreso en otra dimensión. Nunca había estado en un pueblo así, más que de visita. Y además, visita de un día, sin pernoctar. Y de pronto me había convertido en párroco de un pueblo entero. De pronto, un jovencillo, cándido y sin mucha idea, se encontró convertido en una de las figuras emblemáticas de la población, sometido al público escrutinio de dos mil ojos que le observaban sin cesar.

Recuerdo bien la primera vez que visité aquella parroquia de la que acababa de ser nombrado nuevo pastor. Había recibido el sobre con el nombramiento, pero aún no se había celebrado la ceremonia de toma de posesión. Uno no es párroco de modo efectivo hasta que tiene lugar esa ceremonia, así que aquella primera visita era de carácter privado, para irme haciendo una idea del lugar donde iba a pasar los próximos años de mi vida, o incluso el resto de mi existencia, pues con esas cosas nunca se sabe.

Una buena tarde del mes de septiembre llegué a la localidad. Era una tarde cálida y luminosa, y yo, cura joven, todavía tenía pelo cubriendo mi cabeza. Flequillo ya no, pero pelo sí. Aunque ya no me peinaba con raya a la izquierda, como había hecho toda la vida. Lo primero que había hecho siempre al levantarme era trazarme la raya del pelo. Después procedía, con el peine, a perfilar el flequillo. Allí, delante del espejo, tenía en mente el flequillo que había visto en la serie de Grandes Relatos *Hombre rico, hombre pobre*. Era el flequillo del rico. A veces me ponía un poco de agua con jabón, para que se quedara rígido. Pero ya en el seminario no hubo donde poner el jabón. Al tomar posesión de la parroquia rural, no sólo comencé a abandonar la raya, sino que también empecé a peinarme en una sola dirección, hacia delante. Cuando uno se peina hacia delante, es que ya todo está perdido. Ésta era mi situación capilar al comienzo de mi estancia en el pueblo.

Todos comentaron que el nuevo cura, a diferencia de los anteriores, vestía de negro y que era un poco delgado. Antes de ir, tuve que buscar largamente la localidad en un mapa. Y, cuando ya iba de camino de ella en el coche, pensé: *Ya me lo he debido pasar*, porque no llegaba nunca. La carretera seguía y seguía, y el cartel indicador de que debía desviarme continuaba sin aparecer. No podía ser que la localidad estuviera tan lejos, pensé, estaba claro que me lo había pasado sin querer. Ya había tomado la determinación de dar marcha atrás en el primer cambio de sentido, cuando por fin divisé el cartel indicador. ¡Vaya!, la localidad radicaba en el extremo de la diócesis. En el comienzo de la película *El Cardenal*, el futuro purpurado inicia su andadura sacerdotal siendo enviado a la más alejada parroquia de la diócesis, en uno de sus extremos, exactamente como yo. Así que mi vida comenzaba como la película *El Cardenal* y no como un barrunto de *El exorcista*.

Todo esto lo pienso ahora, delante del papel, pero en aquel entonces lo único que tenía delante era la pequeña población que, tras un recodo de la estrecha carretera provincial, apareció ante mí, blanca y con todas sus casas arremolinadas alrededor del inmenso templo parroquial.

Y así, ese día de verano, con las golondrinas en el cielo chillando de alegría por mi llegada, puse pie en el pueblo, yo, un chico de ciudad, y pasé a formar parte de un tipo de comunidad rural de la que sólo conocía lo que aprendí al ver la película *Don Camilo y don Peppone*. Allí los rebaños de ovejas no eran una mera comparación evangélica, los burros eran de carne y hueso, y las soleadas calles estaban repletas de gatos. Pocos días después, se celebró la concurrida ceremonia de mi toma de posesión.

Mi pequeña casa parroquial estaba adosada a la iglesia. La ventana de la fachada oeste daba a la plaza del pueblo, y la de la fachada sur al bar de Elvira, gran foro de opinión del lugar, de manera que cada día sólo tenía que echar una ojeada por las ventanas para ponerme al día de la vida social de la población: quién entraba, quién salía y los últimos comentarios que hacían al salir. Porque, muy frecuentemente, el que salía añadía algunas parrafadas desde la puerta antes de mover la mano en gesto de despedida. Esas postreras opiniones, con la mano en el pomo, eran como la conclusión y síntesis de lo dicho en la hora precedente. De forma que, sentado en mi salón, con el breviario en la mano y las ventanas abiertas si hacía buen tiempo, me hallaba en una privilegiada tribuna para palpar el estado de opinión del pueblo sobre todos los temas.

A la mañana siguiente comencé mi jornada habitual. ¿Cuál es la jornada típica de un cura? Bueno, la mía era la siguiente:

8:00 levantarse
8:30 laudes
8:45 lectura espiritual
9:00 oración mental
9:30 desayuno

12:00 sexta

2:00 oficio de lecturas
2:30 almuerzo
3:00 paseo
3:30 rosario

5:00 iba a la iglesia a preparar las cosas para celebrar la Misa
5:30 oración mental
6:00 Santa Misa
6:30 acción de gracias
6:45 vísperas

9:30 cena
10:00 media hora de descanso

11:30 examen de conciencia y rezo de completas
12:00 me iba a dormir

¿Qué hacía entre rato y rato de oración? Pues tenía una gama de actividades muy amplia, desde fregar, barrer o hacer la compra, hasta visitar a un enfermo, dar un cursillo matrimonial a los novios o consolar al que estaba triste. El párroco de pueblo realiza las labores más espirituales y las más materiales. A veces, hoz en mano, había que arrancar las malas hierbas en el jardín, o recortar velas, o repasar las cuentas de la parroquia. En otras ocasiones había que prepararlo todo para un funeral o para una boda. Siempre venía gente a encargar misas, a preguntar acerca de las fechas de los bautizos, o cualquier otro asunto. En todo caso, esas ocupaciones se sucedían a un ritmo de gran lentitud. El que tiene estrés en un pueblo es porque quiere. Las ocupaciones van al encuentro del cura, pero sin atropellar, al ritmo del pueblo. Cualquier cosa que no pudieras hacer hoy, la podías hacer al día siguiente. Los meses comenzaron a pasar, al ritmo vital de una población rodeada de trigales verdes en invierno, prados con flores en primavera y tierras resecas en verano.

Cuando un nuevo párroco se hace cargo de una parroquia piensa por qué el anterior cura no hizo mejor las cosas. El tiempo ayuda a comprender. A veces, ya es bastante que las cosas se hagan, bien o mal.

Cuando uno llega de párroco, tiene grandes ilusiones de hacer mil cosas. Los curas deberíamos ser conscientes de que, después de nosotros, llegará alguien que querrá cambiarlo todo. Uno, al ser nombrado párroco de un pueblo, llega con sus ideas en la cabeza, con sus ilusiones, con sus proyectos... Pero la realidad se acaba imponiendo, con todas sus limitaciones. Después de mí llegará otro párroco lleno de ilusiones, de proyectos, con el entusiasmo de otro párroco joven. Y después de él otro, y otro. Así durante siglos.

Aquel enorme templo del siglo XVII, del que yo tenía sus pesadas llaves, satisfacía muy sobradamente mis anhelos de un lugar sacro digno. Al amanecer, cuando abría la iglesia, el interior del templo estaba sumergido en una calma celestial. Las penumbras que irían menguando en las próximas horas estaban mezcladas con una luminosidad gris. La luz grisácea del amanecer, una luz que entraba por los ventanucos de la parte sur de la iglesia. Cuando a esas horas, frías en invierno, atravesaba a solas el gran portón de madera, para mí era una íntima alegría saber que, mientras el pueblo se levantaba o desayunaba, ya había alguien que estaba adorando a Dios en su santo templo.

Recuerdo un sábado por la tarde. La iglesia estaba vacía, la gente ya había salido de la misa de víspera. Me había quedado un ratito a rezar, a hacer la acción de gracias después de la comunión, y me dirigía a la puerta para cerrar. Pero antes de atravesar el umbral del mismo portón que había abierto por la mañana, no pude evitar detenerme y mirar hacia atrás. La penumbra iba invadiendo de nuevo, un día más, los amplios espacios interiores de la iglesia. En realidad, esos espacios eran un juego maravilloso entre la oscuridad y la luz dorada de docenas de pequeñas velas encendidas ante santos, mártires y vírgenes. El contraste entre la oscuridad negra y la suave luz dorada de los lampadarios tenía una magia embelesadora. Para acabar de completar la escena pictórica, una difusa luz crepuscular entraba por el gran ventanal de la fachada oeste. Una luz arrebolada, que chocaba con los gruesos pilares de piedra de la nave central. En la iglesia, minutos antes bullendo de parroquianos, se restauraba una paz que no era de este mundo. Sólo mis ojos contemplaban aquella escena. Tanta belleza, sólo para mis ojos.

Después de mirar durante un rato aquel espectáculo, pensé que si un ateo viera mi pueblo desde lejos le hubiera parecido un mero agrupamiento de casas blancas alrededor de la mole de la iglesia. Un villorrio banal, en medio de un campo sin encanto. Pero cómo me hubiera gustado que él hubiera podido introducirse en mi mente por un día. Porque cuando cada tarde, paseando por el camino que serpenteaba entre campos de trigo y cebada, miraba mi pueblo a lo lejos, lo veía inmerso en la cosmología cristiana. Cuando me alejaba de él paseando y lo contemplaba a cierta distancia, pensaba en las almas que me habían sido encomendadas, me imaginaba también a los ángeles yendo y viniendo sobre las casas. Y en lo alto, por encima de los cielos materiales, veía a los bienaventurados moradores del más allá, observándonos con amor. Y todo, bajo la dulce y bella luz de la Providencia Divina.

Los domingos salía de la sacristía a decir la misa y veía delante de mí una procesión de monaguillos. Unos vestidos con túnicas blancas con capuchas, otros con sotanitas rojas con roquetes blancos, acabados en puntillas en sus bordes. El turiferario iba delante de todos, balanceando con vaticana solemnidad el incensario humeante, después marchaba el cruciferario, portando con gran parsimonia la bella y alta cruz plateada, el cual iba flanqueado por otros dos monaguillos que, nerviosos, trataban de mantener rectos los ciriales encendidos. Al final de la fila de monaguillos, el más menudo, un angelito que no entendía nada, portaba a duras penas el libro del Evangelio. La procesión avanzaba por la nave central hacia el altar mayor, en medio de los cánticos religiosos de todo el pueblo fiel. Ése era, y sigue siendo, mi momento favorito de la semana. En esos instantes me siento uno de los párrocos más felices del mundo.

Una vez me encontré un escarabajo negro en la iglesia. El bicho andaba lentamente, sin ningún tipo ni de prisa ni de estrés. A mí, esos escarabajos de jardín me gustan. Son humildes, personifican la tranquilidad, y van de negro, como un servidor. Así que le di un cuidadoso golpecito con el lado de mi zapato embetunado, para enviarlo al jardín por debajo del gran portón de madera de la entrada de la iglesia. El vetusto portón es de grandes proporciones, de forma que por el hueco que hay entre el suelo y su parte inferior había espacio suficiente para que el insecto pasase sin dificultad. Sin embargo, una parte del acorazado cuerpo del coleóptero chocó con la puerta y no llegó a pasar. Martita, mi sacristana, se acercó y dijo, voluntariosa, que ya lo pasaba ella al otro lado. Con un cierto temor por el bicho, accedí. Y efectivamente, al atravesar yo la puerta, oí al otro lado «crruuchch», un crujido, el ruido del cuerpo del pobre escarabajo aplastado por el pie de mi diligente sacristana. Martita salió de la iglesia y me dijo sonriente: *Ya ha pasado*.

A mejor vida —le contesté.

Ah, Martita, mi sacristana, cuánto me acuerdo de ella. En el pueblo seguía siendo conocida por todos como Martita. Cuando la llamaba delante de alguien que no era del lugar, y, en vez de una dulce niña, veían aparecer a aquella mujer que ya estaba entre los cuarenta y cincuenta años y los casi cien kilos de peso, los presentes siempre se sorprendían. La nombré mi sacristana —dada su insistencia y su presencia continua, tampoco tenía otra posibilidad—, aunque su ayuda siempre fue un poco dudosa. La pobre era algo deficiente mental, y su ayuda se reducía oficialmente a tocar las campanas. Cualquier cosa que fuera más allá de eso podía acabar en desastre. Pero eso no era obstáculo para que ostentara el título de sacristana con el mismo entusiasmo que si lo hubiera obtenido tras unas reñidas oposiciones. Y digo entusiasmo, porque no se puede hablar de otra cosa. Si descontamos sus nueve o diez horas de sueño, pasaba más tiempo en la iglesia que en su casa. Y cuando le dejaba la llave de la iglesia, no se separaba de ella por nada. La pesada y antigua llave de un palmo de envergadura era llevada/ostentada en su mano por todo el pueblo, ya fuera a comprar, ya fuera a por agua (el agua del grifo, en aquellos tiempos, allí no era potable), fuera donde fuera iba siempre con la llave de la iglesia bien visible. Dadas sus limitaciones, era sacristana entre comillas, pero por otro lado las atribuciones que se había arrogado por sus propios fueros iban más allá de esa limitada función, y cuando se le metía algo en la cabeza se sentía obispa y aun cardenala. En el templo parroquial, la única, ¡la única!, autoridad que reconocía sobre ella era la mía. Desde luego, el celo, el cuidado y el ardor que ponía en cuidar de la iglesia eran admirables. Le cogí un inmenso cariño.

En aquel primer pueblo mío, dada la media de edad de sus habitantes, me tocó ver muchos muertos. En la tranquila biblioteca del seminario, leyendo *Teología del más allá*, del padre Royo Marín, había aprendido cosas acerca de la cara de la muerte. Fuera de mi abuelo y mi padre, yo nunca había visto la cara de un muerto, mis únicos difuntos eran los que había visto fenecer en las películas de la televisión. Un quejido, un suspiro y el actor cerraba los ojos en medio de los lloros del protagonista. A veces el actor, para darle más patetismo a la cosa, daba como un respingo, pero no iba más allá.

Sin embargo, cuando uno ve a un agonizante de verdad, se aprende para siempre cuál es la cara de la muerte. Los ojos se hunden en las órbitas, pierden el brillo de la vida. La nariz se afila, los pómulos también se hunden. La cara entera parece adelgazarse. El rostro entero pierde el color de la vida. La muerte confiere un color especial a la tez, una palidez mortal. Y en la boca aparece una sonrisa muy especial, el *rictus mortis*, la boca se entreabre levísimamente con las comisuras de los labios apuntando hacia abajo. La respiración se torna de una lentitud agobiante, pero desesperadamente intensa, acompañada de un estertor de los pulmones que resulta pavoroso. La familia, al lado del lecho, le habla al oído, le acaricia; mas el agonizante ya no puede contestar ni con todas sus fuerzas.

Si hay algo serio de verdad, es la muerte. Así pasa la gloria del mundo, el tiempo huye, en un abrir y cerrar de ojos. *Vanidad de vanidades, todo es vanidad y apacentarse de viento.*

Sic transit gloria mundi.
Kyrie eleison
Christe eleison
Kyrie eleison

En la sacristía, cada pocos días me tocaba revestirme con los ornamentos negros para celebrar otro funeral. Estola negra sobre el alba, y hacia la casa para ir a buscar al difunto. Tras la misa, acompañaba al féretro hasta el cementerio con la pesada capa pluvial negra. También el toque de las campanas era especial. No voy a tratar de explicar con palabras lo complicado del ritmo de aquel toque, lo enrevesada que era la secuencia de aquel tañido compuesto de varias campanas. Secuencia distinta si el difunto era hombre o mujer. Fui el último cura en aprender a tocarlo.

En cuanto me daban la noticia de que alguien había muerto, era costumbre dar un toque especial. Así, el pueblo entero, al momento, se enteraba, aunque el enfermo hubiera muerto lejos, en un hospital de Barcelona. En cuanto bajaba de lo alto de la torre, ya estaba sonando el teléfono. *¿Quién se ha muerto?* Fulano, respondía. *Ah, bien.* Elvira salía del bar que regentaba y me preguntaba lo mismo con cara de preocupación. *Fulano. Ah, vale.* Porque, en cuanto se daba ese toque, en el bar se decían unos a otros: será mengano o será zutano. Siempre había uno o dos en la lista de «candidatos». Lo preocupante, lo que causaba alarma en el bar, era cuando sonaba el toque de difuntos y ese mes no había nadie en la lista de posibles muertos. Después de gritar yo el nombre desde la puerta de mi casa, dentro todos se quedaban tranquilos, con una especie de *no me extraña* escrito en sus rostros.

Cuando al día siguiente salía hacia la casa a buscar el cuerpo del difunto, para llevarlo en procesión a la iglesia, tocaba otro parroquiano, porque como es bien sabido no se puede estar en la procesión y repicando. Una vez, ese parroquiano jubilado que tocaba las campanas, esperando a que yo llegara con el ataúd y comenzara la misa, se durmió apoyado en una pared, en lo alto de la torre. Se quedó tan profundamente dormido que seguía igual cuando acabó la misa y bajamos al cementerio. Y estando allí, en el cementerio, comenzó a sonar la campana. Todos los presentes en el camposanto nos quedamos petrificados, por un momento pensamos que cómo era posible que las campanas tocaran solas. La iglesia estaba cerrada, sin nadie dentro. No sabíamos que el jubilado se había despertado, o mejor dicho medio despertado, y se equivocó al ver otro coche, lo tomó por el de difuntos y comenzó a repicar las campanas.

Después se percató de su error y trató de salir de la iglesia lo más desapercibidamente posible, pero fue tarea imposible, pues todos subíamos ya la cuesta del cementerio. En el tedioso ambiente de un pueblo, donde nunca ocurre nada, la anécdota supuso dos días de comentarios.

En otra ocasión, faltaban unos minutos para que llegara el difunto de un tanatorio de Madrid, y le pregunté a la sacristana: *¿Sabe usted cómo se llamaba el difunto? ¿No era Pantaleón? Pues no lo sé, no tengo ni idea* —replicó la sacristana—. *No lo sé, porque siempre lo llamábamos por el mote. ¿Y qué mote era? Pues le llamábamos Panta.*

Don Arturo López Nuche, cura de Coslada, me contó cómo, en medio de una misa de funeral, le indicó discretamente al monaguillo: *Ve al primer banco y pregunta cómo se llamaba el difunto.* Al cabo de unos instantes volvió el inexperto monaguillo. El sacerdote inclinó con disimulo el oído para escuchar la respuesta. Y aguantándose el enfado tuvo que escuchar cómo el muchacho le decía: *Pues no lo he entendido bien.* Conociendo a don Arturo, que siempre ha sido muy irascible, creo que el enfado debió de ser monumental. Pero el enfado disimulado se transformó en furia, eso sí contenida, cuando el monaguillo añadió: *Pero me parece que el nombre acaba en culo.* Finalizada la misa se acercó el oficiante a dar el pésame a la familia. *Perdone, ¿pero cuál era el nombre del finado? Próculo*, fue la respuesta de la triste viuda.

De lo anterior puede sacarse la impresión de que continuamente estaba celebrando funerales. Y así es.

No se trataba únicamente de la avanzada edad media de los habitantes de mi parroquia, sino también del económico precio de las sepulturas del cementerio sito en el término municipal, lo que invitaba a que los que se habían establecido en Madrid capital, y sus descendientes, y los descendientes de sus descendientes, pensaran en Estremera cuando llegaba el duro trance de tener que arreglar los papeles para buscar un terreno donde descansar de las agitaciones y pompas de esta vida. Pudiendo descansar en un emplazamiento más económico, no se veía la necesidad de tener que hacer mayores dispendios.

Pero tampoco todo eran difuntos. También estaban los pobres. ¡Qué sencillo parece ayudar a los necesitados cuando uno está en el seminario! Pero cuando años después entré en la casa de uno de los tres más pobres del pueblo comprendí el significado auténtico de la palabra «sordidez». No diré el nombre de la persona para que no se ofendan sus familiares. Sin embargo, sí que puedo describir su casa. Era el día de Navidad, cuando a las ocho de la tarde entré en su casa y aquel pobre me dijo que estaba cenando. Su cena de Navidad consistía en una lata de sardinas y un caldero de patatas, nada más. Encima de la mesa del comedor no sólo estaban los restos de la cena recién finalizada, sino que estaban también los restos de varios almuerzos y cenas anteriores. Diógenes —así lo llamaré aquí en honor de Diógenes Laercio— no limpiaba. Tan sólo apartaba las cosas usadas, para poder seguir habitando el lugar. Bastaba con echar una ojeada a su sala de estar para conocer la historia de todo lo sucedido allí desde hacía mucho tiempo. Si había bebido, allí estaban las botellas. Si había comido, allí estaban los platos y los restos. Si había encontrado en la calle algo (trozos de una bicicleta, de una lavadora...), allí yacía amontonado en un rincón. Es curiosa la afición de los pobres a atesorar toda la chatarra del mundo. Si los millonarios tienen inclinación por atesorar óleos holandeses del siglo XVII, o esculturas *art déco*, los pobres sienten la misma afición por la chatarra.

Todo estaba allí, a la vista. El saloncito de estar constituía un bodegón en el que su vida aparecía clara ante mis ojos. Ninguna mano femenina había acariciado la suciedad de los muebles en muchos años, quizá desde la muerte de la madre.

Diógenes no llegaba a los cincuenta años, gozaba de buena salud, no trabajaba, no tenía ganas, pero de lo que sí que tenía ganas era de beber. Si se le daba dinero, todo iba para bebida, y después apenas le quedaba nada para comer. Su problema no era de dinero. Hubiera continuado viviendo en aquella cochambre aunque heredase una fortuna. En el pueblo había trabajo agrícola, pero él no quería trabajar. ¿Hay pobreza mayor que ésta? Su pobreza no era una cuestión monetaria, era toda su vida lo que había que cambiar, y él no quería hacerlo.

Aquellos días estaba leyendo *El perfume*, de Patrick Suskind... Me hubiera gustado que el autor bávaro entrara conmigo en aquella casa. Era una selva de olores, la Quinta de Beethoven para el olfato. Y esto, acompañado de la visión de los restos de comida, me hacía temer que la conversación se interrumpiera por mi parte con un vómito. No exagero.

La primera vez que entré en su casa y Diógenes me dijo rudamente que me sentase, busqué con discreción un lugar mínimamente limpio donde hacerlo. No lo encontré. Apoyado sin entusiasmo en la punta de la silla que me pareció menos cubierta de cochambre, traté de indagar cómo se podría ayudar a aquel hijo de Dios. Pero aquel hombre sin fe, sin esperanzas, sin ilusión, se contentaba con seguir viviendo como hasta entonces. Su vida era más animal que humana. Los instintos primarios ocupaban su entendimiento toda la jornada. Sus instintos primarios eran el objeto de toda su conversación: comer, beber y cosas por el estilo; y aun de peor estilo.

En ocasiones hablaba con él, pero no veía fruto alguno de aquellas conversaciones y consejos. Al final, me tuve que conformar con visitarle únicamente para que entendiera que alguien le quería y se preocupaba por él. Todos los días rezaba por él. De vez en cuando le visitaba, le llevaba algún dulce, algo de comer. Que Dios se apiade de él.

Pero en mi vida no todo eran obras de caridad, alguna que otra vez iba al cine. Pocas veces y convenientemente vestido de laico. Sólo Aurori, la mujer del ex alcalde franquista, y Elvira, la hermana del teniente de alcalde del PP, y un par de viejecitas más, eran conocedoras de esta secreta afición mía. Los demás, viéndome tan austero, debían de estar convencidos de que condenaba el cine como un esparcimiento muy nocivo para el clero, por ser causa de distracción de sus mentes dc los altos deberes a los que se debían. Pero el caso es que iba al cine, aunque eso sí, en Madrid capital. Además, en el pueblo no había.

Un día me fui a ver *Titanic*. Mi rostro no fue recorrido por una *lacrima furtiva*, sencillamente quedó arrasado en lágrimas. Al principio traté de que el espectador de atrás y el de al lado no se percataran de mis lloros, y me enjugaba las lágrimas con cierto disimulo. Pero finalmente manejé el pañuelo sin contemplaciones. Aquel día, como suele pasar, me dejé lo imprescindible en casa, es decir, el pañuelo de tela, y sólo disponía de unos pocos de papel. Lloré tanto con aquella historia de amor que pensé si no sería mejor ir acercándome a la puerta justo antes del final de la película. ¡Qué vergüenza, cuando se encendieran las luces! Los pañuelos no habían sido suficientes y tenía la cara empapada. *Si al menos durara un poco más la película*, pensaba, *para que me pudiera reponer*. Pero lo cierto es que estaba tan emocionado que cuanto más proseguía la historia, más lloraba.

Después, cuando volvía solo en coche a mi pueblo (una hora de camino), pensé que en el fondo la vida de cada hombre es la historia del *Titanic*. Somos un barco que en setenta u ochenta años se hundirá, si un iceberg no nos hunde antes. Pensé que el amor que se tenían los dos protagonistas era ejemplo y acicate para la intensidad de amor que debía yo tener por Dios. Mi amor por Dios no podía ser menor que el visto en aquella historia. Y me dije que también Jesús, como el protagonista (Leonardo Di Caprio), había dado su vida por mí. El resultado fue que seguí llorando sin consuelo durante todo el viaje. Y por la noche, ya en la cama, el llanto continuó.

Al día siguiente, fiesta de San Sebastián, que en el pueblo se celebraba grandemente, prediqué ante el alcalde y todo el ayuntamiento en pleno, sobre el amor, sólo sobre el amor. Tanto hablé del amor que el teniente de alcalde, al acabar la misa, me recordó con socarronería que aquel día era San Sebastián, no San Valentín.

¡Qué bueno es Dios! Unas semanas después me dejaron *Men in black*, y reí como un niño, a mandíbula batiente, hasta que me salieron agujetas en el vientre.

Cuando estaba en Estremera tenía un cuaderno donde anotaba mis recuerdos. Eran notas sueltas. Como una especie de diario, pero sólo de recuerdos y pensamientos. Aquel librito me resultaba muy entrañable, porque no seguía ningún tipo de orden, ninguna clase de esquema. Ahora leo esas notas y me divierto mucho, las releo y me acuerdo de lo que leí hace tiempo de un gran escritor: *Amo los géneros literarios por donde corre el tiempo real, vivo, lozano: memorias, diarios íntimos* (escritura) *sin la odiosa premeditación de la novela.*

Cuaderno de notas y recuerdos

Sábado. Es de noche, suena el teléfono en la casa parroquial. Al otro lado de la línea se presenta una voz con marcado acento vasco, explicándome que era el cura de Anoeta. Me dijo que tenía un hermano impedido en mi parroquia, en Estremera. Un hermano que yo no conocía. Me pidió que le adelantara un poco de dinero, asegurándome que me lo devolvería el próximo lunes por giro postal. Yo le interrumpí: Perdona, si alguien te dice *Dominus vobiscum,* ¿tú qué le responderías? *Hubo un momento de duda y finalmente su voz trémula respondió:* «Obispum».

Mi risa probablemente se debió de oír en Anoeta. Le dije: Tú no eres cura ni eres nada.

~

Me monto en el coche para ir a Fuentidueña (el pueblo de al lado) y una chica me dice, ¿me podría ir con usted hasta Fuentidueña?... *Una chica joven y el cura (también joven, entonces) solos en el coche... Hay que evitar las situaciones de peligro, las lenguas son muy maliciosas, además. Así que la contestación ya me la tenía preparada y aprendida:* Pues lo siento mucho pero tengo por costumbre solamente llevar en el coche, cuando voy solo, o a las muy viejas o las muy feas, y tú no estás en ninguno de los casos.

Esta respuesta siempre suele complacer.[4]

---

4. Anotación: estas cosas, como la anterior, sólo se escriben recién salido del seminario. Ahora recogería sin ningún problema a una parroquiana mía que se encontrase en esa situación descrita, porque: primero, he aprendido (a diferencia de lo que nos hubiera podido dar a entender algún formador en el seminario) que la mujer no es un ser lujurioso y lleno de concupiscencia que está esperando el primer momento para abalanzarse sobre el pobre y desprevenido cura. Y segundo, la gente, si quiere hablar mal, no necesita ninguna excusa para hacerlo. Éste es un país libre. Los rumores no precisan de pábulo, tienen vida propia, nacen por generación espontánea y así se reproducen.

Ayer venía del pueblo de al lado, de confesar. Era de noche, las estrellas lucían como sólo resplandecen en el campo, sin luces urbanas. De pronto vi caer un meteorito. Era como la luz de una estrella fugaz, sólo que se iba haciendo más intensa a medida que caía. De pronto, la luz se fue tornando azul, un fragmento del meteorito se desprendió, quedó rezagado y desapareció, deshecho, en el aire, mientras el resto seguía su veloz caída. Y un instante después desapareció, cayendo en dirección a Carabaña. Todo quedó como antes y reanudé mi camino.

Por supuesto, el asunto del meteorito apareció entre las cosas de las que prediqué en el sermón del día siguiente.

❧

Una noche iba a entrar en mi casa cuando distinguí en el suelo un pequeño animalito que se movía. Qué agradable sorpresa al ver que se trataba de un erizo. Nunca había visto ninguno. El pequeño ser no corrió, se quedó deliciosamente inmóvil, tan sólo escondió su cabecita en la panza, con timidez, como un niño pequeño que con sus manitas oculta la cabeza para que no le dé la luz en los ojos.

❧

En la iglesia hay infinidad de lugares que harían la delicia de un centenar de niños jugando simultáneamente al escondite. Por un lado está la torre del campanario, con sus mil recovecos. Por otro, o mejor dicho por debajo del templo, hay un complejo sistema de galerías excavado durante la guerra civil, como refugio contra los bombardeos. Pero pocos lugares hay en todo el templo parroquial tan cargados de misterio como el espacio comprendido entre el tejado y las bóvedas de las naves de la iglesia. Ser párroco de una iglesia te permite ir explorando con tiempo, con delectación, todos esos rincones clausurados para todos, menos para ti, que tienes las llaves. Armarios cerrados, arcones, escondrijos detrás de altares, más escondrijos detrás del retablo mayor. Todo el tiempo y todas las llaves. Puedes investigarlo todo, revolverlo todo, nadie te va a decir nada.

～

Cuando era pequeño, después de la merienda veía series como Espacio 1999. Me imaginaba el futuro, mi futuro, al estilo de las series de ciencia-ficción. Sin embargo, a tres años de distancia del mítico año 2000,[5] cuando me veo con mi sotana en una procesión detrás de un santo, y detrás de mí el concejo, y por delante una banda de pueblo, entonces me doy cuenta de que, si cuando tenía diez años y me entusiasmaba soñando con aquellas series futuristas desde mi sillón, me hubiera podido ver a mí mismo ahora, me habría quedado pasmado. El futuro era más surrealista de lo que nunca hubiéramos imaginado esos guionistas o yo. ¡Un futuro con procesiones de santos y curas con sotana!

～

La imagen de Nuestra Señora de la Soledad —la patrona del pueblo— posee un broche que le prenden de su manto durante la procesión de las fiestas. El broche tiene engarzada una moneda. Tras la procesión del segundo año, tuve la curiosidad de examinarla con detalle, a ver de qué moneda se trataba. ¿Qué moneda era?, pues ni más ni menos que una moneda de oro de veinte dólares de los Estados Unidos, del año 1895.

---

5. He dejado el cuaderno de notas tal cual lo escribí en su momento, sin cambiar las referencias temporales de aquel entonces.

¡La de vueltas que llega a dar una moneda! ¿El funcionario yanqui que en el siglo pasado la prensó en Washington pudo llegar a imaginar en sus más alocados sueños que acabaría prendida en el manto de la imagen de una Virgen en medio de la meseta castellana?

❧

Una de las cosas que me impresionaron mucho al llegar al pueblo es que, en invierno, a partir de las ocho de la noche ya no hay nadie por las calles. Ni coches, ni personas, sólo oscuridad y frío.

Mientras que en verano es todo lo contrario. A partir de las diez de la noche la calle se convierte en la sala de estar de la población. La gente saca sus hamacas y sillas al portal y los vecinos se reúnen en grupos.

❧

Una noche de invierno cayó una gran nevada. Tan fuerte fue que la luz se cortó desde las nueve de la noche hasta la madrugada. Evidentemente, si hay algo que no falta en la casa del cura son velas. Después de cenar decidí dar un paseo. Pasear en medio de la tormenta de nieve por las calles oscuras y blancas, linterna en mano, fue una verdadera experiencia poética. Todo estaba tremendamente oscuro, pero bañado de una luz blanquecina y lunar, fantasmagórica e irreal. Un cura vestido de negro de pies a cabeza e inmerso en una nevada, en medio de un pueblo en tinieblas, es quizá una escena irrepetible.

❧

A propósito de la lengua y los pueblos: el último bulo que ha corrido por las tiendas es que soy familiar del Papa.

❧

Era ya de noche, estaba acabando de cenar. De pronto suena el timbre de la puerta. ¿Quién será? ¿Alguna viejecita que quiere *encargar alguna misa? Seguro que me hacían levantar de la mesa a esas horas para alguna cosa sin importancia. De no muy buen humor, dejé la servilleta sobre la mesa, me levanté de mi silla y abrí la puerta. De pronto apareció ante mí un ser deforme y monstruoso. El vuelco que dio mi corazón fue tal que proferí un alarido y cerré de golpe la puerta ante aquel engendro.*

¡Qué suerte que no haya entrado!, *pensé, mientras mi corazón latía con fuerza. De pronto comencé a reflexionar:* ¿Un ser monstruoso en el pueblo? *Me di cuenta de que algo no encajaba. Así que abrí la puerta. Inmediatamente todo quedó claro. Era Halloween y unos jóvenes habían decidido visitarme disfrazados. Nos reímos todos, durante un buen rato, de mi grito y de mi cara de pánico.*

Hoy me ha llamado una periodista que está reuniendo material para un libro sobre leyendas y apariciones en la Comunidad de Madrid, me ha preguntado si aquí había algo que le pudiera aportar. He estado esforzándome durante un buen rato, pero nada. Le he explicado que mi pueblo está en las antípodas de la histeria religiosa.

Dos son los principios generales del comportamiento humano a los que se enfrenta el párroco:

1.º *Cuanto menos creyente es una persona, más importancia da en materia de religión a las cosas accidentales, y menos a las verdaderamente esenciales.*

2.º *La gente que menos pisa la iglesia es la que más exige el día que decide honrarnos con su presencia.*

Cuanto menos creyente
más exigente

(por hacer un pareado)

❧

Pero después están las *antípodas de la conversión y el arrepentimiento*: sé que, hace pocos meses, en Madrid capital se puso esta penitencia en una confesión:

Rezar un avemaría para pedir a la Virgen que él cambiara de vida, hacer ayuno dos sábados, rezar quince rosarios, hacer veinte comuniones en reparación, darse quinientos golpes de disciplina.

Como es lógico, escribo esto porque el penitente, lleno de arrepentimiento, lo dijo ante un grupo de personas, entre las que estaba yo, y explicó que deseaba que se supiera para edificación de otros. Santa conversión.

❧

Una noche de la primera semana de marzo, al salir de casa, distraído, hacia la iglesia, me sorprendió un nuevo elemento que no estaba presente la noche anterior, el coro de ranas croando en todos los charcos cercanos. En el campo aparecen primero las impetuosas ranas, y unos meses después los gritos agudos de los grillos. Todo ese conjunto es amenizado de vez en cuando con el ulular de alguna lechuza. Además, el romero de mi jardín ha florecido en un solo día, y un sutil aroma envolverá mi rectoría durante varias semanas. Los pequeños placeres de vivir en el campo.

❧

Nada hay más complejo, ni más sencillo, que el viaje al interior de nuestra propia alma. Cuántos obstáculos, cuántos prejuicios hay que salvar. Somos prisioneros de nuestras concepciones preconcebidas.

❧

En este mes de marzo, hace pocos días, vi una mariquita. Siempre me hace ilusión ver la primera mariquita del año, la primera amapola, el primer lirio, la primera golondrina que surca el cielo, feliz. Esa mariquita era la primera gota de color después del invierno gris. Ese insecto siempre me ha parecido la mayor concentración de poesía en la menor cantidad de espacio. Su diseño es la obra de una inteligencia infinita.

❧

Me decía un chico del pueblo, de treinta años, que un día, cuando era pequeño, llegó a su casa y encontró a todos llorando. Y preguntó: ¿Qué pasa? Que se ha muerto Franco, *fue la respuesta del padre.* Se ha muerto Franco, y van a volver los rojos, *continuó la madre entre sollozos.*

❧

A mí siempre me habían hecho la comida en casa, y después me la hicieron en el seminario. Por eso, cuando llegué al pueblo me hizo ilusión eso de cocinar para mí mismo. Pero, al cabo de unos años, uno descubre que de la ilusión de las primeras semanas se pasa a la evidencia de que el menú del día acaba convirtiéndose en un perenne desayuno.

❧

Latas, mermelada, chocolate, leche y galletas: he aquí la gastronomía más usual del cura que cocina para sí mismo.

❧

Tras exponer estas consideraciones y recuerdos más o menos felices, he querido dejar constancia de un amargo capítulo de mi estancia en la parroquia de Estremera. Ese desagradable episodio consistió en que un grupo de personas se tomó un agrio y pertinaz interés en echarme desde el momento en que llegué al pueblo. El mismo día en que tomé posesión de la parroquia ya hubo llamadas al obispo. El primer tropezón lo tuve cuando le dije a la sacristana: *Sé que usted es una columna de esta iglesia y me gustaría que siguiera siéndolo, pero a partir de ahora su trabajo ya no será remunerado.*

Lo de *columna de esta iglesia* y otras zalamerías fueron para mitigarle el sufrimiento pecuniario que amablemente se le anunciaba. La sacristana se dedicaba sólo a tocar las campanas y a poner el cáliz. Pero por esa somera actividad cobraba 60 000 pesetas al mes (para hacerse una idea de cuánto era esto, sépase que el párroco cobraba 98 000 pesetas). Al hacerme cargo de la iglesia me quedé muy extrañado de semejante generosidad en una parroquia que afirmaba al obispado que no podía pagar ni el sueldo del cura, y que por esa razón recibía 100 000 pesetas todos los meses del fondo diocesano. Después descubrí que había una poderosa razón: el párroco ni tenía coche, ni sabía conducir (se había traumatizado después de un accidente), de forma que era el suegro de la sacristana el que le llevaba a Villarejo a coger el autobús. Aquel sueldo en realidad estaba pagando una especie de taxi.

Pero mi saneamiento económico de la parroquia no fue entendido tan comprensivamente por la sacristana, de manera que desde ese día tuve en contra a esa mujer, a su hermana, al suegro y a todas las amistades y familiares de los tres. Eso sumaba un buen número, puedo asegurarlo. Cuando digo *los familiares*, me refiero a los familiares que se llevaban bien, porque ya se sabe que en los pueblos la mitad de los familiares cercanos son hermanos del alma, y la otra mitad encarnizados enemigos. Esto siempre es fruto de las peleas por las herencias. Cada funeral genera siempre una secuela de enemistades.

Pero no debo irme por las ramas. Nada más llegar al pueblo, un cierto número de parroquianos hizo lo posible para que mi estancia en la localidad se me hiciera lo más incómoda posible. Por si esto fuera poco, el coro de solteronas y matronas me dijo desde la primera reunión que pensaba cantar lo que le diera la gana, me gustara o no. Aquel coro estaba formado por un grupito de señoras de mediana edad, muy en la onda de la más estricta ortodoxia de la Teología de la Liberación. Ellas, nada más verme de negro, con sotana, rogaron a Dios para que mi paso por el pueblo resultase lo más efímero posible. Y no sólo rogaron al Señor, sino que pusieron en práctica el refrán de *A Dios rogando y con el mazo dando*. Fui todo lo amable que pude, las invité en mi casa a moscatel y pastas de té para discutir el asunto amigablemente, les hablé como un padre comprensivo, les llegué a decir, incluso, que cantaran lo que quisieran, con tal de que me respetaran los textos litúrgicos (gloria, padrenuesto y poco más). Sabía que el anterior párroco les había prohibido en una ocasión cantar en la misa una canción protesta (una de esas canciones políticas tan en boga en los setenta), y que ellas se la habían cantado como diciéndole: ¡*Te aguantas!* Les permití todo lo permisible en una misa, con la idea de ir cambiando aquella hostilidad poco a poco. Pero ellas, en una semana, me lanzaron un ultimátum, o podían cambiar a voluntad incluso los textos litúrgicos del rito ordinario de la misa, o ya podía ir tomando lecciones de canto, porque me quedaba sin coro. Cuando a un párroco se le pone entre la espada y la pared, el párroco tiene que decirles que lo siente mucho, pero que no puede ceder. En realidad no lo sentí nada. Aquellas mujeres suponían un insoportable lastre en la iglesia y lo mejor que podían hacer era seguir el ejemplo de Jonás y lanzarse por la borda. Después, en alguna película he oído la frase famosa de ten a tu amigo cerca y a tu enemigo más cerca todavía. Esas frases quedan muy bien en una película. Me pregunto si el guionista metió alguna vez en su casa a su enemigo. Aquel coro de malencaradas matronas adversarias me resultaba tan insoportable que puedo decir que su ausencia del templo parroquial sólo me provocó un íntimo gozo.

Desde ese momento tuve catorce enemigas más, con sus maridos, parentela y amistades. La suma de adversarios seguía creciendo en la pequeña caja de resonancia de mil almas que era aquella localidad. Catorce enemigas, más sus medias naranjas, son treinta personas más. Añadamos tres o cuatro amigas por cantora y obtenemos unas cincuenta personas a sumar a las treinta anteriores. Eso sin contar con que una sola mujer hablando en la plaza, otra en el tenderete de comestibles, y media docena de hombres haciéndolo en los bares, creaban enseguida un estado de opinión bastante desfavorable al nuevo párroco.

Por si todo esto fuera poco, y no lo era, me vino a ver el secretario de la Hermandad del Santo Entierro, y tras el saludo me comunicó que iban a poner una lámpara en la iglesia. Querían colocar una gran lámpara de bombillas en una bonita bóveda del siglo XVII. La razón era que antes de la guerra había habido allí una lámpara. Yo, que ya andaba sobrado de enemistades y no quería añadir ni una sola más, le dije con cautela que habría que consultar a algún perito en la materia, porque quizá no nos permitieran colgar un elemento moderno en una bóveda tan bonita y antigua. Pero el secretario respondió, con superioridad, que de ninguna manera, que la Hermandad ya lo había decidido y que no había vuelta de hoja, ni más que hablar. De hecho, venía a comunicármelo, no a pedir mi consentimiento.

Traté de darle largas al asunto, de dejar el problema para más adelante, pero el secretario comenzó a dar los primeros pasos para la colocación de la lámpara. La Hermandad hasta me envió a un operario para ver dónde habría que instalarla, comprobar si resistiría la bóveda, cómo había que sujetarla y demás, aunque todavía no estaba comprada. Así que finalmente traté el tema ante la junta de la Hermandad. Allí les expliqué lo mejor que pude, lo más humildemente que fui capaz, que aquella lámpara no sólo no iba a mejorar el aspecto del templo, sino que iba a empeorarlo. Ni una sola persona de la junta me apoyó. Y no sólo eso, sino que, desde ese momento, varios miembros de la Hermandad comenzaron a decir en los bares que qué me creía yo y que el pueblo iba a ver quién podía más, si la Hermandad o el párroco. Fue un reto en toda regla.

Como consecuencia de todos estos desencuentros, aunque, más que *pequeños desencuentros*, habría que llamarlos *colisiones en toda regla*, comenzaron a nacer distintos bulos. El más gracioso fue el que se extendió por el pueblo asegurando que cada noche iba al cementerio a rezar con una vela. Se decía que una noche, incluso, había asustado a unas chicas a las cuatro de la mañana, al aparecer por la cuesta del camposanto, en medio de la oscuridad, de improviso. Este bulo lo creyó todo el mundo, desde el alcalde hasta la última viuda de la población, que me empezó a mirar con secreto temor. Además de enviarles un cura carca, les habían mandado un párroco loco. Los bulos se extendían por el pueblo y engendraban a su vez nuevos bulos. Los bulos, rumores y murmuraciones se combinaban entre ellos, se reproducían y se resistían a morir. Estas noticias sin confirmación se extendieron incluso entre los curas de la diócesis. Algún sacerdote, por ejemplo don Gerardo, de Nuevo Baztán, todavía me preguntaba siete años después, bajando la voz en tono de confidencia, si era verdad que exigía que la mujer que lavara los manteles del altar fuera virgen.

Por si esto fuera poco, un párroco anterior (un verdadero apóstol de la forma más moderna de entender la religión) se pasaba con cierta frecuencia por el pueblo, para avivar más las ascuas del conflicto y organizar los siguientes pasos de la presión sobre mí. Me consta (así lo dijo el mismo obispo) que aquel sacerdote le había pedido aquella parroquia de nuevo, y que no se la había dado. Debió de pensar que si me echaban tenía alguna posibilidad de que se le nombrara otra vez titular de su querida parroquia.

No hace falta decir que el teléfono del obispado no dejaba de sonar todos los días, recibiendo quejas furibundas de feligreses que se turnaban en esta estrategia de acoso y derribo. En esa época, el obispo era don Manuel Ureña, quien recibía personalmente, por teléfono, todas las quejas de las parroquias. De mí oía hablar día sí, día no. Y se lo creyó todo, hasta lo del cementerio.

Pero Dios es dueño de los corazones de los hombres, y por un misterio incomprensible no me trasladó de parroquia. Ya lo dice el libro de Proverbios, *el corazón del rey es un arroyuelo que Yahveh dirige a donde quiere.* Y no sólo no me cambió ese año, sino que mis enemigos, adversarios y contrincantes tuvieron que aguantarme más años, tres en total. Para los que tan denodadamente habían combatido contra mí, con la lengua, aquella estancia mía tan prolongada se les hizo como una especie de larga travesía por el desierto, y muchas veces debieron preguntarse qué pecado habían cometido para merecer un castigo tan grande como el de tenerme allí de párroco.

Que no me cambiaran de destino se lo debo ante todo a don Juan Sánchez Díaz, el vicario general, que siempre me defendió a ultranza en los despachos de la curia, razón por la cual le estaré eternamente agradecido. También debo mucho a los dos vicarios episcopales. Aunque don Florentino opinaba que yo era muy buena persona, quizá hasta un santo, pero que a lo mejor mis misticismos me llevaban a hacer cosas, cuando menos, extrañas. De mi sensatez no se convenció hasta que pasó un lustro. Necesité cinco años para convencerle a él y a otros de que no era un lunático.

Afortunadamente, esta especie de guerra civil parroquiana duró medio año en su fase más virulenta, y un año hasta que los vientos de la tempestad fueron perdiendo fuerza. Durante doce meses tuve que poner mis manos en el timón y no moverlas pasara lo que pasara, viniera lo que viniera. Jamás olvidaré lo que se siente cuando las cosas se van totalmente de las manos, cuando un pastor está al frente de una comunidad en la que ya nadie obedece. Sin embargo, la ayuda del Señor y la mano firme obran milagros. Y en un año las nubes fueron disipándose y el sol brilló con serena tranquilidad. Tampoco me olvido de las personas que, como Saturnino Gómez y Aurora, su mujer, estuvieron en todo momento conmigo y que dieron la cara por mí. Sería injusto si no mencionara, con gratitud también, a Joaquín y Guillermina, a la farmacéutica y a otros. No sería injusto, sino sumamente justo, referir algunos turbios capítulos de algunos de mis archienemigos, que demostrarían su calaña, pero no lo haré. Es increíble lo que uno es capaz de llegar a hacer para que le cambien de párroco. Y encima sin ningún arrepentimiento por parte de esos sujetos, que además decían: *Yo lo hago todo por bien de la Iglesia*. Por el bien de la Iglesia algunos están dispuestos a saltarse todas las leyes divinas. Un feligrés se llegó a meter dentro del contenedor de basura para sacar papeles que yo había echado dentro. No me invento yo tal escena, sino que me lo dijo él mismo, echándome en cara lo que había hallado dentro. Me callé, pero pensé que, para que lo siguiera haciendo, podría continuar echando de forma dosificada cosas que suscitaran en él un interés suficiente como para meterse en el mugriento contenedor.

Como se ve, aquella lucha fue tan cruel y estuvo tan llena de odio que finalmente intervino Dios. Voy a relatar un hecho que nunca he contado hasta ahora. Durante una semana, cada vez que hacía mi rato de oración mental ante el sagrario, me venía a la mente una misma idea que no podía quitarme de la cabeza: el castigo de Dios iba a caer sobre una persona en concreto. Aquella persona y su marido se habían significado extraordinariamente en su lucha contra mí. El pueblo ya estaba en perfecta paz, habían pasado dos años desde que las calumnias se abatieron sobre mí, y no obstante ahora me venía de pronto una y otra vez esa idea, sin razón alguna. Al cabo de una semana, me dieron la noticia en la sacristía, antes de una misa: *A fulano le ha dado una trombosis cerebral.* El pobre hombre quedó en un lamentable estado para toda su vida. Yo jamás hubiera pensado que aquello era una señal, si no fuera porque una semana antes de que sucediera, el Señor me dio a entender insistentemente que la espada del castigo divino estaba por caer sobre su mujer, que era una de las que más me había atacado. Eso me ha hecho comprender que el Altísimo es comprensivo con los pecados de la carne, con las debilidades, con la fragilidad; pero que nunca deja sin venganza los pecados de blasfemia, ni aquellos que se cometen contra sus ministros sagrados. Quien ataque a los ministros de Dios, incluso aunque fueran ministros indignos, tendrá que ver cómo el Altísimo le pide cuentas en el más allá y también aquí en la tierra. *No toquéis a mis ungidos*, dice el salmo. En los pueblos circulaban muchas historias de la Guerra Civil española, que contaban cómo todos aquellos que habían participado en la profanación de iglesias, y muy especialmente de los sagrarios, habían sido alcanzados por la mano de Dios en los años siguientes a la contienda. Mi bisabuela Urbana siempre repitió en casa que a todos los que en la guerra habían hecho cosas en la iglesia, ¡a todos!, les había castigado Dios.

De toda esta guerra civil parroquiana aprendí una cosa más. El sacerdote que quiere poner orden en las cosas acaba provocando llamadas de queja al obispado. Y muchos obispos aplican el principio científico de que *cuando el río suena...* De manera que numerosos clérigos, escarmentados, optan por un sabio no hacer nada. Quien nada hace, ninguna queja provoca. Si yo hubiera optado por dejar hacer a todo el mundo, hubiera sido promocionado a otra parroquia más importante, como le pasó a mi predecesor. No hizo nada, no hubo quejas, y enseguida fue promocionado. Paradójicamente, tanta queja contra mí fue lo que estuvo a punto de provocar una estancia allí mucho más prolongada. En virtud de mi experiencia debo ofrecer un consejo a cualquier tipo de feligrés que quiera cambiar de párroco: el mejor camino para lograrlo es acosar sin descanso al obispado con alabanzas y elogios hacia el clérigo que deseen que sea reemplazado. Muy por el contrario, las continuas quejas son el modo más eficaz de que el susodicho cura acabe por permanecer en la localidad por tiempo indefinido, e incluso hasta que pueda morir allí de viejo. Porque los feligreses deben percatarse de que a los curas los cambian de parroquias más pequeñas a parroquias más grandes. Si hay mucha queja ¿va a decir el obispo *cambiémoslo a un pueblo más grande, a ver si el desaguisado es mayor*? Evidentemente, no. Y lo mismo vale para los obispos. El mejor modo de cambiar de obispo es agobiar a la nunciatura con alabanzas de todo tipo. Pero marear al nuncio de su santidad con continuas quejas sólo puede provocar que ese obispo se transforme en vitalicio y acabe sus días en la diócesis, como san Agustín de Hipona.

Y llegó por fin al momento de mi vida en que me acabé dedicando al Diablo, a los demonios y a los demás seres subterráneos, malignos y tenebrosos. En la parroquia tenía bastante tiempo a mi disposición. O dicho de otro modo, cada día tenía varias horas libres que no sabía cómo ocupar. Justamente lo opuesto a lo que me sucede ahora. Ya entonces tenía una cierta inclinación a la escritura. Escribí cosas muy breves sobre varios temas espirituales. Pero he aquí que un buen día tuve una ocurrencia. Fue una de esas ocurrencias a las que no le das importancia. Un pensamiento que te viene a la cabeza y dices *ah, mira, una ocurrencia.* Pensé que podría escribir algo acerca del Demonio. No tengo ni idea de cómo me vino semejante plan a la cabeza. El asunto nunca me había interesado especialmente. Pero pensé que sería una buena idea, porque no había encontrado ningún libro serio, y al mismo tiempo suficientemente amplio, sobre el tema. De modo que, sin encomendarme a nadie, cogí un papel y empecé a escribir. Así, por las buenas. Aquel escrito sólo era una recopilación de las distintas citas de la Sagrada Escritura sobre el Demonio, con una breve explicación, y poco más. Pretendía tan sólo llenar unas cuantas páginas que pudieran ser de alguna utilidad a los sacerdotes. No tenía ni idea, ni la más remota idea, de que aquella ocurrencia me iba a cambiar la vida. Pero en ese momento sólo me movía la intención de escribir veinte o treinta páginas útiles, sin ningún tipo de pretensión.

El caso es que, una vez que puse mi pluma sobre el papel, trabajé con ahínco. He dicho lo de la pluma y el papel, pero en realidad por aquel año 96 me había comprado mi primer ordenador. Mi escrito progresaba y lo que parecía que se podía explicar en unas pocas páginas se estaba alargando y alargando. Cada vez se me hacía más evidente que aquel ovillo tenía muchos cabos. La Biblia trataba el tema de los demonios en más versículos de los que me imaginaba. Además, puestas todas las citas una al lado de la otra, permitían hacer agrupaciones, establecer conexiones, alcanzar corolarios. Los meses comenzaban a pasar. Durante ese tiempo, más que recoger información, lo que hice fue pensar y meditar sobre el tema. Trataba de cavilar, de reflexionar, de usar la lógica para sacar conclusiones a partir de aquellos elementos bíblicos que iba teniendo reunidos. Sobre la base que nos presentaba la Biblia, con esos elementos, una y otra vez me preguntaba qué era lo que podía elucubrar la inteligencia humana. Cada día trabajaba un ratito, y los meses no pasaron en balde. Escribí unas cincuenta páginas. Pocas, sí, pero por aquel entonces el tema me resultaba arduo, era como internarse en una *terra incognita*.

En esos días, aquellas páginas me parecieron insuperables, un monumento teológico. La verdad es que eran bastante malas y se hallaban repletas de superficialidades. Aunque, en honor a la verdad, debo decir que errores no había. Los razonamientos fundamentales eran correctos, pero debía matizar y fundamentar más las afirmaciones. Cuando uno tiene veintitantos años todo le parece perfecto. A esa edad no se suele ser muy crítico con uno mismo. Así que presenté mi trabajo al obispo para que le diera el *imprimatur*. Mi obispo recibió el texto con entusiasmo. Se conoce que debí de transmitírselo. Cuando se lo puse en las manos, lo recibió como quien recibe algo muy grande. Por desgracia, cuando lo leyó su euforia desapareció. Reconoció el valor de la obra, por lo menos eso me dijo, no sé si para consolarme, pero también me advirtió de sus fallos. Yo creía que él se equivocaba, que esos fallos no existían. Ahora me doy cuenta de que el equivocado era yo. Tuvimos una conversación no muy larga, en la que me comentó que había partes muy buenas, pero que otras cosas deslucían totalmente el trabajo. Me resistía, pensaba que no había entendido mi escrito. Mi bisoñez me traicionaba. Al final me comunicó lo que ya tenía pensado previamente antes de recibirme en palacio. *Daré el imprimatur, pero después de que esto sea rehecho como una tesina de licenciatura.* Aquello me cayó encima como una bomba. No quería dedicarme durante años a ese asunto, sólo pretendía hacer un pequeño escrito útil para sacerdotes, y ya está. No tenía más pretensiones. Estaba muy contento con mi especialidad de Historia de la Iglesia. Lo que me proponía era una tesina en otra especialidad, en Dogmática. Además, me apetecía mucho trabajar en mi proyectada, y apenas esbozada, tesis sobre Teología de la Historia. Pero mi obispo insistía.

Yo, como buen aragonés, también insistí. No sólo era que no me apeteciera hacer la tesis sobre ese tema, ni que me gustase mucho el proyecto de mi tesina. Es que, además, los jesuitas de Comillas se resistirían con todas sus fuerzas a una tesis a favor de la existencia del Demonio. Todo ello me llevó a insistir en mantener mi no a la tesina. Mas mi obispo, que ya lo tenía todo decidido antes de empezar la conversación, no cedió ni un milímetro.

Aunque yo no lo sabía, y probablemente tampoco mi obispo lo sabía, la voluntad de Dios estaba hablando a través de las órdenes del prelado. Es más, estoy seguro de que en ese momento lo único que pretendía el obispo era sacarse de en medio el problema que le había planteado pidiéndole el *imprimatur*. Mandándome que hiciera la tesina sobre este tema, se aseguraba de que tardaría años en presentarle la nueva redacción. Y además, para cuando lo hiciera, el escrito ya sería otra cosa. Sin duda pensó que el tiempo lo haría mucho menos radical. Más académico y menos radical. Además, ya tenía escogido a mi director de tesina. Delante de mí, agarró el teléfono y le llamó.

El director de mi tesina fue el secretario de la Conferencia Episcopal para la Doctrina de la Fe, Martínez Camino, un jesuita bueno y sabio cuyas indicaciones fueron todas de óptima utilidad. Guardo un muy agradecido recuerdo de él. Aquel sacerdote humilde y sapientísimo, al que esperaba el episcopado sin lugar a dudas, nos sorprendió años después al dejarlo todo e irse a un monasterio trapense. Abandonó el mundo cuando le estaban destinados en poco tiempo todo tipo de honores, amén de una mitra. Supo optar por lo que Dios le pedía, las vacas y el huerto, después de una vida dedicada a la teología. Pero yo de momento no sabía nada de lo que le iba a pasar a mi director de tesina. Así que le fui a ver a su despacho, en el edificio de la Conferencia Episcopal, para escuchar sus palabras: *Sobre este tema, no sé nada.*

Pero nos pusimos de acuerdo en cómo dar comienzo a la tesina. Comencé a recorrer innúmeros estantes de libros, buscando cualquier obra, cualquier capítulo, cualquier página, acerca del Demonio, las posesiones y los exorcismos. Finalmente, dediqué largos días a leer todo lo que hubiera en la Biblioteca Nacional. Pero si mucho había allí, mucho más encontré en la Biblioteca del Congreso de los Estados Unidos. Un mes y una semana estuve en Washington. Allí mi horario era muy sencillo; después de levantarme y decir misa, desayunaba e iba a la biblioteca, y no volvía ya a la parroquia más que para cenar. Cada mañana me sentaba bajo la gran bóveda de la inmensa sala de lectura. Cerca del arranque de la bóveda, cubierta de preciosas pinturas neoclásicas, estaban situadas las estatuas de grandes escritores y personajes diversos. Recuerdo que siempre me sentaba frente a la estatua de un formidable san Pablo, que sujetaba en sus manos una poderosa espada. Sólo al mediodía hacía un descanso, para ir a una iglesia cercana al Capitolio. Allí, a determinadas horas, me encontraba con un grupo de funcionarios rezando juntos el rosario en su hora de tiempo libre, en mitad de la jornada. Cuando ves escenas de ese tipo te convences de que Estados Unidos es el país más religioso del mundo. Quiero hacer notar que yo iba siempre con sotana a todas partes. La llevaba en la parroquia y no me apetecía quitármela por el mero hecho de tener que ir a edificios oficiales. Allí la sotana sorprendía un poco, pero durante aquel mes tuvieron tiempo para irse acostumbrando.

Dicho sea de paso, los norteamericanos sienten una gran inclinación a explicitarlo todo en sus reglamentos, llegando a descender a detalles verdaderamente inútiles. El reglamento para el uso de la Biblioteca del Congreso era de los que parecen redactados para ir de cabeza a una antología. A los usuarios se les recordaba que según el reglamento LCRs 1810-2 y 1812 debían *evitar estorbar a otros lectores, comer, beber, fumar (...) interferir en el uso del lugar con una higiene personal ofensiva, escupir, defecar, orinar o similares actividades perturbadoras*. Incluso en una de las interminables cláusulas se prohibía *usar las máquinas fotocopiadoras de la biblioteca para otros fines que el de copiar el material de la biblioteca*. Repetidas e innumerables veces me he preguntado qué otro fin que no fuera el de hacer fotocopias se podía dar a aquellas máquinas fotocopiadoras que funcionaban con monedas. ¿Cascar nueces con su parte móvil? ¿Servir de banco? Otros usos no se me ocurren.

Al darnos el carné para usar las instalaciones se nos proporcionaban las hojas con el reglamento de uso de la biblioteca. Al principio, al ver todas esas hojas, pensé *¿voy a tener que leérmelas todas?* Pero después, al ir viendo que aquel reglamento se introducía en una selva casuística, tratando de materializar el sentido común a través de disposiciones innumerables, su lectura se fue convirtiendo en una diversión. Incluso me leí todas aquellas hojas varias veces.

Pero, como es lógico, no recorrí tantos miles de kilómetros para leer aquel reglamento, sino que ante mis ojos desfiló todo tipo de escritos acerca de las catervas demoníacas. Debo decir que, con el tiempo que ya llevaba leyendo material sobre ese tema, me resultaba bastante fácil ver qué autor inventaba como un descosido y qué autor había visto algo, aunque ese algo después estuviera bastante deformado por el paso del tiempo o por la intermediación de los copistas. El que inventaba solía ser bastante barroco, te describía el infierno con todo detalle, pasaba revista a todas las legiones infernales, los exorcismos aparecían bajo una luz teatral. Toda aquella información era inútil, salvo para hacer una novela. Sin embargo, a veces, en otros escritos, se me iluminaban los ojos al encontrar dos o tres párrafos sobrios y escuetos, pero que coincidían perfectamente con otros párrafos igualmente precisos de otro testigo que había visto realmente algo. Era curioso, esas descripciones tan parcas, tan breves, siempre solían coincidir. Todos habían visto un mismo fenómeno, el fenómeno que yo estaba tratando de describir y analizar en mi tesina.

Después de haber leído un ingente número de páginas sobre el Demonio, me dediqué a ir visitando a exorcistas. No hace falta decir que llevaba conmigo credenciales firmadas y selladas por mi obispo. Debo agradecer al padre La Bar, exorcista de Nueva York, su nula colaboración en mi trabajo. Siempre estaba muy ocupado. Debía ser un hombre muy meritorio en la virtud de la laboriosidad, pues en siete largos días no encontró ni cinco minutos para mí. Menos mal que toda la anglosajona frialdad del exorcista de Nueva York tuvo su contrapunto en la mediterránea hospitalidad del exorcista de Roma, que por otro lado sabía mucho más.

A pesar de haber hablado con exorcistas del Reino Unido, Francia, Irlanda, India y otros lugares, debo reconocer que casi todo mi conocimiento, tanto en el terreno teórico como en el de la experiencia, se lo debo fundamentalmente al humilde padre Gabriele Amorth, exorcista de la diócesis de Roma. Aunque tuve contactos con un buen número de exorcistas, aprendí más en una semana viendo actuar al padre Amorth que con todos los demás. Ser testigo de un exorcismo del padre Amorth, en las dependencias de la basílica de San Juan de Letrán, era ver actuar a la sencillez y a la experiencia del hombre que más sabe sobre exorcismos en todo el mundo. Era el cura más bromista y menos afectado que uno se pueda imaginar. Es más, me recordaba todo el rato al Frodo de Tolkien. Todo en él transpiraba naturalidad y ausencia de complicaciones. Si hubieran tenido que hacer un castin para la película *El exorcista*, él hubiera sido desechado en la primera selección. Habría restado credibilidad a la historia. En él nada había de misterioso, tan sólo aparecía como un cura normal. Dios nos está dando lecciones continuamente. Ahora que he visitado a tantos teólogos, catedráticos y grandes eclesiásticos en general, y he hablado con ellos, he comprobado que las personas de verdadera valía suelen ser gente encantadora, llana y amable. Mientras que los petimetres suelen desprender invariablemente un claro tufo a *petit-maître*. La sencillez es el perfume de la grandeza.

Al cabo de unos tres años de elaboración, por fin, en 1998, defendí la tesina ante el tribunal académico. Un tribunal severo, en el que seguía pesando la concepción de que el Demonio es un símbolo del mal, pero no un ser real. Sólo uno de los tres miembros del tribunal creía en la existencia del Demonio como un ser personal. ¿Tendré que decir que la tesina no les hizo mucha gracia? Pero, fueran cuales fueran sus posiciones personales, actuaron honestamente con mi trabajo. La crítica que hicieron a mi obra fue muy profesional. Y eso que, en un momento dado, uno de los tres miembros del tribunal me preguntó: *¿Acaso soy un hereje si no creo en la existencia de la posesión?* La pregunta se las traía. Un miembro del tribunal que te va a calificar años de trabajo te pregunta si crees que es un hereje. *Usted no sólo no es un hereje, sino que es muy buena persona*, debería haberle contestado.

Ya había acabado la tesina, ya había obedecido a mi obispo, creí que allí se ponía punto final a todo este endiablado asunto de mil demonios. Pero estaba equivocado, muy equivocado, el tema del Averno no había acabado para mí. Pero yo no lo sabía.

La tesina acabó archivada en un sótano de la Facultad de Teología, mi director de tesis se fue a la trapa y el padre Fortea se reintegró a sus quehaceres pastorales. Con esos tres elementos colocados en sus lugares, parecía que el orden universal volvía a ser restaurado. Por lo menos, así parecía en mi pequeño universo, del que yo era a la vez centro y espectador. Si a esto añadimos que se me curó una sinusitis que llevaba padeciendo desde hacía años, queda claro que la sensación de restauración del orden se acrecentaba.

Vivía tan tranquilo, tan feliz, en mi pueblo, tan volcado en las actividades sacerdotales propias de un párroco, que si me hubieran preguntado si me habría importado quedarme allí toda mi vida, hubiera dicho que no. Bien es verdad que, secretamente, mi corazón ansiaba una parroquia más grande, quizá un destino urbano. Un lugar donde pudiera pasar cada día, por ejemplo, una hora confesando, donde se requirieran más predicaciones, donde se pudieran organizar más apostolados.

Porque, por más que me esforzaba en hacer apostolado, era necesario reconocer que cada día me sobraban muchas horas. Aunque pensaba, al principio, que a un pueblo se le puede dedicar todo el tiempo que uno quiera, como si de un huerto se tratara, me convencí de que la atención espiritual de mil habitantes requería sólo un determinado tiempo semanal. Traté de buscar alguna otra actividad pastoral de tipo diocesano, pero sin ningún éxito. Aquella abundancia de tiempo amenazaba con ser muy negativa para mi vida sacerdotal. Cuando uno es joven y tiene muchas ganas de trabajar y hay un exceso de tiempo, eso puede ser muy malo. Pero si eso es muy malo, Dios es muy bueno, y así, Él vino en mi ayuda y me abrió un nuevo campo de apostolado: la literatura.

Yendo en autobús a Zaragoza, a visitar a mis padres, el universitario de ciencias exactas que estaba sentado a mi lado, al ver que iba vestido de sacerdote, me dijo: *Padre, ¿se sabe algo de cómo interpretar el Apocalipsis?* Después de responderle, mirando al frente y tratando de no marearme, fui un rato en silencio, dándole vueltas a esa pregunta. ¿Y si en vez de hacer un escrito pastoral sobre ese tema, hacía una novela? A mi director espiritual le pareció una buena idea. Y así nació, al cabo de unos meses, mi primera novela: *Cyclus Apocalypticus.*

Se trataba de una versión novelada del último libro de la Biblia. No sabía cómo iba a ser el final de los tiempos, de momento no he tenido ninguna revelación particular sobre este asunto, pero podía explicar plausiblemente cómo podía ser el fin del mundo de acuerdo con las Sagradas Escrituras. El frenesí creador fue tan intenso, tan placentero, que durante esos meses viví el libro veinticuatro horas al día. La fiebre creadora era tal que a veces no podía dormir, porque se me había ocurrido un nuevo pasaje y tenía que levantarme a las dos de la mañana y no parar de escribir hasta dejar bien descrita y narrada con todos sus detalles, por ejemplo, una de las últimas batallas de ese mundo agonizante del siglo XXII. Viví el libro, viví todas las intrigas de las dinastías Schwart-Menstein y de los Staufen, en medio de una civilización que estaba experimentando el ciclo de las siete copas de la ira de Dios, de una generación que estaba siendo testigo de la época del Anticristo.

Lo cierto es que me lo pasé tan bien escribiendo ese libro, disfruté tanto, me introduje de tal modo en la historia, que acabada mi primera novela, no me podía creer que se hubiera hecho el silencio de nuevo en mi escritorio. Después de experimentar tantas emociones, de vivir tantos episodios, no pasó ni una semana sin que diera comienzo a mi segundo libro, sobre la Torre de Babel. Pero no la torre bíblica, sino la de la biblioteca de Borges.

Esta segunda novela era más intelectual, no en vano el marco de la historia (y quizá su protagonista) era una biblioteca infinita. Me sumergí en las continuas revueltas de la trama, sin darme cuenta de que el veneno de la literatura ya había sido inoculado en mí. Estaba descubriendo que nunca en toda mi vida había realizado actividad alguna con la que disfrutara más que con ésta. Ninguna otra tarea había abstraído mi mente de un modo tan profundo durante tal número de horas seguidas, sin que se hicieran largas, sin que se hicieran sentir, sin cansancio. Esta ardorosa pasión, sin duda, constituía signo inequívoco de vocación hacia esa actividad. Era una vocación dentro de mi vocación. Un apostolado literario que se engarzaba perfectamente dentro de mi sacerdocio.

Había sacerdotes que se dedicaban a las misiones, otros a la enseñanza, otros a los pobres, otros a los enfermos, otros al Derecho Canónico, ¿por qué no dedicarme a este campo? Para mayor alegría, le dejé mi primera novela a mi obispo para que le echara un vistazo si quería. Le entusiasmó. Le gustó tanto que en una comida en la que estaban varios miembros de la curia, se levantó de la mesa, dejando su segundo plato a la mitad, y se fue a su dormitorio en busca del libro, sólo para leernos a todos un largo fragmento de *Cyclus Apocalypticus*. Al escuchar de los entusiasmados labios de mi obispo esos fragmentos de la novela, me hice más consciente de la magia de la escritura. Niños, jóvenes, abogados, amas de casa, mineros y obispos podían quedar embelesados con cualquiera de sus capítulos.

Así que, con la misma perseverancia con que otros recorren selvas en busca de almas, me dediqué a recorrer los senderos de la literatura, dedicando a este menester no menos de una hora al día en la apacible casa de mi pueblo en los límites de la diócesis.

Durante los años siguientes, la primera obra daría lugar a una serie de diez novelas y relatos sobre el Apocalipsis. Casi dos mil páginas, en las que cada año iba completando y ahondando más el primer libro que escribiera. Si el primer libro era una novela coral, sin un único personaje, pues el protagonista era el mundo, la civilización del siglo XXII, en las siguientes obras de la serie, ese mundo sería visto, explicado y recorrido desde la perspectiva de personajes concretos. La gran pintura mural se iría completando retazo a retazo.

Asimismo, la segunda obra sobre Babel, daría lugar a una tetralogía sobre el mismo tema. La misma historia sería narrada una y otra vez, como si se tratara de un contrapunto barroco que buscase agotar todas las variaciones posibles.

Después seguirían otras novelas sobre variados temas: asesinatos, juicios, expediciones medievales o relatos posmodernos de difícil clasificación. Aunque tendría que esperar un lustro para que la primera de ellas se publicara.

Mientras tanto, mi vida en la parroquia seguía externamente igual. No hice a casi nadie partícipe de mi faceta literaria. Hablando de escritores, ocurrió una anécdota en mi pueblo con el premio Nobel de Literatura Camilo José Cela. Se anunció que el afamado novelista iba a venir a inaugurar la recién edificada casa de la cultura. A todos en el pueblo les caía muy mal el escritor. ¿Las razones que daban? Pues las de siempre, que decía tacos, se echaba pedos, tenía mal carácter... Pero era el único escritor que tenía un hueco libre en la agenda para venir a la apertura del edificio. Así que el pleno municipal decidió que le pondría su nombre, ya que venía.

Yo sabía que él era un escritor agnóstico, así que días antes, en la soledad de la capilla del Santísimo, le pedí al Señor que me diera luces para saber qué hacer para hablar con él y tratar de convencerle de las excelencias y ventajas de abrazar nuestra fe. Los días pasaron y no se me ocurrió cómo hacer para estar con él a solas. El día que llegó, le esperábamos, bajo los arcos de los soportales de la casa consistorial, el alcalde, el teniente de alcalde y yo. Lo que la gente del lugar llamaba las fuerzas vivas. Hubiera tenido que estar también el cabo de la Guardia Civil, pero el alcalde y él se llevaban a matar, así que no hubo lugar para el cabo bajo los soportales. También debió estar el médico, pero vivía en Madrid, con lo cual todos los tejemanejes del pueblo le traían sin cuidado. Acababa su horario y se iba.

Allí esperábamos los tres, a la entrada del ayuntamiento, charlando. El pueblo también aguardaba con nosotros. Por el teléfono móvil se nos dijo que el coche ya entraba en la localidad. Cuando llegó Cela, fue rodeado por una nube de periodistas, fotógrafos, concejales y habitantes del pueblo que le querían estrechar la mano, e incluso tocarle. Parecía un santo, aparecido ex profeso en el pueblo para la veneración. A mí, cuando me saludó, me trató de usted muy respetuosamente, a pesar de mi juventud. El caso es que durante los actos comprendí que lo de hablar con él a solas iba a resultar imposible. En cada instante, se hallaba rodeado de dos docenas de admiradores improvisados. Desistí de llevar a cabo mis propósitos apostólicos y me dediqué, resignadamente, a picar algo del piscolabis preparado.

Cuando, media hora después, Cela se marchaba ya hacia el coche para irse del pueblo, lo hizo seguido sólo por cuatro personas. Había salido discretamente, dejando a la gente entretenida en el cóctel. Por ser el cura del pueblo, me encontraba entre esas cuatro personas. Cuando pasaba delante de la iglesia, me dije *ésta es la mía*. *Don Camilo, ¿le gustaría ver la iglesia?*, le pregunté. *Ah, pues sí*, respondió. *Pero con una condición*, repuse al instante. Todos los presentes se quedaron en suspense, ¿cuál era la condición?, ¿un donativo? *¡Usted y yo solos, don Camilo!*, añadí con un cierto gracejo. El alcalde, con fingida sonrisa, añadió al momento: *Por supuesto, por supuesto, pase, pase, nosotros le esperamos aquí.* Así que él y yo entramos a solas.

Para que nadie nos interrumpiera por si la cosa se alargaba, cerré con llave por dentro.

Lo que hablamos en la iglesia queda entre nosotros. Muchos me han preguntado qué le dije, qué me dijo, de qué hablamos. Yo les respondo que lo sucedido hasta traspasar el umbral del portón de la iglesia se lo puedo contar con todo detalle; pero que lo que ocurrió de puertas adentro ya no.

La anécdota llegó incluso al obispo, aunque muy enrarecida y aliñada con detalles procedentes de la cosecha de la imaginación del que corrió a llamarle con el chisme. Me imagino a la perfección la cara de cotorra de la persona —era una mujer—, pegada al aparato y exclamando: *¿Sabe lo que ha pasado hoy?* Así que el obispo me preguntó sobre el asunto, con ánimo de reprenderme. Le respondí que no había hecho otra cosa que cumplir con mi deber, que es hacer apostolado. Sea con quien sea.

El obispo no me preguntó nada de lo hablado entre nosotros. De todas maneras, no violo ningún secreto al decir cómo comenzó nuestra conversación, la del premio Nobel y yo. Estábamos a solas en la iglesia, con la única puerta cerrada, yo le había enseñado con celeridad los tesoros de la parroquia, y ello porque en realidad lo que quería era hablar con él de su alma. Así que, enseñados, rápidamente y mal, el retablo y cuatro cosas más, le espeté directamente: *Don Camilo, si le he preguntado antes si quería ver la iglesia por dentro era porque deseaba hablar a solas con usted y preguntarle algo que desde hace tiempo me tiene intrigado: ¿cree usted en Dios?*

Lo demás, como he dicho, queda en el silencio de mi memoria. Por supuesto, en el pueblo cada uno imaginó una cosa distinta. Algunos imaginaron largos parlamentos, tormentosas confesiones, llantos del gran hombre de mundo frente al ministro de Dios. Mientras, el alcalde y todos los concejales permanecieron fuera, esperando, poniéndose nerviosos, reconociendo que un cura es, al fin y al cabo, un ser impredecible. Al final, salimos. Todos dieron un suspiro de alivio. Cuando se marchó ya les advertí a los concejales presentes: *¡Pues pienso hacer lo mismo con toda la gente importante que venga por aquí!*

Los meses seguían pasando, mi trabajo parroquial era una fuente de alegrías y mi libro de anotaciones iba engrosándose. Una cosa que siempre me ha sorprendido en mi trabajo como sacerdote es la poca afición que sienten las mujeres hacia el sexo. El escaso apego que siente el sexo bello hacia el uso del sexo es sólo comparable a la extremada afición que siente el sexo opuesto hacia el campo del que trata el sexto mandamiento. Creía que eso de que las mujeres se hicieran las duras y que la cosa no les hiciera tilín era un invento de las películas. Pronto descubrí que el celuloide no hacía otra cosa que plasmar en fotogramas lo que ya habían descubierto los humanos desde los tiempos de Noé.

Jamás llegaré a comprender por qué para tantas mujeres el uso y práctica del sexo supone una carga, un fardo, algo que no sólo ni les va ni les viene, sino que incluso les produce una cierta repugnancia, al menos leve. El lector poco ducho en estas materias podrá pensar que esto es cosa de mujeres entradas en años y kilos, que es propio de señoras de otras generaciones, que es un problema de féminas con un determinado tipo de educación. Pues se equivocan. Me encuentro en una privilegiada situación para afirmar que esto ocurre así incluso con las ateas y anticlericales. ¿Por qué les ocurre eso a tantas mujeres? ¿Por qué, por el contrario, el cerebro de los hombres parece estar ocupado en una mitad por el fútbol y en la otra mitad por fornicios? Es un misterio.

Sé que una parte de mis lectores (los más píos) quizá se habrán escandalizado al leer lo que acabo de escribir acerca del sexo. ¿Cómo es posible que un sacerdote escriba algo sobre el sexo?, se preguntarán, perplejos. En fin, no sé qué pensarán ellos, pero la opinión de la Iglesia es que el sexo no es una materia ni sucia ni indigna, ni siquiera es una materia tabú.

Además, no nos engañemos, el creador del sexo ha sido Dios.

¿hay cosa mejor para el hombre
que comer y beber y gozarse en el bienestar fruto de su trabajo?
También esto he visto que procede de la mano de Dios
(Eccl 2, 24)

Muchos escritores eclesiásticos han pasado de puntillas sobre este y otros textos de la Palabra de Dios, pues les parecía indigno de

Él que invitase a los hombres a gozar de la vida, Dios sólo podía invitar al ascetismo, a la negación de las cosas creadas, al ayuno, a la abstinencia, a la vida cuaresmal. Pero, para infinita incomodidad de todos los (retorcidos) comentaristas de estos versículos, el texto era, por desgracia, claro, incluso demasiado claro.

Y la exégesis también es muy clara. Dios invita a los hombres a gozar del mundo en el que les ha puesto. Es como si les dijera: disfrutad de las cosas que son rectas y justas, gozad del jardín del Edén que para vosotros he creado, de todo lo que está dentro de la ley de mis diez mandamientos.

Ahora bien, el Nuevo Testamento nos enseña que hay una cosa que agrada más a Dios que gozar de las cosas que Él ha creado, y esa cosa es abstenerse de la cosa creada como muestra del amor que le tenemos. El ascetismo por amor al Creador está por encima del goce de la cosa creada, es algo superior. El deleite y el placer de las cosas de este mundo no son malos, pero el sacrificio es perfecto. Gozando se puede amar al Creador, el gozo de la Creación no estorba al amor al Creador. Pero absteniéndose, ese amor se transfigura. Como se ve, lo mejor no es enemigo de lo bueno.

Entender lo bello que es el mundo, y cuántos gozos rectos ha puesto en él el Señor para deleite de los justos, me ayuda a profundizar en la comprensión de la grandeza del ascetismo. Si grande es el mundo, más grande es la Cruz. Desde esta perspectiva hay que entender mis anteriores afirmaciones acerca, por ejemplo, del sexo.

Pero quede muy claro que no animo a nadie a que use de ese don de Dios, fuera del modo que ha dispuesto el Creador. Las instrucciones para el uso del sexo se encuentran recogidas en el *Catecismo de la Iglesia Católica*, allí encontrarán respuestas a todas sus preguntas. Y no voy a seguir hablando del tema, porque me proponía escribir sólo dos líneas y llevo siete párrafos. En estos temas, uno quiere decir sólo un par de palabras y luego se embala. De todas maneras, deseo acabar diciendo que, en mi opinión, el Señor creó el sexo por dos razones:

1.º Para que los hombres gozaran. Sabía que la vida iba a ser muy dura para muchos seres humanos y puso esta pequeña alegría al alcance del pobre y el rico, del culto y del ignorante.

2.º Para animar a los padres a tener hijos. Si los padres tuvieran que decidir fríamente cuándo quieren engendrar un hijo, y el acto de la concepción se realizara al modo de las plantas, mucho me temo que la humanidad la seguiríamos formando una población de alrededor de un millón de habitantes o poco más. Podemos deducir el gran interés del Creador en que haya nuevos seres humanos por el gran placer que Él ha puesto en ese acto procreador. Y ese interés es fácilmente comprensible, cada nuevo niño que viene al mundo es un alma que (a menos que se condene) gozará eternamente de la visión de Dios. Un nuevo ser que amará a Dios y que será amado de Dios. ¿Se entiende el porqué de tanto placer en el acto de engendrar?

Qué barbaridad, quería decir cuatro cosas sobre el sexo y no paro. Ya se ve, como decían los antiguos moralistas del XIX, que esta materia es harto viscosa, y uno, por fuerte que se considere a sí mismo, fácilmente queda pegado y atrapado en ella. Pongo punto final a este tema del sexo, porque si no me van a incluir estas memorias en el apartado de literatura erótica.

Y ahora, después de estas escabrosas consideraciones cristianas, ¿cómo vuelvo yo a hilar el tema de mi vida? En fin, más vale que retorne a mi libro de anotaciones.

Cuaderno de recuerdos y notas

El párroco es quien confiesa a sus feligreses. ¡Cuántas historias habrán quedado sepultadas en los confesionarios! Tristes historias de mezquindad, a veces heroicos esfuerzos para sobreponerse a la propia naturaleza inclinada al lado oscuro, a veces narraciones de la perversidad tamizada por la propia autocomprensión del penitente. El párroco conoce a los más santos de sus feligreses, y sufre los dardos envenenados de sus más retorcidos vecinos-enemigos, con los que tiene que convivir. Su vida se mueve en los dos mil metros cuadrados del casco urbano, continuamente en contacto con unos seres en los que percibe desde la más auténtica devoción hasta el más odioso anticlericalismo.

❧

He trabajado con muchas almas, así como el médico ha conocido muchos cuerpos.

Los procesos espirituales dentro del alma son tan reales como los biológicos para el médico. Si las enfermedades y la podredumbre de los espíritus pudieran percibirse y sentirse en el cuerpo como las patologías somáticas, las poblaciones valorarían la callada labor de los clérigos.

❧

Los curas pasamos largo tiempo en el confesionario. Por eso el sacerdote no puede ser un escéptico respecto a la naturaleza humana, ni tampoco un ingenuo.

Aquel que afirma, con una sonrisa en la boca y un cierto aire beatífico, que no hay nadie realmente malo, y que todo el mundo es bueno, me parece tan en las nubes como arrastrándose por el suelo me parece el que dice que con el dinero todo en el mundo se puede comprar y que la bondad sólo es pura apariencia.

❧

Hoy me he dado un gran susto, no ha mucho que había enterrado a un anciano. Antes del funeral me habían tratado de explicar quién era el finado. Conozco a todos los habitantes del pueblo, pero a muchos los conozco por la cara, no por el nombre. Y en este caso, como había muerto fuera de la localidad, cuando me explicaron quién era me imaginé a otro señor, que casualmente había faltado de la iglesia dos domingos. Los detalles que me dieron todavía me convencieron más de que el señor que había enterrado era el otro, el vivo, que un tiempo después me dijo que no había podido ir a la iglesia desde hacía dos semanas por flojera de piernas.

El caso es que una tarde iba yo tan tranquilo por la calle y al doblar una esquina me encontré de frente con el que creía haber enterrado. Omito los pensamientos, la sorpresa que sentí al encontrarme cara a cara con aquel del que ya has dicho su sermón mortuorio.

Afortunadamente, el sermón que le dediqué al difunto (y que en realidad iba dedicado al vivo de la flojera de piernas) le iba al verdadero difunto como anillo al dedo, como he sabido gracias a algunos vecinos.

❧

Esto de no conocer al millar de vecinos por su nombre... Este asunto de que alguien muera lejos y te den vagas explicaciones sobre su identidad induce a errores. Ya es la segunda vez que me pasa, que creo haber enterrado a uno que sigue vivo. Debo dejar constancia *de que esto sólo me ha pasado, como digo, dos veces en la vida. En el caso de este anticlerical que no pisaba la iglesia jamás, pero con el que me llevaba bien, casi me topé de bruces con él al doblar un recodo de una estrecha calle. Nada más verlo, no lo pude evitar. Se lo espeté, boquiabierto, al comprobar que mis ojos no me engañaban:* ¡Pero si creía que te había enterrado! ¡No fastidies!, *me contestó. Bueno, en realidad dijo una cosa un poco más basta, pero me lo dijo con cariño, ya que nos llevamos muy bien.*

Carta al seminario en la Navidad de 1996

Estimado don Juan Luis:

Escribo esta carta porque, a base de no ir por allí y de no escribir, van a pensar que estoy enfadado con el seminario. Pero la realidad es que desde que soy párroco no tengo tiempo para nada que no sea el trabajo pastoral. Fíjese que no he ido a Barbastro desde hace tres años y medio, desde antes de ser diácono. Es mi familia la que viene a verme aquí al pueblo.

A mi falta de tiempo contribuye el que junto al trabajo en mi pueblo de mil habitantes, llamado Estremera, en el límite de la provincia de Madrid con Cuenca, estoy acabando la licenciatura en teología en Comillas (a una hora de distancia) y yo me hago todas las cosas en la rectoría: la comida, lavar, fregar, barrer, etc., etc., etc.

Por lo demás, todo va bien. Estoy muy contento y la vida en el pueblo es muy agradable y tranquila. Las viejecitas de iglesia son de lo más «tipical spanish», se podrían colocar en un museo de etnología como ejemplos de personajes de la España de siempre, pero en proceso de franca desaparición. Realmente deberían estar protegidas por el Ministerio de Cultura.

Aquí lo importante en la misa, más que el ofrecimiento del Sacrificio, es mentar al difunto. El súmmum es mentar al difunto en la homilía unas cuantas veces. Tan es así que una vez en una homilía elogié a una persona viva y al día siguiente me preguntó esa persona que cuánto me debía.

Y así mi cabeza, de estar llena de Tomás de Aquino, Aristóteles y el principio de individuación, pasó a ocuparse de si había que asentar las campanas en sus quicios, a si retejábamos antes de las lluvias, o a cómo proteger de los *furtos* el cepillo del lampadario, porque de todo hay en la viña del Señor, y ya se sabe que cada tonel tiene su manzana podrida. Y hablando de manzanas, cuando llega la época, a uno todos le regalan manzanas, llevo comiendo manzanas durante un mes. Antes de las manzanas fueron los melones, y para que no se estropearan comí tantos melones que creí que iba a desarrollar alguna enfermedad melonar.

De todas formas, entre melón y melón estuve mes y medio en la Biblioteca del Congreso de Estados Unidos, para trabajar en mi investigación personal sobre demonología. Aprovecho para sugerir que el seminario debería añadir tres temas en su programa de formación:

1. Cómo cuidar la voz: me encuentro con muchos sacerdotes con problemas de afonía o incluso de faringitis crónica.
2. La oración mística: las Moradas de santa Teresa de Jesús y las noches, explicadas por alguien que verdaderamente sepa, pues muchos de nosotros finalmente acabamos de confesores de conventos, y aunque uno se encontrara en ellos un caso de cada cien, en esas ocasiones no basta con aplicar el mero sentido común y los principios generales.
3. La posesión diabólica: cómo distinguir cuando la hay de cuando no, y a quién hay que recurrir, porque aunque este tipo de casos

probablemente no se presentarán nunca al sacerdote corriente, siempre he pensado que unos conocimientos básicos deberían estar en el bagaje teológico de todos los sacerdotes.

Me despido de todo el seminario deseándoos todas las bendiciones del cielo.

Carta al seminario en la Navidad de 1997

Muy estimados don Juan Luis y don Patxi:

Por aquí todo sigue igual. Hemos colocado un sagrario en la parroquia que puede compararse al de cualquier catedral, no en vano nos ha costado dos millones de pesetas. El otro día encontré cerca de la iglesia UN ERIZO, increíble, sí, pero cierto. Mientras tanto, sigo trabajando en mi tesina, que a este paso va a ser la tesina más larga de la historia. El título es *El exorcismo en la época actual.* No obstante, duermo sin sobresaltos.

Para los amantes del latín, el otro día, después de la comida, compuse una frase con la idea de dar quebraderos de cabeza a todos lo que intenten traducirla.

ZONATIM ZINZALA ZATUPLUS ZELOTIPUS
ZONARIUS IN ZETA FODICAVIT

Ya me gustaría ver cómo la traduce alguno. De todas maneras, si alguno no lo consigue puede consolarse con esta que compuse después:

SAXIFRAGUS SAUCIUS SCABRO SCANDIT
SCATEBRAM SCATEBROSA

Como ve, no tener televisión da para mucho. Un saludo a todos los seminaristas.

En el programa de fiestas del pueblo siempre hay una hoja en la que el párroco saluda a la localidad.

Éstos son mis saludos de aquellos años:

Año 1996

Estimados fieles:

Con gran gozo, en pocos días podré decir que he pasado un año como párroco vuestro. Qué gran alegría me supone el desempeñar en la Iglesia de Dios el ministerio de párroco de 1076 almas. Después de un año, puedo afirmar que no hay lugar en la tierra que considere que es más mi propia casa que este municipio. Cuando, regresando de Madrid o de Alcalá, diviso a un par de kilómetros las casas agrupadas de nuestro pueblo común, se me alegra el corazón... Y pienso «qué bonito es». La vieja iglesia, mi casita pegada junto al templo del Señor, las calles del pueblo, las gentes que, afables y dicharacheras, me saludan por el camino. Sí, ciertamente he tenido una gran suerte en que éste fuera el lugar que Dios me tuviera preparado. Y tengo un secreto deleite en pensar que, con mis defectos y virtudes, ya formo parte del mobiliario de esta villa.

Tenéis que ser agradecidos a Dios, porque pensad cuántos lugares en el mundo sufren el azote de la violencia, la pobreza, el odio y algunos hasta la guerra. Y, sin embargo, el Señor os ha concedido a vosotros el don de nacer y vivir en este remanso de paz y armonía.

¿Cuál es mi labor aquí? Mi labor es la de ser como uno de aquellos profetas del Antiguo Testamento que decían al antiguo Israel cuáles eran los caminos del Señor. Mi tarea es predicar, después cada uno sigue su camino. Mis deseos respecto a vosotros no son otros que los deseos del Señor. ¡Cómo me gustaría que al final de mi estancia aquí se lograra que en los domingos todos los hijos de Dios estuvieran alrededor de su altar, que todos hablaran con Él un rato cada día, que todos confesaran al menos una vez al año, en definitiva que el pueblo entero viviera en la armonía y caridad de los primeros cristianos!

Que la Virgen María nos conceda que esta villa sea un lugar amante de Dios y amado de Dios.

NOSOTROS SOMOS TU PUEBLO Y OVEJAS DE TUS PASTOS, ETERNAMENTE TE CELEBRAREMOS, DE GENERACIÓN EN GENERACIÓN ANUNCIAREMOS TU ALABANZA.
Salmo 79,13
el párroco
[firma]

Año 1997

Estimados fieles:

Dos años ha que llevo en este pueblo. Al principio, cuando durante el sermón paseaba la vista por la concurrencia, mis ojos se topaban con rostros atentos, pero desconocidos. Ahora, cuando mi vista recorre los bancos, vuestras caras me son familiares. Y no sólo la cara, sino la vida que hay detrás de cada faz.

Pues andado ya dos veces el camino de las cuatro estaciones, no sólo las personas, sino hasta los gatos empiezan a serme conocidos. Uno es el gato que merodea entre la casa de Elvira y el patio de la iglesia, otros los de la esquina de la plaza de San Isidro (amorosamente cebados por Pascuala), por no hablar de los cinco que moran bajo el techo y la protección de los padres del cura castrense. Sí, ya me son conocidos hasta el periquito *Aladín* (de Rodrigo, el hijo del de Caja Madrid) o la aburrida vida de las dos tortugas de la calle Teresa Fuentes Camacho, número 2. Entre tanto animal, no cabe duda de que si el pueblo está bien surtido de algo, es de gatos. El tiempo pasado me hace muy feliz, pues significa que ya formo parte integrante del complejo conjunto de relaciones, influencias, amores y desamores que es una localidad como ésta.

Ahora en las fiestas nos reuniremos en la Casa del Señor, para dar gracias a Dios por todos los beneficios que nos ha concedido en un año. Sí, todos juntos levantaremos nuestra voz como si de un solo hombre se tratara, para entonar un cántico de alabanza a Nuestro Padre, que desde los cielos nos sigue dando el alimento de cada día, la prosperidad, la existencia y tantas otras cosas.

Estas fiestas os voy a pedir algo nuevo, que, al menos los dos días del Santísimo Cristo Sepultado y el de la Virgen de la Soledad, tanto en el almuerzo como en la cena, se bendiga la mesa para honrar a Dios. No es mucho lo que pido. El que sepa una oración de bendición, que diga la que sepa. El que no, que rece un padrenuestro.

Que la Virgen María nos conceda que el amor a Dios reine en todos los corazones de este pueblo.

el párroco

[firma]

Y *la vida continúa.*

¿Cuál es la imagen perfecta que resume toda la tranquilidad de estos lares?

Hoy la he visto. Un chucho de pueblo durmiendo la siesta en medio de la calle. Allí tumbado, más ancho que pancho. Un perro por cuya sangre corrían los genes de todas las razas de perros de este municipio, los antepasados de aquel chucho eran todos los chuchos del lugar, todos mezclados, sin ningún pedigrí, sin ninguna preocupación.

～

Día 24 de junio de 1998, hoy durante la misa de la mañana, y en mitad de mi sermón sobre la Natividad de San Juan Bautista, ha aparecido arrastrándose por el suelo una diminuta e indefensa cría de murciélago. Una asustada cría que se alejaba asustada de las dos docenas de inmensos mamíferos femeninos bípedos y devotos que estaban esparcidos por los bancos, escuchando misa.

No hace falta añadir que ya nadie ha prestado atención a mi sermón. La aparición del murciélago ha torpedeado el magnífico sermón que estaba predicando.

Después de que se hubo verificado que no era un sapo —como decía una señora, que ni ahora ni nunca ha estado dotada de vista de águila—, interrumpido ya mi sermón, desde el ambón tuve que pedirle a Martita, la sacristana, que lo sacara fuera cogiéndolo con el cepillo de barrer. Eso sí, pedí clemencia para el pobre bicho, porque Martita es muy partidaria de la pena capital para todo aquel sujeto perteneciente al reino animal que ose traspasar el umbral de la iglesia.

～

¿A quién le damos la llave?
¡No lo cojan de las asas!

He aquí la pregunta y la advertencia (casi rituales) que se repiten cada vez que alguien fallece. ¿A quién le damos la llave? es la pregunta que hace el señor de la funeraria cuando van a sacar el féretro de la casa del finado, y la llave es la del ataúd. La advertencia ¡no lo cojan de las asas! es el aviso que asimismo hace el señor de la funeraria —siempre de corbata negra— cuando sacan el féretro del coche de enterramientos. Las asas son muy gruesas, pero sólo decorativas, y no aguantan el peso de toda la caja.

❧

Al vivir en el pueblo me he convencido de que cada animal tiene su psicología, o por los menos eso es así con los perros y los gatos. Hay gatos curiosos, y otros indolentes. Hay perros tímidos (sobre todo los galgos), y otros llenos de vitalidad. Gatos de una misma casa, gatos caseros todos, que se dejan acariciar y ronronean agradecidos, mientras que una de las gatas de los padres del cura castrense es muy arisca.

Sin embargo, parece ser que las gallinas son más iguales unas a otras.

❧

Es un hecho claro que los gatos sueñan. La cuestión es ¿con qué soñará un gato?

Pocos como un párroco pueden llegar a saber lo buenas que llegan a ser algunas personas. Pocos como el párroco pueden llegar a conocer hasta qué punto llegan a ser malas algunas personas. Entre los dos polos, un amplio término medio.

Tenía un vecinito de diez años que de mayor quería ser arqueólogo.

Era tan bueno que siempre creí que podía tratarse de un ángel en carne mortal. Después de ver cierta película, quiso ser cazatornados.

Un día, me fijé en que había unas manchas oscuras en el lomo de cuero de un viejo libro de bautismos que descansaba en el armario de la sacristía. Saqué el libro y lo miré detenidamente con mejor luz. Ante mi sorpresa, me percaté de que aquellas manchas correspondían a un tetragrama musical de la Edad Media. Apenas se notaba, pero la cubierta del libro era una antigua página de canto gregoriano que había sido raspada y utilizada en el siglo XVII para encuadernar el libro. Miré el pergamino en la parte del reverso, no me resultó difícil despegar ligeramente algo más allá de la esquinita que ya no estaba adherida. Allí, en el reverso oculto, apareció clara la gruesa escritura negra, gótica. Leí con excitación unas líneas que sin duda no habían sido leídas por nadie desde hacía siglos, un mensaje del pasado. El momento era supremo. ¿Sería una página del libro perdido sobre la comedia de Aristóteles?

Al final tan sólo era una página de un misal.

En los pueblos las paredes tienen ojos. Ése es un hecho muy comprobado. El autor de estas líneas pudo corroborar esta afirmación, comprobar que no se trataba de un mito.

Poca gente mora en los pueblos, y bastante mal avenida. No hay casi nadie que no tenga su enemigo particular. Para empezar, una parte de la población está enemistada por cuestiones de dimes y diretes. Otra parte no se saluda por cuestiones de quítame de ahí esas pajas. Y los que quedan están enemistados por cuestiones de herencias. Ni siquiera en los pueblos existe el jardín del Edén.

❧

Un día el obispo me llamó por teléfono. Andaba yo rezando el breviario delante de la plazoleta de la iglesia, paseando junto a dos cipreses, bajo un cielo azul. Y sin esperarlo, en medio de mi devoción sonó cantarinamente el teléfono inalámbrico guardado en el amplio bolsillo de mi sotana. En los bolsillos de una sotana cabe medio mundo: chucherías para los monaguillos, las llaves (de la iglesia, del coche, de la rectoría...), un rosario que me exaspera (se enreda siempre), alguna cruz metálica, etc. Una de esas cosas que llevaba encima, la única sonora, y que seguía buscando en mi bolsillo, era el teléfono. El corazón me dio un vuelco cuando oí la voz de monseñor Ureña, mi obispo. A todos los curas les da un vuelco el corazón cuando les llama el obispo. ¿Qué habrá pasado? ¿Le habrán dicho algo? ¿Tendré todo en regla?

Confieso que desconozco si el resto de los sacerdotes se quedan tan tranquilos cuando les llama el obispo para decirles que les quiere ver y les da una cita. Yo, desde luego, tengo tantos frentes abiertos, tantas posibilidades de preocupación, que no elucubro sobre si es que me va a reñir por algo, sino que simplemente me pregunto por qué lado me va a caer la guillotina. Menos mal que ningún obispo, al sentarme en su despacho, ha comenzado diciendo: *Ya sabes por qué te llamo*, porque le hubiera contestado con indudable nerviosismo: *Verá, puedo explicárselo todo.*

En este caso, afortunadamente, sabía muy bien para qué me llamaba. No, esta vez no era una hermandad enfadada, ni la denuncia de una mujer loca, ni unos expedientes matrimoniales de hace treinta años hallados en mi basura. Dicho sea de paso, ojalá que estas tres menciones fueran asuntos ficticios, mas sólo son tres entre docenas de casos reales. Pero como ya he dicho, en esta ocasión, cuando al día siguiente subiera por las escaleras del obispado, sabría muy bien qué me iba a esperar sobre la mesa de mi prelado. Por una vez, respiraba tranquilo ya desde el día anterior. Los rumores entre curas, o mejor dicho, la conexión entre diversos rumores sacerdotales, habían creado en mí una sospecha casi rayana en la certeza. La llamada del obispo no hacía más que confirmar la sospecha.

Y así fue. Al día siguiente, aquella cabeza mitrada me comunicó que me enviaba de párroco a otra parroquia, la iglesia de Nuestra Señora de Zulema, junto a Alcalá de Henares. Yo contento, porque la voluntad de un sacerdote debe ser siempre obedecer, pues si no no nos hubiéramos hecho sacerdotes. Y así me encontré aquella noche (la de la llamada), después de cenar, entrando en la que todavía era mi iglesia, y sentándome en el último banco, con todo el templo solitario, vacío y silencioso ante mis ojos. Me despedí de aquella iglesia tan querida para mí. Allí sentado y solo, me despedí de los feligreses, del templo y de todo lo que había vivido entre esos muros y bajo esa bóveda. Muchas cosas habían pasado entre esos muros, la bóveda había contemplado silenciosamente mucho. En cualquier caso, ya no volvería a tocar aquel inmenso y teatral órgano del siglo XVIII, ya no tornaría a tañer aquellas grandes campanas, ya no seguiría cerrando los pesados cajones de la gran cajonera de roble de la sacristía. Estaba en un pueblo, mas en pocos días me convertiría en un cura de ciudad.

Tuve el placer de dar la noticia personalmente a unas pocas familias. Estudié con todo detalle los gestos, las reacciones, las caras de los presentes ante la inesperada noticia. Frente a situaciones imprevistas, cada uno revela sus emociones sin preparación alguna, sin poder mitigar en nada la sorpresa y manifestando una variedad de sentimientos imposible de atisbar en otras ocasiones. A cierto secretario de cierta hermandad (en el pueblo sólo hay una) me dieron ganas de decirle: *Sé que se alegra de que me vaya, pero le puedo asegurar sinceramente que mi alegría por no volverle a ver es muy superior a la suya.* Y hubiera añadido: *Dicho sea con toda caridad.*

Los habitantes de la localidad, el último día, me regalaron un precioso arcón, que tengo en mi sala de estar. También un gran reloj de arena. Siempre pienso que son el baúl de los recuerdos y el recuerdo del tiempo pasado. Fue una despedida muy emotiva. Habían sido tres años, pero viví muchas cosas en esos tres años. Vivir una guerra parroquial es siempre toda una experiencia. Tres años para querer a algunas personas hasta el día en que me muera. Tres años para que algunos me odiaran con todas sus fuerzas. Años en que mi autoridad sacerdotal fue obligada a soportar una presión máxima. Años en los que viví maravillosos momentos irrepetibles.

Umbertus Echus vixit

De mis últimos días en el pueblo y de los primeros en la ciudad, no puedo decir que me tuviera absorbido la melancolía. Lo que me tenía, más que absorbido, abducido era *El nombre de la rosa*, que esos días estaba acabando. ¿Quién sería el asesino? Recorría las dependencias de la abadía, me internaba con los protagonistas en la torre hexagonal de la biblioteca, llegué finalmente a la apoteosis de la novela. No había disfrutado tanto con un libro desde que leí *Memorias de Adriano*. ¿Por qué no me podían gustar C.S. Lewis o Chersterton? ¡No, señor, lamentablemente, me tenían que gustar los libros de autores de tan mal vivir como ellos!

Lo cierto es que ambos libros los leí varias veces. La única pena de libros así es que sólo una vez en la vida lees sus páginas por primera vez. Después aparecerían *Madame Bovary* y *La Regenta*. También los leí varias veces. No importaba que constaran de cientos y cientos de páginas. Recuerdo la emoción de *Las tentaciones de san Antonio*, la que Flaubert consideró la mejor de todas sus obras, la única que rehízo una y otra vez toda su vida. Sólo un gigante como él, después de escribir miles de páginas, puede construir un diálogo de unas ochenta páginas que sea su obra maestra, ochenta páginas que pesan en la balanza más que millares. Unas pocas decenas de páginas que pesan más que cientos de escritores juntos.

Mi marcha a Alcalá de Henares me permitió recorrer los anaqueles de nuevas bibliotecas, muchas, a pocos cientos de metros de
mi casa, situada en el centro de la ciudad. Dios seguía siendo bueno
conmigo. El Dios de los libros se mostraba generoso conmigo.

Sobre mi nueva vida transcribo lo que escribí en mi libro de
apuntes y recuerdos al llevar unos cuantos meses en mi nuevo destino. Dado que he copiado esas páginas tal cual, conservo los verbos
en su forma temporal presente en la que fueron redactados en su
momento.

¿Cuál es la jornada de un cura de ciudad? ¿Qué hacen los sacerdotes en todo el santo día?, como se preguntan algunos militantes
de Izquierda Unida. Pues lo que hago yo un día corriente y moliente es lo siguiente:

Me levanto y desayuno después de haber hecho mis oraciones,
las cuales me ocupan tres cuartos de hora. No digo lo que desayuno,
porque eso depende unas veces de mi espíritu de sacrificio y otras de
mi naturaleza golosa, que es una tradición familiar, incluso en mi tía
la testigo de Jehová.

Después de mi desayuno, me hago la cama, friego algún plato y
barro. (¿De dónde sale siempre tanto polvo?) Tras eso, rezo el oficio
de lecturas y hago mi rato de lectura espiritual. Ahora estoy leyendo
la vida del vizconde Carlos de Foucauld, que se hizo trapense.[6]

Después me monto en mi coche, un utilitario, y me voy al hospital Príncipe de Asturias, lugar del que soy capellán. Allí me pongo la
bata blanca sobre el clériman. El clergyman o clériman es la ropa
negra de cura que llevamos normalmente los sacerdotes: pantalón
negro con camisa negra, y alrededor de la garganta un cuello blan-

---

6. Una vida mucho más interesante que la mía. Pero dado que tiene entre sus manos esta obra, le aconsejo que siga leyendo este libro.

co. En vez del cuello blanco que circunda todo el gaznate, y que se llama *alzacuellos* (que es lo que yo llevo siempre), algunos llevan una tira corta, sólo por delante. Esa tira es denominada de un modo bastante vulgar: *tirilla*.

Como curiosidad, diré que los alzacuellos, de un blanco perfecto, son de una materia plástica. Las camisas de clériman las compramos en la cooperativa del clero. Y son de fibra en un setenta y cinco por ciento, porque los curas no solemos tener quien nos planche las camisas, y los tejidos de fibra quedan sin arrugas con solo tenderlos después de lavarlos.

Como iba diciendo antes de enredarme con la ropa clerical, me pongo la bata blanca sobre el clériman. La bata blanca indica que soy médico, la ropa negra con mi cuello indica que no soy médico. Y así, con un atuendo que es una hibridación entre lo eclesiástico y lo secular, me dirijo a la centralita de teléfonos. Allí la telefonista me da el *busca*, un aparatito que emite unos pitidos cuando alguien quiere que vaya a dar la unción de los enfermos a un moribundo.

Siempre que nos llaman a dar la unción de los enfermos es que al enfermo le quedan un par de minutos de vida. Nunca nos llaman antes, porque los parientes son de la opinión de que los moribundos se morirían del susto al vernos. Antes, la gente se moría después de confesar, de arrepentirse de sus pecados y de prepararse para el Juicio. Ahora todos los enfermos mueren sorprendidos de que se hayan muerto. No tengo la menor duda de que no piensan que se han muerto hasta que están ya en la otra vida. Y aun así, durante un rato deben pensar que todo lo que ven del más allá es una alucinación provocada por algún opiáceo de algún anestésico. Conectada a tanto aparato como hay en el hospital, la gente sencilla queda deslumbrada: la ciencia lo puede todo. El paciente piensa en su lecho: *Desde estas pirámides de la Seguridad Social nos contemplan dos mil años de estudios médicos. Hoy día se cura todo. ¿Cómo me voy a morir con tanto científico a mi alrededor? Estamos en el siglo XXI.*

A eso hay que añadir que esos sabios científicos de bata blanca jamás le dicen al enfermo que le queda un mes de vida. Al paciente se le dice cualquier cosa. La verdad se cuenta a la esposa o a los hijos. Al paciente se le dice la verdad, pero con nombres absolutamente incomprensibles, para que no se entere de lo cerca que está su final. El médico no quiere darse un mal rato, *que viva tranquilo hasta que se muera.* La familia no quiere asustar al enfermo: *Sí, es verdad, que viva tranquilo hasta que muera.* Un doctor me comenta en el comedor: *Si quiere saber la verdad, ¡pues que pregunte!* Resultado, nadie sabe que se muere. Pero cada día, en este centro hospitalario, como manzanas ya maduras, de este *pelotón de ignorantes de su destino* van cayendo o descolgándose (como se prefiera) dos o tres individuos. La media estadística de aterrizajes en la laguna Estigia desde el hospital Príncipe de Asturias es de un par por jornada.

Todo va bien, no se preocupe, el médico sonríe, se están aplicando todos los medios adecuados, la enfermera es amable, pero al día siguiente el enfermo está muerto. La realidad no engaña, en las listas que hay junto al pasillo de anatomía patológica, cada día se apuntan dos o tres *exitus*. Porque, eso sí, hasta las palabras se revisten de eufemismo. Hasta en los papeles es feo poner *muerto*, queda mejor *exitus*. Vamos, tal costumbre yo no la veo mal, pero el problema es que en el hospital nadie sabe que se muere. ¡Nadie! Ni una sola persona con la que he hablado en todo el tiempo que he pasado en el hospital sabía que se moría. A todos, la muerte les coge a contrapié, a contrapelo, sin avisar, haciendo sus planes, dejando sus testamentos sin firmar, dejando bien dispuesto y preparado el campo de batalla para sus herederos.

Para ser preciso, debo decir que sólo he conocido un paciente que se moría y que supiera que se moría. Todos viven sus postreros días sumidos en el aburrimiento, sin saber que es su último aburrimiento, sus últimas conversaciones, sus últimas siestas. La vida de un moribundo en una cama es aburrida, todo el día viendo la tele. La televisión (que funciona con monedas) está en marcha desde el amanecer hasta la medianoche. Si supieran que son sus últimos días, su enfermedad no sería tan aburrida. Indudablemente sería más triste, más abatida, pero vivirían los últimos momentos con la intensidad de saber que en este mundo ya no dispondrán de otros. Ésa es la muerte que yo deseo, por lo menos para mí. Entrar en la muerte con plena conciencia, vivir los últimos momentos como los postreros, despedirme de la vida con los ojos abiertos, recordando el tiempo pasado, pasando las hojas del álbum de fotos de mi memoria. Todos suelen preferir una muerte fulminante, sin darse cuenta. Los que somos buenos amantes del teatro jamás nos perderíamos el acto final. Un acto final que siempre, en todo ser humano, es pura poesía, tragedia en estado puro, sí, pero una obra de arte insuperable. Sí, anhelo apurar la copa cristalina y tallada de la vida hasta sus últimos posos.

Es indudable que los desahuciados cristianos, advertidos de su próximo final, se llenarían de oración, de arrepentimiento, de recuerdos, de últimas palabras, de últimos consejos. De tristeza y lágrimas, pero también la tristeza forma parte de la partitura humana, de la música del final de nuestra vida. La música de nuestro paso por la tierra es evidente que no va a acabar con una fanfarria final wagneriana, sino con los sutiles sones de una melodía que se extingue, una música cada vez más sencilla, cada vez más esencial. Como las Gimnopedias de Satie o como una sinfonía de la que se descuelgan instrumentos de forma paulatina, hasta que se queda en un sexteto, después en un cuarteto en el que van enmudeciendo los instrumentos, hasta quedar un solo violín rasgando la existencia, y luego hasta que su última nota queda sumida en el silencio. Pero incluso el último violín, o clarinete, o flauta toca una última música esencial, irrepetible, única, grandiosa en su sencillez. Esencial, pues ya no hay florituras en la armonía, sólo la sobria sucesión de notas lentas que describen la música irrepetible de la propia muerte. Ir escuchando la partitura irrepetible de la propia muerte es impagable. Los dolores, los sufrimientos, la pérdida paulatina de la consciencia, los goteros y aparatos de alrededor que clavan sus garfios en nuestra piel otrora tierna, forman parte de esa misma trágica partitura melancólica, de ritmo pausado. Hay que vivir toda una vida para apreciar ese momento. Un niño, un joven, un pazguato, un superficial, no pueden apreciar lo supremo del momento.

Es lógico que el desahuciado se abata ante la noticia de la muerte, lo que no sería lógico es que se levantara para bailar una sardana. Pero privar al que se marcha del conocimiento de que es un barco que se hunde supone un delito irreparable. Sin duda, tanto para el creyente como para el agnóstico es deseable entrar en la muerte con la cabeza bien alta, con dignidad.

Pero hay gente que se muere habiendo pasado su último día inconsciente de que eran horas que no volverían durante toda la eternidad, sin hacer otra cosa que ver *Gran Hermano* todo el día y leyendo el último adulterio del *¡Qué me dices!*, si tiene fuerzas para levantar la revista. La eternidad puede ser entendida de muy distinta manera por el agnóstico y por el creyente. Pero los grandes hombres siempre preferirán vivir su último amanecer y su último anochecer en la frialdad y la soledad de la Torre de Londres, pero vividos intensamente, no de la forma alternativa que he descrito. Hay gente que prefiere esta inconsciencia, no saber el día ni la hora. Cosa que no me extraña. Hay quien tiene la mente sedada durante toda su vida, y que firmaría ahora mismo por morir de esa manera, sumido en la ignorancia. Son existencias narcotizadas, medio existencias, nadie que viva la vida en toda su plenitud dejaría marchar, desaprovechar, el momento último de la muerte, los últimos días, los últimos meses. Hay gente que desaprovecharía el último momento de su vida, porque lleva desaprovechando toda su vida.

Insisto en que esto es muy claro para el creyente, pero incluso también para el ateo. El creyente puede confesarse y recibir la unción de los enfermos, y el ateo puede pasar unas últimas semanas de lo más divertidas ideando sus últimas barrabasadas. Yo, si fuera ateo, mucho me temo que llamaría a un cierto número de personas a mi lecho, para darme el gustazo de decirles lo que pienso de ellas. Y a las que no vinieran, las llamaría por teléfono. Inolvidable es la misiva que le envía Petronio a Nerón (Peter Ustinov) antes de suicidarse. Petronio halaga al César hasta hacerle derramar lágrimas de emoción agradecida, *¡César, llora por ti!*, grita Ustinov derramando una lágrima en una anforita de cristal. Y después, cuando más desprevenido le tenía, Petronio le clava la daga de la palabra hasta la empuñadura: *Puedo perdonarte que mataras a tu madre, puedo perdonarte que mataras a... etc., etc., pero lo que jamás te perdonaré es lo mal que cantas. Divino César, deja de flagelar al mundo con tu voz.* Ah, me encanta... En la película, Nerón, al oír aquello, ordena matar a Petronio. Y cuando el jefe de los pretorianos le recuerda que ya está muerto, Nerón sólo puede repetir: *¡Matadlo, matadlo, matadlo!*

Porque soy creyente, pero si no creyera en la justicia divina, antes de morirme dejaría a uno o dos de mis acérrimos adversarios tal lío montado para después de mi muerte que se acordarían de mí durante varios lustros.

A base de ver enfermos semana tras semana, hasta el cura, sin ser un especialista, va adquiriendo la capacidad natural de discernir qué enfermo tiene aspecto de estar consumiendo sus últimos días. Y no sólo el enfermo, la misma cara de los familiares, al ver entrar al cura en la habitación, no deja lugar a dudas. Pero no puedo ir de enfermo en enfermo diciéndole *¿sabe usted que se va a morir?* Si te cuenta el desahuciado lo que piensa hacer cuando salga de ahí el próximo año, no puedes acercarte a su cara y decirle: *Mire, voy a serle franco, está ya con las espuelas calzadas, para dar el salto al otro mundo sobre el rocín de la muerte.*

Así que me limito a escuchar al enfermo a solas. Le oigo, y escucho la inconsciencia del que no sabe que se está hundiendo como el *Titanic*, lentamente, sin prisas, con horas por delante, sin que ya nada pueda evitar que las bodegas de su vida se inunden en lo que queda de día. El barco está entero normalmente, sólo que se va a pique. Escucho al enfermo, trato de que se acerque a Dios, pero no revelo la gravedad de la hora. El paciente está en la luna de Valencia, vive como si siempre hubiera de seguir en esta tierra, no sabe que su cama va a quedar libre pronto y que no saldrá andando por la puerta por la que entró. Su enfermedad no es otra cosa que una batalla más que va a ganar, *porque mi naturaleza es de hierro, ¿sabe?* Al día siguiente está en el depósito. Un tránsito sin arrepentimiento, bien anestesiado en su cuerpo, pero sobre todo en su espíritu. Son años de anestesia. Ya lo he dicho antes, la mayor parte de los enfermos, que pronto darán cuenta de sus actos, pasan sus últimos momentos viendo la televisión. Todo el día viendo la televisión, en el hospital no se puede hacer otra cosa. Televisión hasta el último momento.

Por supuesto hay casos en que el sacerdote se encuentra con el hombre espiritual, con el seguidor de Cristo, pero son pocas, poquísimas esas ocasiones. Tristemente, qué cierto se revela el antiguo adagio de los libros de moral:

SICVT VITA FINIS ITA
como es la vida, así es el fin.

En fin, no sé por qué me he ido hacia el tema de la muerte, pues estaba explicando qué hago durante mi día. Aunque quizá me he ido hacia ese asunto porque la muerte es uno de mis trabajos durante el día. El caso es que, una vez que me he abrochado los botones de la bata blanca (la bata de médico tiene sólo dos botones), voy a la UCI, donde están los casos más graves de todo el hospital. Bueno, los más graves que tienen esperanza. Porque los que no tienen esperanza los llevan a una habitación normal, pues en la UCI el número de camas es reducido y no pueden entrar los familiares más que una vez al día. Por otro lado, los que quieren ingresar en el hospital y les queda todavía menos vida que a los que ya no tienen esperanza, ésos no pasan de la sala llamada de *observación*. Allí en una cama blanca de la sala de observación fallecen acompañados por sus familiares, tras un discreto biombo.

Después de visitar la UCI voy pasando por las habitaciones del hospital. Hay cuatrocientos enfermos. Por supuesto, no se espera de mí que cada día pase a visitarlos a todos. Mi propósito es pasar una vez a la semana por cada habitación. Eso sí, el que pide que se le lleve la comunión, u otro sacramento, es atendido al momento.

¿Cómo es el procedimiento usual de visita a una habitación? Hay que seguir algún método, no puedo entrar y decir: *¡Hola, amigos, ya he llegado! ¡Ya estoy aquí!* Suelo entrar, saludar amablemente a los dos enfermos, pues hay dos camas por habitación, y decirles con cordialidad que soy uno de los tres capellanes del hospital y que si necesitan cualquier cosa de nosotros, sólo tienen que decírselo a una enfermera y acudiremos gustosísimos.

Ésas son mis breves palabras. En ese momento, el sacerdote percibe en la mirada de los enfermos el tipo de recibimiento que dan a sus palabras y su ofrecimiento. El recibimiento suele ir desde la acogida llena de cariño a la frialdad más hostil que uno pueda imaginarse. Según lo uno o lo otro, uno se queda y sigue la conversación o desaparece discretamente, despidiéndose con gentileza.

He conocido a bastantes capellanes sanitarios, y todos concuerdan en lo duro que se hace sentir ese rechazo. Puede parecer que exagero, pero sólo les daré un dato: en mi diócesis, prácticamente ningún capellán ha aguantado en el hospital más de un año. La acogida que recibimos de muchos familiares y enfermos deja bastante claro que su catolicismo es de primera comunión y boda, y que no piensan pasar de ahí. Escasean, escasean los verdaderos creyentes. Ahora bien, me he encontrado con personas en las que toda una vida cristiana pasada se traslucía en el lecho, cuya bondad se evidenciaba en cada palabra, en cada facción de su rostro. Sus rasgos avejentados eran espejo de la acumulación, año tras año, de buenas acciones. También es curioso observar que normalmente la familia que les acompaña suele hacer juego con el enfermo. Es decir, que, muy frecuentemente, un buen cristiano adornado de todas las virtudes suele estar rodeado de una familia creyente y amable, que te recibe con una sonrisa. De igual manera, a un patán suele rodearle una corona de patanes. No es necesario decir que no abundan las joyas. Pero si un hombre es grande durante su vida, un hombre grande muriendo es mucho más grande. Atender a estos enfermos es un placer, no una ocupación. Este tipo de enfermos enseguida suele volverse a sus familiares y solicitarles suavemente: *Dejadnos solos*.

Después de una mañana yendo y viniendo por los pasillos del hospital, me voy a la capilla a rezar la hora sexta. Las piernas están cansadas. Permanecer de pie junto a la cama del enfermo no es lo mejor para la circulación. Tras la oración de sexta me dirijo al comedor del personal sanitario.

Allí, en fila, nos van sirviendo los platos que pedimos. Hay tres primeros y tres segundos para elegir. Nos sentamos a comer. Todos los médicos, enfermeras y el resto de la plantilla van de blanco riguroso, únicamente yo visto de negro. Parezco una oveja negra en medio de un rebaño de ovejas blancas. Sólo los contables del hospital llevan americana y corbata, y siempre se sientan aparte. En el comedor cada cual se sienta con su grupo. Hay un grupo de cirujanos, otro de otorrinos, otro de supervisores, otro de celadores... ¿Y dónde ponemos al cura? Pues voy errante de un grupo a otro, según el día y las caras conocidas que me encuentro. A la mayoría de los grupos no les sienta muy bien que los curas nos sentemos a su lado. Les parece que la presencia de un sacerdote les coarta la conversación. Algunas enfermeras y doctores hablan con mucho taco y mucha cosa verde. Pero yo, aunque esté callado bastante parte del tiempo, les castigo con mi presencia. Puedo hacer muchas cosas, pero no puedo dejar de existir, y en algún lado de las mesas me tengo que colocar. Bien a las claras, con la expresión, manifiestan que preferirían que hubiera elegido otra mesa para sentarme.

Dada la situación, lo que suelo hacer nada más entrar es ir a servirme un poco de ensalada. Con la excusa de echarme unos trozos de tomate observo el panorama y, disimuladamente, trato de buscar una cara conocida, un rostro amigo, un médico que coma solo, aburrido, un médico residente extranjero que no conozca bien el idioma, cualquier cosa. Mientras me sirvo la ensalada parsimoniosamente y estudio la sala, un silencioso grito de alerta recorre las mesas: ¿a quién le tocará la compañía del cura? La descripción puede parecer exagerada, pero lo cierto es que es real, y casi todos los capellanes, ante esta situación auténticamente embarazosa, optan finalmente por almorzar solos. Es curioso que en un comedor con setenta individuos comiendo, todos acompañados, conversando, el capellán de turno tenga que comer solo en un rincón. Pero éstos son los hechos, señores. Han pasado capellanes jóvenes, ancianos, más simpáticos, más severos, y al final casi todos han acabado en una esquina de una mesa, sin que nadie les hiciera un gesto con la mano y les dijera *padre, acérquese*. El anticlericalismo de este país es mucho mayor de lo que la gente se piensa. Los curas no solemos hablar de estas cosas, pero son muchos, muchos, los que nos hacen sentir como los judíos se sentían en Alemania en 1935.

Aunque ciertamente eran pocos, también había médicos que se comportaban de un modo normal con nosotros. Por ejemplo, un ginecólogo que era muy amable conmigo. Se daba cuenta de que sus compañeros eran bastante tontos, y si estaba en el comedor ese día, me hacía un gesto para que me acercara. Siempre estaba de buen humor, siempre con sus chistes de médico. *No por mucho trepanar amanece más temprano.* Al levantarse para volver al trabajo, comentaba a veces con sarcasmo *cuanto antes empecemos, a la misma hora acabaremos.* Los psiquiatras tenían sus chistes especiales: *La diferencia entre nosotros y los locos es que nosotros tenemos la llave,* decían de cuando en cuando. Por cierto, que los psiquiatras me prohibieron visitar su planta. No consideraban beneficiosa la asistencia espiritual a sus enfermos. La verdad es que, después de conocer a algunos de ellos en profundidad, si algún día me vuelvo loco, antes que caer vivo en sus manos, prefiero que me arrojen a una isla desierta.

Nada más comer me doy un paseo o veo las noticias en la televisión. Después del descanso, en mi horario personal viene el rosario. Tras las cincuenta y cuatro cuentas y la letanía de *ora pro nobis,* administro las comuniones a los enfermos que la han solicitado. El hospital es tan grande que el mero hecho de hacer el recorrido (sin contar los ritos) por todos los pasillos lleva ya su tiempo. No se debe ir a dar la comunión ni inmediatamente después de la comida, ni demasiado tarde, porque si vas pronto, todos están echándose la siesta. Si vas demasiado tarde, ya están repartiendo la merienda. Es labor del capellán encontrar ese justo punto medio. En general, de un capellán de hospital se espera que encuentre el justo medio de casi todo, y que atienda a esas almas no practicantes desde hace cincuenta años con mucha mano izquierda.

Después de dar las comuniones me quito la bata, entrego el busca en la centralita telefónica, y me voy a mi parroquia, que está a veinte kilómetros del hospital. En el camino suelo escuchar Radio Clásica. Es mi momento musical. Es un placer conducir con música barroca. Por eso, ir en el coche solo no me estresa, sino que es un momento del día que espero con agrado. La vida se ve de otra manera a través de los cristales de mi automóvil, cuando uno la contempla con Haendel como música de fondo. Todo parece como una obra de teatro, una *Divina Comedia*, el *Gran Teatro del Mundo*. Cada día realizo mi tarea pensando en el momento en que se ponga el telón; o se levante, según se considere. El resto trabaja para otras cosas, levantan casas, reparan aparatos, venden... Yo me afano con la mirada puesta en el momento final de la historia. Trabajo para más allá del futuro. No puedo perder el tiempo ganando dinero.

Dado que el paseo siempre lo daba a la misma hora, como un reloj y por el mismo lugar, un camino entre las mieses, poco frecuentado, a algún joven del pueblo se le ocurrió una maldad. Concretamente, pensó dejar a lo largo de mi recorrido una sucesión de revistas eróticas, qué digo eróticas, ¡pornográficas! Iba yo tan tranquilo, ocupado en santos, píos y edificantes pensamientos, cuando de pronto me topé con la primera revista. Además la habían dejado bien abierta, y no precisamente por cualquier página. Aparté la vista y seguí mi camino. Pero a los veinte metros tropecé con otra. Seguí adelante, aunque ya con el ánimo más turbado. No lo sabía aún, pero a la vera del camino, estratégicamente situadas, había en total cinco revistas.

Enseguida vino a mi mente un problema de moral: bien estaba que yo no quisiera pecar e hiciera como si no existieran, pero tenía que pensar en el que viniera detrás de mí. ¿Debía dejar esa fuente de pecado allí? Como sacerdote, mi obligación era pensar en los demás, tal era mi deber, ¿o es que no tenía el imperativo moral de hacer lo posible para que nadie cayera en la tentación? Lo estuve pensando un poco. Miré a todas partes, volví a mirar a todas partes. Delante, detrás, a derecha, a izquierda. Era evidente que no había nadie. Estaba en mitad del campo, no había obstáculos que me impidiesen descubrir a cualquiera. Dudé un momento, pero al final hice lo que creí que debía hacer. Cogí la revista, hice un tubo con ella y me la metí en el amplio bolsillo de la sotana. Comprobé que en la sotana no cabía, así que metí el comienzo del tubo en el bolsillo de mi pantalón, bajo la sotana. No se notaba nada. Y así, de acuerdo a este método, proseguí la recolección de revistas. Puede parecer raro, pero no se notaba nada de lo que había bajo mi amplia sotana. No mentiría si afirmo que, en ese momento, bajo mi sotana había lujuria y pasión desenfrenada en forma de papel cuché. Pero ni se me veía nada, ni me vio nadie. Todos los labriegos estaban a esas horas echando la siesta, y sus señoras viendo el serial.

En cuanto llegué a casa, destruí aquel instrumento de la incontinencia. Lo destruí según el método medieval del fuego, gracias a mi primitiva estufa de leña. Nunca había contado este episodio curioso, más que nada porque siempre pensé que, al hacerlo, podía desatar en alguien la duda morbosa de si me habría detenido a mirar la peligrosa mercancía que destruí en las implacables llamas de mi estufa. En fin, cada cual que piense lo que quiera. Yo digo que no miré ni media fotografía, no miré ni el dedo meñique de ninguna de aquellas modelos, y que eso es tan cierto como que ahora luce el sol del mediodía. Claro que también es lógico pensar que si hubiera mirado algo, ahora diría que no miré nada. Pero, bueno, cada cual que piense lo que le venga en gana; éste es un país libre.[7]

Mi parroquia abarca una zona de cinco mil habitantes, pertenecientes a tres urbanizaciones: Zulema, Peñas Albas y La Alcazaba. Todo son viviendas unifamiliares, con unos metros de jardín delantero y posterior. Esas urbanizaciones están localizadas en un lugar idílico, en lo alto de una meseta, al lado de Alcalá, desde la que se divisa una pictórica panorámica.

Cada día, por la tarde, llego a la iglesia, la abro y preparo las cosas para la misa. Después hago mi rato de oración vespertina, de media hora, celebro misa, hago la acción de gracias por la comunión durante diez minutos, y rezo vísperas por espacio de otros diez. En medio de todo esto atiendo a la gente que viene a concertar fecha para bodas, bautizos y funerales. Después me paso un rato por cada grupo de catequesis. ¿Rezáis por la noche? ¿Os acordáis del ángel de la guarda? ¿Quién es Dios? ¿Cuál es el octavo mandamiento? Son unos angelitos. Y nuestra labor es hacerlos más angélicos todavía. Aunque, de vez en cuando, en estos grupos se nos cuela algún niño que es un pequeño demonio. Detrás de estos niños problemáticos suele haber un padre todavía más problemático.

---

7. Este pasaje ha tenido una larga lista de eruditos comentaristas dedicados a su interpretación. Quizá la cuestión más controvertida es si cuando lo escribió el autor era mediodía o no. De no ser así, la frase, de ser afirmación, pasa a ser negación.

* * *

Incluso la frase «fueron del camino a mi bolsillo sin mediar media mirada», incluida en la tercera redacción del párrafo (redacción que no se conservó), admitiría la posibilidad de una larga mirada, pues no se dice «ni media mirada», sino «sin mediar media mirada».

* * *

Buchosky dixit: entre media mirada y una mirada caben un centenar de pecados, así como un millar de actos de virtud.

También tengo el propósito de ir visitando a todos mis feligreses poco a poco. Que vean a su cura por lo menos una vez en la vida. Cuando me hice cargo de la parroquia tuve la firme intención de visitar cada día una casa, calle por calle, siguiendo el orden de las puertas. La abundancia de trabajo en la misma iglesia me ha impedido llevar a cabo este propósito en la medida en que me gustaría. Pero he visitado muchas casas. Llamo a la puerta y me presento por el telefonillo automático. Ya se pueden imaginar que hay respuestas de todo tipo.

Las hay de lo más amable. Te abren la puerta y están gozosos de conocer al sacerdote de la parroquia a la que pertenecen. Pero otros te dicen en tono seco y desagradable *no le puedo abrir porque estoy con el niño*. El tono desabrido ya te deja claro que eres *persona non grata*.

Además, y hablo por experiencia, esta gente que no pisa nunca la iglesia y que no te abre la puerta es la misma que, cuando llega a tu despacho para pedir día para un bautizo, boda o algo así, en realidad no pide, sino que exige. Exigen el sacramento, exigen un día concreto para la ceremonia, exigen la hora. Si pudieran, exigirían el color litúrgico del día. *Me gusta la casulla roja, hace juego con mi traje, ¿hay algún problema? Ninguno, señora, ¿prefiere el sermón laudatorio o la homilía-elogio?*

Recuerdo un caso en que un señor con bigote, después de esperar dos años a bautizar a su hijo, me vino a comunicar el día que le venía bien. Le expliqué cuáles eran las normas en materia de bautizos, iguales para todos. Pues bien, ese señor (o más bien debería decir la arpía de su señora) llegó a recurrir al entonces omnipotente secretario del obispo, para que el bautismo se celebrase el día que él quería. Aquel hombre creía ser importante, era un político, y no aceptaba entrar por el aro como los demás. Tenía que hacerse el día que le apetecía. Mi experiencia es que a los millonarios y a los políticos no les hace mucha gracia eso de tener que someterse a los criterios de cada parroquia. Es como si te dijeran: mire, es que yo soy una excepción.

Y es que los señores importantes no están acostumbrados a que se les diga que no. ¡Qué difícil es ser importante y humilde al mismo tiempo! El pobre tiende a ser más humilde por naturaleza.

Cuando me llamó Gonzalo Rupérez, secretario plenipotenciario del obispo, sólo me preguntó si había algún problema. *Ninguno*, le dije. *Que ponga el día y la hora. Aunque sea a las dos de la mañana, me levantaré para bautizar a sus hijos.* Recién ordenado, hubiera tratado de mantenerme firme, salvo que hubiera una expresa orden del obispo. Pero los años me habían enseñado que no tiene ningún sentido darse cabezazos contra la pared. Si me llamaba aquel secretario del obispo es que la cosa estaba más que decidida. Así que al momento, al instante, le dije *¡ningún problema!*

Gonzalo se quedó pensativo, y debió de colgar sorprendido. *¿Cómo no habrá habido entendimiento con un párroco tan amable? No lo entiendo.*

Estaba yo tan feliz con mi parroquia y mi puesto de capellán en el hospital, cuando ocurrió lo inesperado, algo que le iba a dar un giro a mi vida: el primer caso de posesión demoníaca. Habían pasado varios meses desde la defensa de mi tesina y casi me había olvidado ya del tema. Cuando me llamaron, me acuerdo perfectamente, estaba hablando con el informático de la diócesis en su despacho.

—¿Es usted don José Antonio Fortea?

—Sí.

—Mire, le llamo porque estoy posesa y necesito un exorcismo.

Me quedé momentáneamente sin habla; pero decidí recibir a esa persona. Sabía muy bien que no había ningún exorcista en España. O la recibía yo y trataba de discernir su caso, o debía decirle que se fuera a ver al exorcista más cercano, a 2066 kilómetros exactamente.

Cuando recibí a esa chica, de unos treinta años, no me mostré muy animado con el asunto, pero pensé: *O yo o nadie. No sé por qué me preocupo*, me dije, *si casi nadie está poseso. La atiendes y listo. Le das unas cuantas recomendaciones y ya está, vuelves a tus ocupaciones normales.* Eso pensé. Ah, inocente de mí.

Cuando escuché su caso, llegué a la total convicción de que estaba completamente paranoica. Para saber si alguien está poseso se hace una oración sobre la persona. Si está posesa, perderá la consciencia de un modo muy peculiar. Es un modo de entrar en trance que sigue unas pautas muy determinadas y que conocen todos los exorcistas y conocía yo, más o menos, porque había hecho una tesis sobre eso.

El caso es que le hice la oración, por mero trámite, pues tenía claro que ella estaba paranoica. Puede imaginarse cuál fue mi sorpresa al ver que daba todos los signos de posesión. Estaba paranoica y al mismo tiempo posesa. O posesa y paranoica. O quizá paranoica porque estaba posesa. Sea como fuere, lo cierto es que la chica necesitaba un exorcismo. Primera persona que examino, y primer caso de posesión. La estadística no estaba funcionando. Se suponía que, tras cientos de personas examinadas, quizá me llegaría algún caso real. En ese momento, la estadística me pareció una ciencia muy poco fiable.

Cuando comenzaron los exorcismos estaba presente su marido, que fue el más sorprendido al ver aparecer aquella furia desconocida en su mujer durante los trances de posesión. Tuvimos con ella tres sesiones, a razón de una cada dos o tres semanas. Invité a las sesiones a un psiquiatra y comenté con él el caso. Estaba de acuerdo en que aquello era una posesión. En ese tiempo ocurrieron varias cosas. O mejor dicho, muchas cosas. El marido me vino a ver un día y me dijo que no aguantaba más a su mujer. Le dije que le entendía, pues la verdad es que era una mujer bastante insoportable. Como no estaban casados por la Iglesia, le dije que tomara una decisión, o seguir con ella y casarse, o separarse. Desde luego, si yo hubiera estado en su pellejo, no lo habría dudado, me habría marchado de su lado volando. Afortunadamente para el *marido*, ésa fue la decisión que tomó.

La segunda cosa que sucedió en este caso, de forma independiente de la separación, fue que la chica posesa no siguió los consejos espirituales que yo le di. Ella venía a que le sacara el Demonio de dentro, pero no estaba muy dispuesta a cambiar ni de vida, ni de hábitos, ni de nada. Le dije claramente que, si no estaba dispuesta a dar los pasos conducentes a una conversión, no tenía sentido seguir con los exorcismos, ya que serían inútiles. La tercera cosa que pasó es que se enamoró de mí, con un amor enfermizo, obsesivo. Aquí los lectores son muy libres de pensar que hubo entre nosotros un romance o lo que les dé la gana. Pero lo cierto es que para mí ella no estaba dotada de belleza, por decirlo de un modo caritativo. Además de insoportable, era poco agraciada. Esto era tan así que si hubiera sido la única mujer en el mundo y yo Adán, habría precisado de un explícito e inequívoco encargo divino para dedicarme a la tarea dc propagar la especie y llenar la superficie del mundo con congéneres míos. Y aun así, probablemente hubiera invocado los derechos de mi celibato para tratar de zafarme de semejante obligación.

Para mí fue siempre un misterio cómo su *marido* la aguantó durante diez años. De hecho, en una de mis conversaciones con él se lo pregunté. Con mucha diplomacia y tacto, le dije: *Oye, tengo una curiosidad, ¿cómo pudiste aguantarla todos estos años?* Sus explicaciones no me convencieron lo más mínimo. Pero en fin, hay una larga literatura, que se remonta a los clásicos, acerca de la ceguera del hombre cuando se enamora. Quizá se pueda pensar que estoy cargando las tintas al referirme a este caso. Quizá alguien dirá que hablo en hipérbole, por afán literario. Quien crea tal cosa dejaría de creerla si ella le hostigara como me hostigó durante ocho largos años. Aquello fue un asedio en toda regla. Un cerco, un sitio, un acoso femenino, con algún intento de asalto incluido. Cada día me llamaba, me enviaba cartas, mensajes al móvil, de todo. Me tomé aquello con la más imperturbable flema británica. Le dije, primero con cristiana caridad, que no sentía ni el más leve interés por ella. Como aquello no parecía surtir efecto, se lo dije con brutalidad meridiana. *Mira, voy a ser claro*, le dije, *aunque no fuera sacerdote no tendrías la más mínima esperanza conmigo, porque no me gustas. No me gustas nada, absolutamente nada, ¿ha quedado claro?*

Pero una persona enferma, presa de un amor obsesivo, no se desanima ni con eso. Me acordé de la frase de Shaw: *La pertinacia en perseguirme de las mujeres que me aman es sólo comparable a la insistencia en la negativa de aquellas mujeres a las que amo.* Sí, así estaban las cosas.

Desde entonces, siempre he sido muy comprensivo con los sacerdotes que se han enamorado de alguna mujer y han abandonado el ejercicio del sacerdocio. Y he sido tan comprensivo porque si esta chica hostigadora de treinta y tantos años llega a ser una jovencita de dieciocho, rubia, de ojos azules, cuerpo escultural, cara de beldad nórdica y carácter dulce y bondadoso, entonces... Entonces estas memorias probablemente no serían firmadas por el padre Fortea, sino por el padre (biológico y carnal) de unas graciosas criaturitas sentadas en mi regazo mientras tecleo en mi máquina de escribir. Pero el Señor, que permitió la tentación, también permitió que la tentación fuera bastante poco agradable. Loado sea el Señor.

Desde entonces veo mi perseverancia en el sacerdocio no como fruto natural de mi voluntaria fortaleza, sino como don de sus paternales cuidados divinos, los de Él. En serio, ya no veo mi perseverancia como un voluntarioso ejercicio de mi virtud, sino como regalo de su misericordia. Menos mal que fue un acoso inútil. Pero podría haber sido un acoso tremendamente tentador si hubiera tenido la carita de Cameron Díaz. Y creo que mi debilidad se hubiera conformado con mucho menos. Es más, estoy seguro.

Desgraciadamente, en menos de dos años, otra mujer cayó en el mismo amor obstinado hacia mí. Me miré al espejo, quizá era la colonia, ¿o sería ese desodorante de la tele, que dicen que hace milagros? El peinado no podía ser, porque ya entonces estaba bastante calvo. O mejor dicho, muy calvo. Por esa época las entradas habían alcanzado la coronilla. Quizá es que me empezaba a parecer al Sean Connery de *El nombre de la rosa*. Fuera lo que fuese, este caso fue diferente. Primera diferencia: en vez de paranoica era esquizofrénica. Segunda diferencia: perseguía a dos sacerdotes a la vez, en vez de uno. Eso me consoló, pues que un mal mío fuera a la vez de otros siempre me ha consolado. De todas maneras, al otro sacerdote le llevó por el camino de la amargura más que a mí. Esta buena mujer afirmaba que al otro sacerdote, que se llama don Pablo Pérez y es párroco de la parroquia de Santa María en Alcalá de Henares, le habían dado hacía varios años una paliza, y que durante la misma le habían extraído un poco de esperma. Con ese esperma habían fecundado un óvulo, que a su vez le habían extraído a ella (la esquizofrénica enamorada) aprovechando que la operaban de un cálculo de riñón. El óvulo fecundado había sido implantado en mi hermana. Por lo menos ésa era la versión de aquella señora.

Hay que hacer notar que soy hijo único, pero eso no tiene excesiva importancia para una esquizofrénica. En realidad, a los dementes esas nimiedades les traen al fresco. Si yo le hubiera presentado el libro de familia de mis padres, para ella eso sólo hubiera demostrado que en la conspiración, evidentemente, se hallaba involucrada la oficina del Registro Civil. Algo que a ella no le hubiera extrañado, pues en esta trama fue metiendo paulatinamente a más y más clérigos. Al final, la diócesis entera participaba en un turbio complot de silencio y fecundaciones in vitro. De vez en cuando me llamaba y me preguntaba que cómo estaba su hijo, el de mi supuesta hermana. Menos mal que yo no era el padre y en toda esa historia me había limitado a poner a mi ficticia hermana. A veces, al teléfono, ya no me podía aguantar y me reía. Después de varios meses, ¿qué otra cosa podía hacer? Ella, al oír la risa, se ponía furiosa hasta la locura y se despachaba a gusto con todo tipo de insultos. Oyéndola, incluso aprendí varios exabruptos que desconocía. Menudo repertorio, en una mujer de tanta prosapia. Nadie lo hubiera imaginado.

Un buen día, tiró una bolsa llena de compresas sobre el misal, en la parroquia del otro sacerdote, y le gritó ¡analízalas! Las compresas, como imaginará el lector, estaban usadas. ¿Al venerable don Pablo le habrían preparado para casos así en el seminario? Lo dudo mucho.

Con el tiempo, su marido la obligó a tomar las pastillas que le recetó el psiquiatra. Se puso buena y me llamó después para pedirme perdón. Me dijo que no me molestaría más, ni siquiera telefónicamente, cosa que ha hecho. Era y es una buena mujer, pero las conexiones químicas entre las neuronas no le funcionan bien.

Durante los años siguientes hubo un lento goteo de casos. Los sacerdotes de mi diócesis y los de la archidiócesis de Madrid que se habían enterado de mi tesina comenzaron a hacerme llegar casos para que les echase un vistazo. Me pedían que echara una ojeada a tal o cual caso. *Oye, por favor, mírame a esta persona que me ha venido con este asunto tan extraño, porque yo de estas cosas no sé.* Dudo que muchos de los sacerdotes que me enviaron a estas personas se fiaran de mi ciencia por aquel entonces, pero como no tenían nadie a quien recurrir, me los enviaban por si sabía qué hacer con ellos.

Y así, a base de ver casos y más casos, iba adquiriendo experiencia. En los tres años siguientes encontré un cierto número de desequilibrados, pero la mayor parte de los que venían eran personas cuerdas, normales, que simplemente querían saber si sus perturbaciones tenían que ver o no con una causa preternatural. Llegaban con una preocupación muy aguda, cargada de ansiedad, angustiados y deseosos de saber si su mal provenía de los poderes infernales. Me imaginaba que cada caso era el último. Me decía a mí mismo *bueno, ahora ya puedo volver a mis quehaceres y olvidarme de los endemoniados*, pero también comprendía que poderles tranquilizar ya suponía un verdadero servicio eclesial.

Recuerdo el caso de una madre que quiso que viera a su hija, porque era muy mala, le contestaba de mala manera, no iba a misa y llevaba una vida muy perdida. Todavía no comprendo muy bien cómo logró convencerme para que me desplazara varios kilómetros a ver a su *posesa*. Lo que me costó meter en la cabeza de la madre que en su casa no estaba el Demonio. Por supuesto, estaban también los paranoicos y los esquizofrénicos. Desde que comencé a recibir a este tipo de personas en la parroquia, ya no abro la puerta de mi casa a desconocidos. Si con el primer grupo (el de los preocupados) se podía razonar, con este segundo (el de los desequilibrados) no hay manera. En el caso del esquizofrénico, las reglas del razonamiento están deformadas, de manera que, por más que hables con ellos, no hay nada que hacer. A todos los remito al especialista. Aunque la respuesta de ellos siempre es la misma: *El loco lo será usted*.

Y eso que nunca se les llama *locos*. Se les dice con mucha sutileza, con diplomacia, con caridad, que deberían hacerse mirar por un médico. Pero enseguida te preguntan qué tipo de médico. *Bueno, ejem* —carraspeo—, *digamos que uno de la cabeza*. Es curioso, si les dices que están posesos se quedan tan felices. Pero como les digas que lo suyo es mental, se marchan echando chispas. Por mi ya larga experiencia en este tema, de muchos años, puedo asegurarles que todo el mundo, absolutamente todo el mundo, prefiere estar endemoniado a estar majara. Todos prefieren tener a Satán, a Belcebú y a todas las turbas infernales, a todas las legiones del Averno dentro del cuerpo, a haber perdido la chaveta y estar como un cencerro. Todos prefieren que les hagas una docena de exorcismos a tumbarse en un diván y ponerse en las manos de un sapiente hijo de Freud.

Esta preferencia, aunque la he explicado en plan de chanza, en realidad resulta juiciosa. Cuando alguien está esquizofrénico, le espera un futuro muy negro. Es una patología crónica. Mientras que la posesión, con el exorcismo, no dejará secuela alguna. Por otro lado, soy comprensivo con sus furiosas respuestas, porque nada hay más bochornoso que reconocer que uno tiene un problema mental. Puedo asegurar que pasar por ese trance es una de las experiencias más humillantes para cualquier ser humano.

Me acuerdo ahora de una señora catalana, de setenta años, que pasó toda la noche en el tren para venir con su hijo a que le viera. Mi diagnóstico fue tajante: *Su hijo no tiene el Demonio*. El chico era joven, ella viuda, anciana, sin la esperanza de poder ocuparse de él ya muchos más años. Mi diagnóstico no le dejaba esperanza alguna. Su hijo llevaba ya mucho tiempo de hospital psiquiátrico en hospital psiquiátrico. Aquella madre, llena de amor por él, hubiera querido que su hijo tuviera algo curable con una oración. Por desgracia, mi sentencia fue firme, sin que pudiera dejar espacio para la duda. Su hijo no necesita un exorcista, sino ayuda especializada de la medicina.

Aquella mujer se despidió con gran dulzura, diciéndome que ella iría donde hiciera falta, pero que su hijo estaba poseso y que no pararía hasta que se le hiciera un exorcismo. Me imagino que volvería llorando a ratos, en las más de diez horas de viaje que le esperaban para llegar a su casa. Diez horas en el tren, sin dormir, y otras diez de vuelta, a los setenta años, no son una broma. Trato a todas estas personas con la mayor amabilidad, pues son casos muy dolorosos y ciertamente se merecen ese trato gentil que intento dispensarles. Pero la posesión demoníaca es algo muy objetivo y nada difuso. Si no hay posesión, no hay posesión.

Encontré dos casos reales en los tres primeros años después de acabar mi tesina. Por aquel entonces, creía que en toda mi vida quizá vería dos o tres casos más. Iluso de mí. Pero, por el momento, la atención de aquellos resultaba completamente anecdótica. Venía un caso de ciento en viento, y toda mi jornada la dedicaba a mis actividades parroquiales y literarias. A los libros también les dedicaba tiempo.

Los años siguieron pasando.
Seguía apuntando notas en mi cuaderno de recuerdos:

Todos los días (menos los que estoy de guardia en el hospital) almuerzo y ceno en la Casa del Clero. En la citada casa comemos, más o menos asiduamente, cinco curas. Siete curas sería un número más bíblico, pero lo cierto es que somos cinco.

Los jueves por la noche soy el encargado de traer una película de vídeo, que vemos tras la cena. (En aquella época todavía no existía el DVD.) Ayer puse Hamlet, de Kenneth Branagh. A mi lado tenía a un canónigo alicantino, que resistió hasta más de la mitad del drama. En ese momento, el canónigo, vencido por el tedio y el sueño, se retiró a su lecho. Una retirada nada heroica, dado que se trataba de una versión muy buena. Hay que reconocer que la vida de un canónigo es muy poco dramática. Su existencia está en las antípodas de un drama shakesperiano. Karl Marx diría que son la tesis. Groucho Marx diría que son la tesis, la antítesis y la madre que...

Durante la película, tuve a mi izquierda, en el sofá, al citado canónigo —mientras aguantó—, y a mi derecha a Manu, un joven cura vasco, coadjutor en Santiago Apóstol de Alcalá. Este último es un hombre, intelectualmente hablando, muy profundo. Ha sacado sobresaliente en todas las asignaturas de la carrera de teología. Deseaba yo conocer sus impresiones del drama y comentar con él varios aspectos de la obra. Sin embargo, también se durmió, incluso antes de la mitad de la trama. Vivió la película en la placidez de un sueño interrumpido por breves vigilias en las que, con sumo interés, se esforzaba en reintroducirse en la tragedia.

También yo he vivido, otras veces, la experiencia de ver una película que me apasionara entre las acometidas del sueño y unos minutos de vigilia sueltos aquí y allá. Es otra forma de ver el cine.

En fin, que vi la película de Branagh entre dos curas durmiendo, menuda escena. Aunque más a mi izquierda, y ya en un sillón y no en el sofá, estaba don Francisco, el delegado de misiones. Es un sacerdote catalán de 52 años y pelo blanco. Al comienzo de la película, no hacía más que preguntar, en voz baja y al de al lado, de quién era hijo el protagonista. Después, de dónde era rey el padre de Hamlet. Más tarde, nos preguntó por el árbol genealógico de todos los protagonistas. También quiso saber si la película se basaba en hechos reales. Y, en fin, una larga retahíla de detalles y asuntos que no hubiera encontrado término si el cura vasco de al lado (al que le preguntaba) no le hubiera desanimado contestando con monosílabos cada vez más breves. No importaba cuál fuera la duda de don Francisco, el vasco siempre encontraba un monosílabo que respondiera a toda la pregunta, por cargada de matices que estuviera.

Menos mal que no se me ocurrió decirle que el director era el segundo de tres hijos de una familia protestante de clase obrera.

De haberlo hecho, don Francisco hubiera interpretado toda la trama (que desde luego no entendió) en clave de apología protestante con ribetes izquierdistas.

～

En la Casa del Clero nos hacía la comida un matrimonio que vivía en la casa con sus dos encantadoras hijitas. Un año después, vino otra señora, una viuda madre de un seminarista, que pasó a encargarse casi todos los días de nuestra alimentación. Como era de esperar, las dos mujeres no precisaron ni de dos semanas para declararse la guerra fría. Que si ella nos pone sardinitas con aceitunas como aperitivo y no era ésa la costumbre, y nos va a arruinar, que si la otra manda como si fuera un arzobispo... Las dos luchaban con armas de mujer, es decir, con una competición de sonrisas hacia nosotros, ideando platos mejor preparados que los de la contrincante, amenizando las comidas con conversaciones más agradables entre plato y plato... Pero su drama no era para tanto, prefería el de Hamlet que habíamos visto el día de antes. Pero hay que reconocer que, como consecuencia de este conflicto, el menú diario mejoró bastante.

¿Pero cómo les hacíamos comprender a ellas, que estaban en lo más cruento de todo el conflicto, que su lucha era absurda? Yo, como tantas naciones en los foros internacionales, me limitaba a ver y callar. Ver, oír y callar.

～

Como ya he explicado antes, en la Casa del Clero yo soy el encargado de ir a alquilar una película cada jueves. Cuando aparece una escena indecorosa me levanto del sofá y extiendo mi sotana delante de la pantalla. *Ese día siempre visto sotana, porque la interposición de esa prenda ante la pantalla permite seguir el argumento de la película en audio, mientras la visión de las escenas queda eclipsada por mi traje talar, símbolo del recato y buenas costumbres que reinan en la citada Casa del Clero.*

En las películas españolas, en cuanto aparece un sacerdote me echo las manos a la cabeza. Seguro que el guión le ha asignado el papel de sentina de todo vicio, ambición y maldad.

❧

*S*í, *el cine es una de mis grandes pasiones. Y además, cada vez lloro con más frecuencia al ver las películas. El colmo lo he vivido hace poco, con la película* Bichos, *de la factoría navideña* Walt Disney. *Me metí tanto en la historia que cuando los saltamontes están a punto de comerse a las bondadosas hormigas protagonistas, anduve en un tris de no contenerme y comenzar una sesión de sollozos.*

Si esto me sucedió con Bichos, *es fácil suponer lo que lloré con* Salvar al soldado Ryan; *no es preciso hacer comentarios. Las muertes en el hospital, la verdad sea dicha, no me impresionaban mucho. Pero en la gran pantalla, sí.*

❧

*S*iempre *me han dado mucha pena las personas que sufren estreñimiento. De siempre he sido proclive a la diarrea, como mi tía Josefina, la testigo de Jehová. Un día me desayuné tres kiwis y visité el servicio unas ocho veces aquella misma mañana.*

La innata facilidad que poseo para realizar este menester me permite atender llamadas telefónicas (con el aparato inalámbri-

co) mientras llevo a término estas naturales funciones sin que el interlocutor note ni lo más mínimo. Alguna vez hubiera tenido cierta dificultad para explicar determinados ruidos si tal cosa se me hubiera requerido. Sobre todo el «glu, glu» al tirar de la cadena de la taza es un sonido, por desgracia, demasiado identificable. Y digo «glu, glu» en vez de «ssswchiiuusswch», porque a ver cómo es la grafía de semejante onomatopeya acuosa. Dejo otras onomatopeyas a la imaginación del ingenioso lector.

❧

En el pequeño patio cerrado de detrás de la catedral, guardo mi automóvil cada noche. Allí, en medio de esa tranquilidad casi catedralicia, se congregan unos diez gatos, que campan a sus anchas. Los gatos sienten predilección por tumbarse encima del capó de mi coche. Es una estampa casi bucólica: un coche con un montón de gatos encima echando una cabezada.

❧

A un joven compañero sacerdote[8] que fue nombrado párroco de un pueblo muy pequeño y alejado de todo núcleo civilizado, al llegar a la parroquia le dijo una viejecita: Pórtese bien, para que el pueblo le admita. El cura, al instante y sin dudarlo, le replicó: No se preocupe; si no me admiten, qué se cree, ¿que hay una fila de curas deseando venir a ocupar mi puesto?

---

8. El cura fue concretamente don Eusebio Sánchez Domínguez, párroco de San Torcaz. Ahora felizmente afincado en Canarias.

Días después de hablar con ese párroco, me preguntaba ¿qué es eso de portarse bien? ¿Qué tiene que hacer para portarse bien el pobre cura que llega con toda su buena voluntad a un pueblo?

Según esos parroquianos a los que les gusta admitir, o no, a su párroco, esos que se creen en la obligación de tener que dar el plácet a la llegada de un nuevo sacerdote, según ellos, digo, la divisa del buen cura de pueblo tendría que estar inscrita sobre la puerta de su casa rectoral y debería ser:

DAR SATISFACCIÓN A TODOS

❧

Salirse de las seguras lindes del buen juicio contenido en este lema es entrar en conflicto con las pasiones humanas, arriesgarse a llamadas telefónicas con quejas dirigidas a los vicarios episcopales, y, en el peor de los casos, afrontar una recogida de firmas de los fieles que anhelan a un nuevo pastor enviado por el padre común de las almas, o sea, el obispo. Hay fieles que, después de organizar un linchamiento público del pobre párroco, acaban la carta al obispo escribiendo a sus pies.

Quizá a algún lector le parecerá que estoy haciendo una defensa excesiva de los párrocos, sin tener en cuenta que entre éstos también los hay que cometen abusos en el uso de su autoridad. Mas si he escrito lo que he escrito, es porque he conocido ya demasiados casos de párrocos rehenes de sus laicos. Sólo es necesario un puñado de personas (media docena) para soliviantar a los feligreses contra el más bondadoso y pacífico de los curas. No voy a dar ideas a este tipo de alborotadores eclesiales, pero la primera regla que deben seguir contra su legítimo pastor es que, una vez empeñados en sacarlo de su puesto, no deben te-

ner remilgos con los medios que usen, ya que están plenamente justificados, dado que persiguen un fin tan santo como es el bien de la Santa Iglesia. Nada de escrúpulos con los medios, ni minucias tales como el respeto a la verdad. Valor este, el de la verdad, puesto muy en cuestión por la posmodernidad.

Afortunadamente, estos problemas con feligreses no eran mis problemas. Escuchaba, en las reuniones de curas, cómo nos los relataban con detalle los párrocos que los sufrían, pero yo disfrutaba de una gran paz. Me dedicaba a mi parroquia y era feliz. No deseaba más. Eso sí, de vez en cuando me llegaba algún que otro caso de persona que quería saber si lo suyo tenía algo que ver con el Demonio. Los enfermos, los obsesionados con estos temas, iban pasando ante mí y trataba de confortarles y darles los más píos consejos que me era posible ofrecer. Consejos nada más, ya que otra cosa no necesitaban.

Un buen día me llamó un sacerdote de la archidiócesis de Madrid. Me decía que si podría recibir y ver a un chico que creía que estaba poseso. Le dije que sí. Varios días después llegó un joven de treinta años. Le escuché y pensé: otro esquizofrénico. Tras escuchar todo lo que me tuvo que explicar, le dije: *Voy a rezar un momento por ti.* Lo hice por mera rutina, ya que no esperaba encontrar nada en él. Pero en cuanto extendí la mano sobre su cabeza y empecé la primera frase de mi bendición, le cambió completamente la cara. Era un rostro demoníaco. Su mirada sencillamente exteriorizó una malignidad increíble, era la mirada del mismo Demonio. La voz ya no era la suya. Me mostraba sus dientes, dispuesto a lanzarse sobre mí como un perro rabioso. Yo había entrado con una persona normal al salón de catequesis, para charlar, cosa que habíamos hecho largamente, y después, repentinamente, en cuanto recité la primera oración, me encontraba con una bestia, una bestia feroz, furiosa, de aspecto irracional.

No es fácil explicar la sensación que tienes cuando te encuentras solo en una sala con un poseso furioso; tú y él, nadie más, y el poseso bloqueando la única puerta de salida en una sala sin ventanas. En esos momentos, el demonio que hay dentro de un poseso sólo desea estrangularte, golpearte hasta la muerte, está ciego de odio. Jamás aconsejo a nadie orar para comprobar si alguien está poseso, sin que haya varias personas a cada lado para agarrarlo si se abalanza sobre ti. Yo ya me había apartado de él varios pasos, dispuesto a saltar, a correr, si el endemoniado se dirigía hacia mí. Pero no hizo falta. Afortunadamente, aquel chico fue saliendo del trance él solo. Después no se acordaba de nada de lo que había dicho o hecho.

Redacté un informe al obispo del lugar donde esta persona tenía su residencia, indicando detalladamente los signos de posesión que había visto. El prelado en cuestión se tomó todo el tiempo del mundo para contestarme. La respuesta llegó no porque el obispo se dignara hacerlo, sino porque fui a su catedral un día que él estaba allí. Al encontrarme, no pudo menos que decirme algo sobre el espinoso tema que le había puesto sobre su mesa.

El caso es que recuerdo que ese obispo me dio una miniconferencia, asegurando que *este tipo de casos suelen ser, en el fondo, enfermedades*. No salía de mi asombro. Allí estaba yo escuchando todas sus explicaciones y enseñanzas. Me explicaba el asunto de la posesión de principio a fin. No hace falta decir que él no había visto en su vida a un poseso. El hombre sabía que yo había escrito mi tesina sobre el tema, pues le había hecho llegar una copia, pero allí estaba, impasible él, explicándome todo aquello. Me quedé callado, más que nada porque, oyéndole, escuchaba a la voz de la audacia; *igno-*

rantia audax est. Al final me dieron ganas de estrecharle las manos y decirle con auténtica emoción: *No sabe cuánto le agradezco que por fin me haya abierto los ojos. Llevo varios años estudiando el tema, pero oyéndole a usted me acabo de dar cuenta de que no sé nada.* Pero me reservé mis sarcasmos (los obispos no están acostumbrados a ellos) y cuando se disponía a levantarse dando por zanjado el problema, le dije que humildemente (y a pesar de todas sus explicaciones) seguía pensando que aquel chico estaba poseso. *Entiende lenguas muertas, soy testigo de eso*, le dije. *Ya, ya*, me respondió. *Bueno, ya te contestaré*, añadió. Como sabía que su respuesta podía tardar meses, en el mejor de los casos, me atreví a hacerle una petición. ¿Podría, simplemente, orar sobre él? Me dijo que sí. Debió de parecerle que no dejarme orar ya era demasiado. Se puede impedir a alguien que use el ritual de exorcismos, pero impedir que se recen rosarios y cosas por el estilo sobre alguien le pareció que era excesivo. Y me dijo que bien; aunque sin entusiasmo.

Con eso me fui contento, porque he comprobado que cuando un obispo niega de forma desconsiderada el uso del ritual de exorcismo, Dios concede la liberación del Demonio con simples oraciones, rosarios, lectura de la Biblia, etc. Dios no está atado a los rituales y puede otorgar esos mismos efectos cuando quiere y del modo que quiere.

En el caso de este joven, al cabo de tres horas, en una sola sesión, quedó liberado de su posesión. Me imagino que el obispo que había negado el permiso para usar el ritual de exorcismos se hubiera sentido muy defraudado por aquel desaire procedente de Dios. *Ahora les concede estas cosas sin necesidad de ritual,* hubiera comentado. Pero, claro, tampoco era cuestión de enmendar la plana a Dios.

Durante las oraciones por el pobre y desafortunado chico, lo que más nos sorprendió a todos fue su improvisada versión del villancico *Adeste Fideles,* con letra blasfema. Amén de la fuerza física desarrollada, que fue asombrosa. Tuvieron que emplearse a fondo los cinco hombres que le sujetaban. Y eso que el chico estaba tumbado, boca arriba, sobre una colchoneta. Y los que le agarraban trataban de refrenarlo poniendo todo su peso sobre él. Pero la fuerza que desplegó durante tres horas fue increíble. Hacia el final, comenzó a recitar, de corrido y sin dudar, todo el ordinario de la misa en la parte que respecta a los fieles. Dijo multitud de pecados ocultos de todos los presentes. (Los que dijo de mí, desde luego, eran falsos.) A un chico le dijo que moriría al cabo de un mes en un coche blanco. El muchacho sigue con vida. El Demonio no ha hecho voto de decir la verdad, y por eso arroja las cosas que más daño pueden hacer a los asistentes. *Acércate al placer, acércate al placer, tú eres de los nuestros,* le silbó con una voz serpentina al chico al que profetizó falsamente la muerte. Pero enseguida el agua bendita, al caer sobre él, parecía abrasarlo y sólo profería alaridos. En otro momento gritó: *¡Yo vi enterrar a tu Hijo de Dios! ¡No se levantó!*

Dic nomen tuum, le ordené. *Quobad, Quobaaad, Quobaaaaaaaaad,* repitió alargando la última sílaba, como si fuera una serpiente. Ése era su nombre. A mí me llamaba continuamente *escoria sacrílega.* El agua bendita y el crucifijo ejercían en su cuerpo el mismo efecto que si colocáramos un hierro candente sobre él. Los gritos quejumbrosos eran aterradores. Pero después de una tremenda agitación, quedó tranquilo, abrió los ojos y preguntó qué había pasado. Sonrió, estaba feliz, el Demonio había salido. Eso sí, no recordaba nada de lo sucedido. Las últimas tres horas de su vida eran un espacio en blanco en su memoria. Apenas se podía creer lo que le contábamos.

Lo más reconfortante para todos los que habíamos estado rezando rosarios por él tres horas era la felicidad que tenía su rostro. Había llegado triste, en ningún momento de las conversaciones precedentes había sonreído, no veía ya ninguna salida a su vida. Y ahora se marchaba alegre, lleno de ganas de vivir. Le advertí claramente que debía acercarse a Dios, que tenía que ir a misa, confesarse, orar, leer cada día los Santos Evangelios.

No me hizo caso. Hay gente que llega al exorcista como quien va al dentista. Sáqueme la muela y ya está. Pero Jesús dice claramente en el Evangelio: *Cuando un espíritu inmundo sale del hombre, vaga por lugares áridos en busca de reposo, pero no lo encuentra. Entonces dice: Volveré a mi casa, de donde salí. Y al llegar la encuentra libre, barrida y arreglada. Entonces marcha, se lleva a otros siete espíritus peores que él, y entran a habitar allí; y la situación del hombre es peor que la anterior* (Mt 12, 43-45). Aquel pobre chico comprobó la veracidad de ese versículo. Quedó nuevamente poseso pocas semanas después. Y ya no quiso ser exorcizado. Acabará su vida con el suicidio o ingresado en algún centro mental.

¿Por qué fue poseído nuevamente? Si la persona no se acerca a Dios, si no escoge el camino de la luz, el Demonio intenta entrar de nuevo. Pobre chico, que Dios se apiade de él. De todas formas, después de aquel caso me sentí tranquilo, tenía la íntima convicción de que había hecho todo lo que había podido (me había significado ante un obispo, le había dedicado horas). Meses después, le llamé por teléfono, tratando de hacerle ver lo errado del camino que había elegido. El pastor debía ir en busca de la oveja descarriada todo lo que le fuera posible. Pero, desgraciadamente, fue infructuoso, un mensaje automático me advertía de que ese número ya no estaba operativo.

F

Entre el cielo y la tierra

Volvía a mi vida normal. No deseaba otra cosa que dedicarme a mi parroquia, a mis actividades pastorales cotidianas. Pasaron tres años más. De vez en cuando veía algún que otro caso. Pero, afortunadamente, ninguno era de posesión.

Mientras tanto, seguía con mi vida corriente en la parroquia. Hasta el año 2002, fuera de mis deberes parroquiales, mi trabajo estaba centrado esencialmente en la literatura. Aunque todavía no había logrado publicar nada, seguía leyendo incansablemente, cada día varias horas, de un modo profesional, y escribiendo, es decir, ampliando mi particular mundo babélico y apocalíptico. Aquellos años dedicados esencialmente a mi recogido *scriptorium*, a la labor de modelar, esculpir, grabar, forjar y construir con palabras, fueron los más cómodos de mi vida. Labor que realizaba rodeado de música clásica, en medio de la soledad áurea que mi piso —mi torre de marfil— en el centro de Alcalá me proporcionaba. La atención a supuestos posesos apenas me quitaba tiempo. Mi mente estaba tan alejada de esos temas que durante esos años, más de tres, no escribí absolutamente nada sobre el Demonio. Ni una página.

Por el contrario, me decía a mí mismo, día tras día, que mi labor de construir historias debía ser meticulosa, que tenía que escribir tramas con la precisión de un relojero. Mi vocación literaria me llenaba plenamente y no pedía más a la vida. Quizá había hambre en África, pero mi modo de cambiar el mundo estaba allí delante, en ese papel en blanco. Desde el principio, entendí mi trabajo de escritor como la tarea de construir maquinarias que hicieran a la gente pensar: el libro como instrumento de pensamiento. Varios temas fueron convirtiéndose en los objetos favoritos de mi reflexión narrativa: el poder, los juicios, la idea de una biblioteca ilimitada, el orden y el caos.

Lo central era el poder, sobre todo el poder absoluto. Es tan misterioso el hecho de que uno mande y otro obedezca que una voluntad manifieste un deseo a otra voluntad libre, y ésta tenga que obedecer. Aunque lo ordenado sea la cosa más horripilante para la otra voluntad. El poder absoluto como la capacidad de generar las tinieblas más oscuras.

Otras novelas se desarrollaban en la sala de un tribunal. ¿Un juicio no supone un escenario ideal para una historia? A los humanos nos encantan los juicios. Un proceso judicial presupone una historia. Es un intento de buscar la verdad a través de la razón. La razón en busca de la verdad, en medio de la maraña de las pasiones humanas.

El tema de la biblioteca infinita y laberíntica era para mí una incursión en la idea de la mente divina, en el conocimiento considerado en sí mismo. La biblioteca como máxima muestra de la civilización. Borges, para mí, era el Bach de las letras.

Los temas variaron y se combinaron a lo largo de los años. Y eso que escribir durante años sin lectores era para mí como seguir subiendo una cuesta empinada en la que no se acababa de vislumbrar ningún descanso, ningún ánimo, ningún aliento. Pero perseveré por una sola razón: la mayor gloria de Dios. Por lo menos, en teoría era así. Tampoco puedo poner mi mano en el fuego para determinar cuánto había de soberbia pura y dura, y cuánto de beatífica bondad. Con los años, he tratado por todos los medios de rectificar mi intención, pero sigo sin poder trazar una línea nítida entre mis nobles deseos teocéntricos y la admiración que un escritor siente hacia sí mismo, aunque sea por intermediación de sus obras. Bien es cierto que, a medida que pasó el tiempo, anduve más vigilante de mis posibles fragilidades, más inquisidor del amor hacia la propia obra. Antorcha en mano, he tratado de condenar a la hoguera de mi alma, sin misericordia, todos aquellos movimientos que no me parecieron rectos. Pero desconfío hasta de las cenizas.

Mi escritura era ofrecida a la mayor gloria de Dios. Y cuando tu trabajo, en este caso escribir, encima te hace feliz, entonces... todo es perfecto. Me veía a mí mismo como el constructor de una catedral de palabras, que se levantaba cada mañana con el firme propósito de que el fruto de sus manos estuviera ese día más logrado que el de la jornada anterior. Tallaría cuidadosamente cada capitel, acarrearía material de lejanas canteras, levantaría andamios más fuertes para que las torres fueran más elevadas: ¡erigir una obra digna de Dios! Leí a comunistas como Gabriel García Márquez, a agnósticos graciosos, a disolutos y cistercienses, y leí a disolutos cistercienses y a disolutos convertidos en cistercienses penitentes. Escruté con lupa obra tras obra, mirando con qué tono escribía cada uno. Traté de captar el estilo personal de Karl Marx, *un fantasma recorre Europa*; el malvado toque de Nietzsche, *crujen las ruedas de la tierra y voy a caballo en mi muerte*, a Augusto Monterroso cuando dice *tú dile a Sarabia que digo yo que la nombre y que la comisione aquí o en donde quiera, que después le explico.* Leí a literatos, a jesuitas, a filósofos, a filósofos jesuitas, a autores de prospectos médicos; todo *ad maiorem Dei gloriam.*

Después de haber extenuado felizmente mis ojos en la tinta de tantos libros, ha llegado el momento de ofreceros mi particular canon forteniano, mi particular selección. Esos títulos que son lo mejor de lo mejor. He aquí las obras superlativas cuyo orden en la lista no es impremeditado:

Memorias de Adriano
El nombre de la rosa
Si una noche de invierno un viajero
La Regenta
Las tentaciones de San Antonio
La familia de Pascual Duarte
El coronel no tiene quien le escriba
Madame Bovary
El general en su laberinto

Otros libros son formidables, como *Yo, Claudio, El lazarillo de Tormes, La metamorfosis* o *Cien años de soledad*, pero forman parte de una lista que no es la primera. También quisiera citar *Cuento de Navidad*, obra rotunda, perfecta, que muestra cómo un autor se levanta un día, recibe un rayo de inspiración, y escribe en un par de días algo que está un millar de veces por encima de todo lo que ha escrito en el resto de su vida. Por supuesto, en esta lista no se incluye el *Quijote*, cumbre de su tiempo, pero que hoy día se halla perfectamente superada. Leer la obra de Cervantes cuenta exclusivamente con un interés histórico. Aunque mi autor favorito no fue autor de novelas, sino de relatos breves, me refiero evidentemente a Borges. Ciertamente, Borges el Magno, la mente que concibió *La biblioteca de Babel* y *La casa de Asterión*, las dos cimas literarias del siglo.

No es que en mi vida haya habido libros, hay libros que son parte de mi vida. Y eso que entre los grandes momentos de mi existencia, entre los mejores, un buen número corresponde a la emoción que sentí en una butaca de un cine, o en un sillón ante una pantalla de televisión. Momentos en que me quedé clavado, petrificado, en mi asiento.

Jamás de los jamases podré olvidar cómo me quedé lleno de admiración ante la visión panorámica, aérea, de Los Ángeles, en la obertura visual de *Blade Runner*.

O el momento de pasmo estético ante el movimiento de la cámara y las palabras de la voz en off, cuando su eminencia entra en la misión de San Gabriel. Ese medio minuto de *La Misión* es uno de los mejores de toda la historia del cine.

Nunca he podido dejar de llorar, en *Un hombre para la eternidad*, cuando la mujer del ex canciller del reino de Inglaterra, preso en la Torre de Londres, le da la espalda a su marido y le dice: *Lo que temo es que llegue a odiarte algún día*. Lo que sigue a esas palabras es uno de los diálogos más magistrales que se hayan escrito nunca.

¿Qué decir de las escenas de un Salieri escuchando y escribiendo sobre la cama las notas del *Dies Irae* de un moribundo *Amadeus*, mientras se sobreponen los coros de esa misma música? Mozart la tararea, Salieri necesita comprenderla para escribirla y, entonces, suena grandiosa. Así, arpegio a arpegio. Hasta que Mozart muere y la música se desata, explota y lo inunda todo, mostrándonos su entierro. Y así *Lo que queda del día, Ciudano Kane, Metrópolis, Casablanca, Pleasantville*. Tantos títulos que me han hecho reír, llorar, sufrir, temer, embelesarme.

Si he hablado de la literatura y del cine, es evidente que algo tendré que decir de la música que ha sonado de fondo en los días y años de la vida del padre Fortea. Aunque esto se explica rápido en una frase: no hay nadie como Bach, y todo está por detrás de Bach. Me gusta mucho la música sinfónica de Satie, Stravinski, Gershwin o Bernstein, de contemporáneos como Danny Elfman o Karl Jenkins. Pero, en general, creo que la mejor música de nuestra época se está escribiendo en las bandas sonoras. Todos los días escucho varias horas de música, mientras escribo o reviso la correspondencia. Aunque por mucho que me emocione la *Suite Forrest Gump* o *Glory*, de

James Horner, la música de Johann Sebastian es de una profundidad tal que a su lado todo lo demás parece música pop. El secreto de su música única estriba en que está dotada de espíritu. Otras partituras de otros autores son técnicamente perfectas, contienen recursos orquestales que jamás se le ocurrieron al sajón, pero el espíritu que contiene su complejísima música no lo hallamos más que en obras sueltas de otras batutas. Bach es Bach y después ya vienen todos los demás. La *Tocata y fuga en re menor*, en mi opinión, es la música más grandiosa que ha compuesto el ser humano en toda su historia.

Algunos de los que me conocen, y saben lo que me gusta esa época, me han preguntado si me gustaría vivir en la Edad Media.

Más que a ellos, me respondo a mí: *¿Sin música, sin cine, sin novelas, sin chocolate, con pulgas, con la Inquisición rondándome? Sin duda, un marco perfecto para hacer de mí un santo.*

En aquella época estaba convencido de que seguiría trabajando años y años en mis libros, llevando a la vez la parroquia, y que si algún día llegaba a ser conocido sería por mi producción literaria. Pero las pequeñas y grandes ruedas dentadas de los planes de la Providencia seguían girando milímetro a milímetro. En el despacho de mi obispo había otros planes para mí. Me esperaba un ascenso. O por lo menos eso que llaman, humanamente hablando, *un ascenso*. Claro que resulta difícil ascender a alguien que habita el Edén. Pero en la curia iban a intentarlo.

De todas maneras, vivía en perfecta ignorancia de lo que se había decidido respecto a mí, y continuaba con mi trabajo literario. Una tarea que me entusiasmaba, aunque debo reconocer que ésa fue la época más peligrosa para mi sacerdocio, por una sola razón, el exceso de tiempo. Era muy duro levantarse cada mañana, tomar la pluma y seguir luchando en una empresa cuyos frutos, si algún día aparecían, se verían únicamente muchos años después. Y de momento no había nada. Mi trabajo era mi mayor delicia, mi paraíso, como he explicado. Pero al mismo tiempo, comprendí a la perfección la frase que aparece en *La locura del rey George*, cuando el ocioso príncipe de Gales sale enfadado de la sala, y uno de los protagonistas comenta:

Hace falta carácter
para soportar los rigores de la indolencia.

Qué bien comprendí ese comentario, qué perfectamente reflejaba mi situación. Si podía necesitarse fortaleza para resistir una enfermedad, si podía necesitarse carácter para luchar contra las dificultades, mucha más energía se precisaba para resistir el embate de un exceso de tiempo. La literatura me salvó. Pero ya he dicho que, en el interior de la maquinaria del destino, los engranajes, aunque parecían inmóviles, seguían moviéndose regidos por una mano providente. Y ese movimiento pronto iba a dar un impulso a mi vida, en una dirección inesperada, pero muy sabiamente calculada.

Un buen día de septiembre de 2001 me llamó mi prelado y me dijo que había pensado nombrarme arcipreste, y que deseaba que estudiara Derecho Canónico para encargarme de lo referente a hermandades y asociaciones. El nombramiento de arcipreste me llegó al mes siguiente, y desde entonces tuve el tratamiento de *muy ilustre*. Hasta ese momento había tenido sólo el tratamiento de *reverendo*. Creo que esto de *muy ilustre* fue casi lo que me hizo más ilusión del tema de la nueva dignidad que me había sido conferida. Eso y la caja con sobres timbrados con una letra muy bonita que me dejó mi predecesor y que rezaba en el remite: *El arcipreste de Torres de la Alameda*.

Con aquel nombramiento me sentía como un obispo en pequeño, como un prelado en miniatura. Hasta traté de llevar una vida más digna, más acorde con la nueva situación jerárquica que pesaba sobre mis espaldas.

Lo de estudiar Derecho Canónico también me hizo mucha ilusión. Aunque tenía sus riesgos. Digo esto porque cada día iba a la facultad en el coche del notario eclesiástico del obispado de Alcalá, don Ignacio Figueroa. Y aquel notario corría que se las pelaba. En el asiento del copiloto, yo iba silencioso, en continua oración de súplica todo el trayecto, pues cada curva podía ser la última curva de mi vida. Dado el modo de conducir de aquel cura, yo tampoco le exigía a Dios que no se matase él, pero por lo menos le pedía que no lo hiciera conmigo a su lado.

El caso es que las clases me gustaron mucho. Todos los profesores me gustaron. Había uno, el profesor Serres, que era el típico sacerdote que parecía nacido no para ir a las misiones, ni para trabajar entre drogadictos o reclusos, sino para pasar su mansa y afable vida entre libros y más libros. Si uno lo veía por primera vez sin conocerle de nada, se percibía al primer golpe de vista que tenía cara de perito en algo, en lo que fuera, pero indudablemente de perito. Por supuesto, un personaje así debía estar provisto de gafas, de calva y de cara de sabio metódico. Su sonrisa era moderada, todo en él era moderado, todo en él era circunspección. Sobre la materia en la que estaba especializado, cuestiones curiales canónicas, se lo sabía todo, lo había leído todo. Conocía hasta la letra pequeña de las leyes. Hasta la última cláusula, hasta el último codicilo, hasta el más pequeño rescripto fruto de un codicilo, hasta la última cláusula engendrada por el enlace y unión de un rescripto pontificio con una bula. Aquel cura, el profesor Serres, parecía un anfibio creado por la mano de Dios para chapotear y morar en una laguna legal. Su obispo, nada más verlo, decidió dejarlo en su laguna, con muy buen sentido, ya que no se trata tampoco de sacar a nadie de su ámbito natural, aunque uno entre al servicio de la Iglesia.

Había otro profesor, el anciano padre Corral, memorable jesuita, adorable abuelito. Era nuestro profesor de Derecho Concordatario.

Debía pensar que los curas allí presentes nos íbamos a pasar la vida redactando concordatos, porque no hacía más que repetirnos que, a ser posible, hiciéramos tratados internacionales, que eso *daba más confianza*. Y que si el Gobierno no lo respetaba, que no tuviéramos prisa, que los gobernantes morían de viejos y que la Iglesia continuaba, y que un tratado siempre era un tratado. Una y otra vez, al tratar el tema del patrimonio de la Iglesia, nos repetía *ojo al restaurar las obras de arte, porque algunos daban el cambiazo*. Aseguraba que no es que las hubieran dorado de nuevo o les hubieran sacado el polvo, sino que nos habían encasquetado una copia. *No os fiéis de los restauradores, vale la pena gastar un poco más*. Aquel profesor era un encanto de persona. Estaba jubilado, y como todos los profesores jubilados, era comprensivo. Con su pelo blanco, su cara bondadosa, su pulcro traje, su discreta corbata (era jesuita) y su tono de voz inconfundiblemente eclesiástico, explicaba los tratados internacionales de la Iglesia con el Estado español con el mismo tono con que daría un sermón, o con el que explicaría las cosas al otro lado de una reja de confesionario.

Después estaba el profesor Lozano, profesor de Normas Fundamentales, que al tratar el tema de la obligatoriedad del traje eclesiástico era desautorizado por el siguiente profesor, el que tenía cara de perito, Serres. El padre Lozano iba vestido de civil, el padre Serres siempre de clériman. Ambos entendían la ley sobre el hábito de los clérigos de diversa manera. Según Serres no desautorizaba lo dicho por el profesor precedente, sólo lo completaba. Pero en definitiva, el segundo decía que era obligatorio ir de negro y el primero decía que era obligatorio, pero con una obligatoriedad que no obligaba del todo.

En aquellas clases aprendí, entre otras cosas, los tratados que hay para designar al arzobispo castrense (que es a la vez general del ejército) y al obispo de la sede de Urgel (que es a la vez copríncipe de

Andorra). De manera que haberme hecho sacerdote no me salvaba completamente de la posibilidad de acabar mi vida como general del ejército o como jefe de Estado de una nación extranjera. Allí, también, nos explicaron los impedimentos e irregularidades para el sacerdocio. Asimismo pasamos lista a las cosas a las que no puede dedicarse un cura o un diácono permanente. Por ejemplo, está prohibido que un cura lleve administración de bienes con obligación de rendir cuentas, salvo que sean bienes eclesiásticos. También está prohibido afiliarse a un partido, a un sindicato, etc. Sí, aprendí muchas cosas.

Aun sumergido en mis estudios de Canónico, de vez en cuando me seguían llamando personas que querían saber si tenían algo del Demonio. Nadie tenía nada, pero tres años después del segundo caso de posesión me llegó otro auténtico, el de Marta, al que me referiré un poco después. El cuarto caso fue el de una señora, de unos cincuenta años, cuyo difunto marido había practicado durante años ritos satánicos. Al comprobar sin duda que estaba posesa, redacté como siempre un informe para el arzobispo del lugar donde residía esta señora. Una archidiócesis que no era la del chico del caso anterior. Primero hablé con el canciller de ese arzobispado. Me presenté, y resultó que me conocía a través de los medios de comunicación, por alguna entrevista que yo había concedido. Le dije que había una señora de su diócesis que estaba posesa y que solicitaba que alguien la exorcizara. Alguien que no tenía por qué ser yo. Es más, prefería no ser yo. Y así se lo dije claramente al canciller. Pero el canciller me dijo que no, *aquí no se conceden permisos de ese tipo, porque todas estas personas están enfermas*. Su respuesta fue taxativa. Así que llamé a la secretaría del arzobispo para enviarle mi informe sobre la señora. Remití el documento sin muchas esperanzas de que concedieran el permiso. Pero grande fue mi sorpresa cuando me autorizaron el exorcismo. Los permisos son territoriales, de manera que, aunque yo sea sacerdote de una diócesis, si el permiso lo da un obispo de otra diócesis el ritual debe ejecutarse en la diócesis del ordinario que ha dado el permiso. Así que tuve que trasladarme a esa diócesis.

La secretaría del arzobispo había hablado ya de este asunto con el delegado de liturgia, y se me había dicho que me dirigiera a él para acordar los detalles concretos de lugar y día. Llamé al delegado de liturgia, el cual me dijo que no había ningún problema, que ya había hablado con la secretaría y que estaba al corriente del asunto y del permiso correspondiente. Le pregunté en qué iglesia se haría el ritual. *Ah, ¿pero es que piensas hacerlo en una iglesia?*, exclamó. Tuve que aguantarme la risa, aquel sacerdote había visto la famosa película *El exorcista*, y debió de pensar que estos ritos tenían lugar en domicilios particulares. (En la práctica, la película se ha convertido en el gran manual sobre el tema.) Hacerlo en un piso es algo descabellado, los gritos se oirían en el piso de arriba, en el de abajo, en el de la derecha y en el de la izquierda. Probablemente se oirían también en la calle. A veces, incluso, se oyen los gritos a pesar del grosor de los muros de los templos. Cuando aquel delegado de liturgia exclamó *Ah, ¿pero es que piensas hacerlo en una iglesia?*, me dieron ganas de decirle *No, si quieres lo podemos hacer en una casa encantada, en lo alto de una colina, o también podemos hacerlo en un parque.*

Aquello de hacerlo en una iglesia le descolocó muchísimo. Es más, le dio la sensación de que se trataba de una especie de capricho mío. ¡Encima en una iglesia! No sólo quiere hacer un exorcismo, sino que para colmo lo quiere hacer en un templo. Pero después de pensarlo me dijo que bien, que lo haríamos en la iglesia en la que él colaboraba, aunque el párroco era otro. Y me dio el número de teléfono del párroco para que le llamara. Me sentía fatal, el lector no se imagina lo que es llamar a un párroco que es completamente desconocido y decirle: *Oye, sé que no me conoces de nada, que soy de otra diócesis y que nunca nos hemos visto, pero mira, soy sacerdote y tu obispo me ha dado permiso para hacer un exorcismo que se celebrará hoy en tu iglesia, esta tarde.*

Esta conversación puede parecer bastante surrealista, pero doy fe de que tuvo lugar en el mes de febrero del año del Señor de 2002. Tras hacer aquella llamada y comunicarle aquello al párroco del modo más prudente que se me ocurrió, me esperaba que me dijera *sí, sí, muy bien, pues nada, hasta otro rato,* y que colgara tranquilamente, convencido de que le había llamado un chiflado o un bromista. Pero he aquí que no. El párroco era una maravillosa persona, que se limitó a llamar al delegado de liturgia para comprobar la veracidad de lo que le decía, y que después me telefoneó para decirme que no había ningún inconveniente. Además, por una de esas casualidades que tiene la ruleta de la vida, aquel párroco y yo nos conocíamos. Habíamos comido juntos en casa de un cura castrense hacía varios años. Era un cura del Opus Dei, amable, piadoso y algo rollizo.

Muy bien, ¿cuánto tiempo necesitaréis?, ¿un cuarto de hora?, me preguntó. Parece de broma, pero esta conversación fue así. Después me dijo que lo hiciéramos en una capilla que había junto a las aulas de catequesis. Aquel buen párroco nunca había oído hablar de los gritos de los endemoniados. Si hubiéramos realizado el exorcismo a la hora que nos proponía, cuando se daba catequesis, habrían salido de estampida, literalmente corriendo, los niños primero y los otros después. Y la policía hubiera entrado en la capilla con sus revólveres en las manos. Menos mal que el buen párroco fue muy dócil, y accedió a todas mis interminables peticiones.

No tengo ninguna predilección por hacer los exorcismos de noche. Por desgracia, no pocos ocurren a esas horas. Esa iglesia concretamente, en la que iba a tener lugar aquel exorcismo, cuando no estaba ocupada por los distintos turnos de catequesis, estaba ocupada por una novena, y si no por un grupo de charlas prematrimoniales, o por una de las varias misas que se celebraban al día. *O sea, que sólo nos quedan libres unas pocas horas por la mañana*, le dije con un ligero fastidio. Pues no, tampoco, porque entonces estaba el grupo de limpieza. A mí no me importaba que el exorcismo tuviera lugar en horas nocturnas, pero a la pobre gente que viene a ayudar a sujetar a la posesa, hacerlo en mitad de la noche, en la inevitable penumbra de la iglesia, es algo que les impresiona bastante y que provoca que en las horas siguientes no puedan dormir, debido a la sobreexcitación. Pero no había alternativa, así que, amparados por las sombras de la nocturnidad, dimos comienzo al exorcismo a las diez de la noche.

De este exorcismo lo que más me llamó la atención fue la maravillosa capacidad de cantar de la posesa. Aquella señora, mayor de sesenta años, tumbada en el suelo boca arriba, llenaba el inmenso templo moderno con su canto. El poderío de su voz, la afinación de todas sus notas, era más admirable que la fuerza física del anterior exorcismo, el que había presenciado años antes. Además aquellas canciones... Eran completamente desconocidas. Los curas hemos oído tantas canciones, en tantos cantorales, en tantas iglesias... Pero aquellas canciones, nunca. Por su estilo, parecían pertenecer al siglo XIX. Aquel demonio era, además, tremendamente parlanchín, socarrón y lujurioso. Las procacidades que profería eran tremendas, de una insuperable vulgaridad. Es sorprendente lo gráfico que puede ser el Demonio a la hora de abrir la boca para proferir deshonestidades. Estuvimos algo más de dos horas. Para aquella primera sesión era suficiente. Nos despedimos fijando día y hora de la siguiente semana para la segunda sesión.

Llegó el día fijado para la nueva ceremonia, que tendría lugar también a las diez de la noche. Todavía eran las cinco de la tarde, yo estaba haciendo un rato de oración en la capilla neogótica de un colegio jesuítico, la de Comillas, en la calle Alberto Aguilera, y de pronto sonó mi móvil.

—Hola, buenas tardes, dígame —saludé yo.

—Hola, soy X (el párroco del lugar donde teníamos que hacer el exorcismo). Mira, te llamo para decirte que no tienes permiso para hacer el exorcismo.

—¿Cómo?, no te entiendo.

—Que no tienes permiso para hacer el exorcismo —me repitió con tristeza y vacilación el párroco, que al fin y al cabo era una buena persona.

—Oye, perdona, pero no te entiendo. Pero si hablaste con el delegado X y te dijo que sí.

—Sí, sí, pero ya no lo tienes.

En ese momento sentí como si el suelo se hundiera bajo mis pies. No comprendía absolutamente nada.

—Mira, perdona, pero ¿cómo puedes decir eso, si tú mismo hablaste con X y te dijo que el arzobispo en persona lo había permitido?

—Ya —y continuó con gran tristeza—, pero uno de los obispos auxiliares le ha llamado —al delegado— y le ha dicho que se retiraba el permiso.

—Pero ¿por qué?

El párroco, completamente convencido de la veracidad de la posesión, porque había estado presente en el primer exorcismo, estaba triste, pero no supo darme explicación. Llamé al delegado X, el cual tampoco fue capaz de darme explicación alguna. Sus respuestas me recordaban a los pollos amarillos cuando los sacas de una caja de cartón. Parecía uno de aquellos pollos desorientados, que, a base de tambaleantes pasitos, van cada uno en una dirección, tropezando y volviéndose a levantar. Después de mucho insistir, me dijo oscuramente que el permiso se había retirado porque cierto obispo se había opuesto radical y visceralmente a que se concedieran ese tipo de autorizaciones en aquella provincia eclesiástica. Me imagino que el arzobispo, por no crearse problemas con un colega, cedió. No se iba a meter en líos por una mujer desconocida. Y menos que nadie él, prelado conocido por su desmedido afán de no crearse el más mínimo conflicto ni en el mundo eclesiástico ni en el civil. Sin duda, un buen lema para su escudo episcopal hubiera podido ser: IN CONFLICTIS NULLA ACTIO, si hay problemas por hacer algo, lo mejor es no hacer nada, por si acaso.

Hablé días después con el delegado de liturgia. Le dije, *mira no tengo ningún interés en ser yo el que haga el exorcismo, pero esa mujer tiene necesidad de uno, y la tiene ahora, no dentro de diez años, ni de cuatro.* Pero todos mis intentos por convencerle se estrellaron contra una roca. Al final su respuesta fue: *No es que le digamos que no, simplemente es que la respuesta a su petición se dilata.*

Y así siguió durante años, dilatándose. La señora, después de esperar una semana, dijo con gran enfado (¿diré que comprensible?) que prefería ir a magos y brujos. Ya no volví a saber de ella.

Nunca supe si la retirada del permiso procedió del arzobispo o de uno de sus obispos auxiliares. Si la prohibición y el consiguiente abandono de esta mujer a su suerte procedieron de él, el caso recaerá sobre la conciencia de ese arzobispo el día del Juicio Final. Por más años que transcurran hasta la muerte de ese prelado, comprobará que Jesús no se ha olvidado de esa mujer ni de todas y cada una de las consecuencias que conllevara aquella decisión episcopal, tomada con toda frialdad desde la comodidad de un despacho, pero cuyos efectos comprobará el día que comparezca ante el Trono de Dios.

Lo cierto es que no había ningún otro exorcista en España y mi nombre cada vez resultaba más conocido. Durante los cuatro años siguientes a que acabara mi tesina, en el 98, los casos que examiné se podían contar con los dedos de mis manos. Pero en el año 2002, a raíz de la publicación de mi primer libro, los casos que tuve que afrontar se multiplicaron de tal manera que cada semana tenía más de diez llamadas solicitando ayuda.

Más y más gente, atribulada por ficticios o reales disturbios demoníacos, iba llamando a la puerta de mi parroquia. En un momento dado, la afluencia de casos se hizo tan considerable que era evidente que no podía seguir con mis estudios de Derecho Canónico. En marzo de 2002 tuve que tomar una decisión que afectaría a toda mi vida. O dejaba de atender a esa gente que me venía a ver a mi parroquia, y retomaba mis estudios canónicos, o seguía haciendo aquella obra de caridad, pero me despedía de cualquier posibilidad de ser alguien en mi diócesis.

Sabía muy bien que atender a esas personas supondría problemas con mis superiores, pues este ministerio siempre crea dificultades, no importa la prudencia con la que se ejerza. Sabía que significaría quedar encasillado de por vida en este campo. Era meterme en un callejón del que no habría salida. Sería *el brujo de la tribu*, como me llama don Gerardo, que no cree para nada en esto, en cada reunión de mi arciprestazgo. Ya me podía olvidar de cualquier tipo de ambición eclesiástica. ¿Tenía alguna? No me importa reconocerlo, sí.

Desde marzo de 2002, supe que mi vida como párroco quedaba definitivamente entrelazada a la atención de los posesos y al cultivo de la literatura. Bufidos, gritos y blasfemias junto a misas, novenas y catecismos formarían parte de la rutina cotidiana. Cada día, tras acabar por la mañana mi rato de oración mental, recibiría a las personas que querían ser examinadas y rezaría por los casos ya conocidos. Cada día, tres o cuatro personas, como media, se acercarían buscando mi ministerio, que en ese momento era único en todo un país de cuarenta millones de habitantes.

Antes he dicho que el tercer caso que atendí en mi vida fue el de

Marta. No fue un caso más, fue un caso que cambió mi vida. Ante todo me sorprendió el amor de una madre que llama a todas las puertas posibles de la Iglesia, en busca de un exorcista para que su hija vuelva a la normalidad. Ese amor fue una visión impresionante, tan impresionante como una gran catarata o una cordillera.

Lo que aquella mujer llegó a hacer por su hija durante medio año es digno de un melodrama. Por desgracia, muchos clérigos, sentados en sus despachos, no estaban para melodramas. Así que madre e hija tuvieron que convivir con su tragedia personal durante largos meses. Finalmente dieron conmigo.

La chica tenía cinco demonios en su cuerpo. El primer demonio se llamaba Fausto (por lo menos eso dijo), el tercero Perfidia, el penúltimo en salir Azabel, y el último Zabulón. No sabemos el nombre del segundo en salir. Todos, menos el último, fueron saliendo en ocho sesiones. Pero el último, el más poderoso, se resistió con todas sus fuerzas, y así comenzó un exorcismo que fue una verdadera escuela de vida espiritual para mí. Además, las sesiones de oración por esta chica posesa se transformaron en una especie de libro en el que pude aprender sobre el exorcismo más que en todos los libros que había leído en mi vida. Narrar en detalle este caso desborda completamente los límites de esta obra. Únicamente quiero añadir que poder rezar por Marta fue un don que Dios me concedió. Marta era poco amable, poco comunicativa, seca y triste casi todo el tiempo. Pero qué lejos estaba yo de saber que yo mismo recibía más de lo que daba. Aquí aprendí, de nuevo, otra vez, la importancia de la Cruz, de la oración, de la comunión de los santos. Aquí recomencé de nuevo el sacerdocio que ya había recibido años atrás, pero que ahora era renovado de un modo especial a través de ese acto de caridad que supone rezar por el prójimo. Encontré a Dios mucho más profundamente en aquellas largas sesiones que duraron más de cinco años, a razón de, al menos, tres horas por semana.

He hablado mucho con el Demonio, cada semana. Pero, gracias a Dios, no he recibido ataques directos extraordinarios. Sólo una vez, tras regresar de una conferencia en Barbastro, me encendió la luz de mi habitación cuando estaba ya tumbado en mi lecho. Oí perfectamente el «clic» del interruptor de la pared. Lo único que pensé fue cuán poco se le permitía hacer contra mí, si lo único que podía era hacer eso. Por supuesto que ni me asusté ni nada.

He estado explicando mis andanzas en este ministerio desde que acabé mi tesis, pero hay una cosa que quisiera dejar clara: en todos estos años, en todos estos casos, no he actuado contra la voluntad del ordinario del lugar donde en cada caso se realizaban las oraciones o ritos. En cada ocasión, lo primero que he buscado ha sido la autorización. Ciertamente, a veces, para conseguirla he tenido que recurrir a intrigas propias de una verdadera novela; triste novela es que haya que recurrir a eso.

En ocasiones he tenido que ir a otra diócesis distinta de la natural (de la natural por la residencia del poseso), pues un obispo permitía el exorcismo y otro no. A veces he tenido que pedir el permiso no al obispo del lugar, sino a otro eclesiástico que tuviera potestad para darlo: por lo común, vicarios generales o episcopales. A veces, incluso contando con el permiso, ha habido que llevar todo el asunto con una reserva propia de las acciones más vergonzosas. *Que no se entere el obispo de al lado de que te he dado permiso, que no se entere el ordinario,* me decía un vicario episcopal. En ocasiones, un obispo amablemente, y sin poner ninguna pega, daba el permiso añadiendo un *mantenedme informado de lo que vaya aconteciendo,* mientras que en otro obispado un canciller escéptico (que en paz descanse) me decía, burlón y despreciativo, *haga lo que quiera, que desde aquí no se le va a decir nada.*

Nunca he quebrantado la obediencia sacerdotal en el ejercicio de este ministerio. Para contar todo lo relativo a las intrigas eclesiásticas que se movieron alrededor de mi persona tendré que esperar más años. Quizá desde una posición más cómoda, como la del cardenalato, podría ser más claro. Habrá que esperar a eso, o a que hayan muerto unas cuantas personas. Y aunque alguna vez me siento tentado a esperar a que ocurra lo segundo, como estoy dotado de nobles sentimientos cristianos prefiero que ocurra lo primero. Si ha de ocurrir algo, que ocurra lo primero.

A algunos de mis colegas sacerdotes quizá esta última parte de mi biografía pueda parecerles que es excesivamente crítica con ciertos prelados. Pero están muy equivocados. Si contara con pelos y señales las conversaciones que he tenido con algunos eclesiásticos, los lectores tendrían la sensación de que he sido extraordinariamente condescendiente y que he cubierto con el espeso velo de la caridad muchas de las actuaciones de ellos, obras y maniobras algunas de ellas verdaderamente jugosas, que es una pena que se pierdan para la historia. Pero nada deben temer los infaustos protagonistas. Para mí lo más importante es la Iglesia, y en nada la dañaré. Si he contado lo que he contado, ha sido porque una cosa es no relatar la historia entera con todos sus detalles, nombres y fechas, y otra ni siquiera aceptar la indudable realidad de que no todo se ha hecho bien.

Y es que hay algunos tan creyentes que no sólo creen en la doctrina de nuestra Santa Fe, sino que van mucho más allá, afirmando que la comunión eclesial consiste en afirmar *semper et ubique* que nada se ha hecho mal. Todo se ha hecho bien, todo se hace bien, y todo se hará bien. Todo se ha hecho bien, incluso aunque el papa Juan Pablo II pidiera perdón por los errores del pasado. Naturalmente, también entonces hizo bien él. Pero, claro, se refería al pasado. El pasado, que como todo el mundo sabe, no es el presente.

Además, el acto del Papa afirmando que no todo se había hecho bien fue un acto encomiable, pero es un acto que en ningún caso debe ser imitado. Y mucho menos por un sacerdote que se supone que lucha contra el Demonio; y por lo tanto se espera de él que diga que vivimos en el mejor de los mundos eclesiásticos.

Habrá algún espíritu retorcido que, de los párrafos precedentes, saque la conclusión de que estoy haciendo una crítica al episcopado en general. No. Dios me libre. Afirmar que, de los setenta y ocho obispos que hay en España (sesenta y tres titulares y quince auxiliares), me he encontrado con unos cuantos que hicieron voluntaria dejación de sus funciones en esta materia del exorcismo, y sin mencionar sus nombres, no me parece que sea una crítica excesivamente maligna.

¿Qué he aprendido de tanta conversación con el Demonio? Lo horrible que es la condenación eterna.

Si los hombres supieran lo que es el infierno, harían lo que fuera, lo que hiciera falta, con tal de no ser condenados a las tinieblas exteriores. Desde luego, no debe ser fácil condenarse, porque es algo tan terrible que pone los pelos de punta. El que está condenado se convierte en un ser tan odioso y tan lleno de odio, tan saturado de furia, tan deseoso de hacer el mal, que el que lo contempla (viendo a un poseso) sólo desea hacer el bien.

El infierno suele ser representado, en plan de broma, como un lugar lleno de juerguistas, donde reina una especie de vida de alegre vicio. Nada más ajeno a la realidad. El infierno es un estado del alma, un estado de tal melancolía, de tal tristeza, que no tienes ganas de nada. Por eso el conjunto de los condenados no forma una sociedad, tal como suele ser entendida por la gente, es decir, como una comunidad animada, sino que es como un cementerio de islas, en que cada condenado es una isla de depresión. No se necesita un fuego externo, ni torturas provenientes de fuera de la persona. Cada espíritu se convierte en su propio torturador, que una y otra vez se echa en cara haber llegado a ese estado, pese a disponer de libre albedrío. El infierno es un archipiélago de náufragos, un cementerio de espíritus condenados a la existencia, a una existencia eterna, sin esperanza, conviviendo con la rabia, echándose la culpa una y otra vez.

Mucha gente me pregunta si el Demonio se ha vengado conmigo. Ya he dicho antes que a mí no me han ocurrido cosas raras, es decir, nada que fuera más allá de las leyes de la naturaleza. Aunque la naturaleza, a veces, es muy rara y estrambótica. Pero, a pesar de que no me haya ocurrido nada, siempre cabe la posibilidad de echarle la culpa de todo. Se me estropea el disco duro del ordenador, ya se sabe quién es el culpable. Se me rompe el cambio de marchas del coche, ya se sabe quién puede estar detrás. ¿Un problema técnico con la tele, un resbalón en la calle? Todo se le puede achacar a él.

No, no seré yo quien le achaque todo. Lo único que sé es que él es invisible y se mueve entre nosotros. Pero las leyes naturales son las que Dios ha dispuesto para regir este mundo.

Sin embargo, por más que me quiera hacer el escéptico, sí que he notado a veces, por la noche, en la quietud de mi habitación, crujidos que iban más allá de lo normal. Sí que a veces, en la soledad de mi piso, hablando por teléfono, al mencionar el nombre de Satán he sentido un escalofrío que me recorría desde la coronilla hasta los pies.

Pero no es el Demonio el que me preocupa, sino yo mismo, cargado de debilidades, consciente de mi fragilidad: soy yo el que me doy miedo. Desgraciadamente, no me puedo exorcizar. Lamentablemente, la santidad no se logra con un exorcismo. Mientras seamos meramente humanos, tendremos que cargar con nuestras faltas, pecados y vergüenzas.

Podremos ser aplaudidos en una universidad al acabar una conferencia, podremos ser grabados por más de ocho cámaras de televisión simultáneamente mientras llegamos al estrado, puedo recibir una medalla, concedida por un famoso instituto jurídico, y encima recibirla en una catedral, con el arzobispo de la capital de la nación presente; pero, a pesar de todo, únicamente yo soy conocedor de mi limitación. Sin duda, muchos hubieran hecho mucho mejor papel en mi lugar. Sin duda, hay muchos entre el público que valen más que yo.

Mi nombre fue cada vez más conocido con los años. Llegaban a la parroquia personas de países lejanos, cada vez me consultaban eclesiásticos más importantes. Confío no en no haber pecado nunca de soberbia, sino en no haberme dejado arrastrar por ella. A pesar de mis virtudes, todavía necesito confesarme de vez en cuando. Preferiría hacerlo del lado de la rejilla, no me gusta que me vean la cara, mas ponderando los pros y los contras, resulta mejor tener confesor fijo, con lo cual da lo mismo que te vean, o no, la cara.

Un caso que verdaderamente me estremeció no fue precisamente de posesión. Hablo de una madre y su hijo que llegaron a mí el 8 de junio de 2002. Aquella señora y su hijo de veintiocho años entraron en mi iglesia al atardecer. Para mí eran una cita más de aquel día, que tenía lugar después de una boda y justo antes de mi bien merecido descanso de la jornada. Les dije que se sentaran en el primer banco de la iglesia y me acomodé en un asiento frente a ellos. Los había recibido en la iglesia de Los Hueros, donde no tengo despacho. Confiaba en tramitar ese caso en quince minutos, y si eran diez, mejor. Normalmente no suelo perder excesivo tiempo con cada caso que me llega. Trato de poner mucho amor, pero no demasiado tiempo, pues de lo contrario no tendría horas para hacer nada. Pero la historia que me iban a contar, y que nada tenía que ver con la posesión, me dejó estupefacto. Tan estupefacto que no me levanté de mi silla en dos horas.

La madre, mujer separada de su marido, me relató que ella, su hijo y su hija comenzaron a ponerse enfermos desde el día en que una persona les hiciera unos determinados ritos de magia. El hijo empezó a tener muchos ingresos hospitalarios por toses, sensibilidad en los ojos, asfixia, etc. La hija padecía de diarreas y dolores abdominales. En los registros de urgencias comenzaron a aparecer muchas entradas por dolencias cuya causa no acababa de descubrirse. Una mañana, delante de su casa, aparecieron una ambulancia y un coche policial. *Padre, no se puede imaginar la vergüenza que se puede llegar a padecer cuando en un barrio residencial, delante de todos tus vecinos, eres detenida e introducida en una ambulancia psiquiátrica.* Una ambulancia acolchada por dentro y con una silla con correas para atarte. Madre e hijo fueron ingresados en una planta psiquiátrica. Nada más entrar les esperaban las inyecciones y las pastillas. A partir de entonces sí que comenzaron a sentirse mal. Ansiedad, insomnio, imposibilidad de tener quietos una pierna o un brazo. En todo momento cooperaron, en ninguna ocasión se resistieron a las indicaciones de los médicos. Cosa fácil de entender, porque tanto la madre como el hijo, tal como les conocí, eran la dulzura y bondad personificadas. En España, cuando alguien es ingresado en un centro psiquiátrico contra su voluntad es obligatorio notificarlo al juez en veinticuatro horas. Cuatro o cinco días después se pasó por allí un funcionario del juzgado para echarles una ojeada. Lo hizo por pura rutina y se marchó enseguida. Ya había cumplido con lo que exige la ley. Aquella mujer comenzaba el calvario de medio mes de internamiento. El hijo tendría que sufrir reclusión en el psiquiátrico durante un mes entero. Alguien podrá pensar que se les había ingresado por gravísimas enfermedades mentales. Pues no. Al final, después de ese suplicio, el diagnóstico para el hijo fue *hipocondria y no se descarta posible esquizofrenia.* Sobre la madre, el informe, aunque algo más complejo, tampoco decía nada de gravedad. Todo quedó allí y volvieron a recobrar su libertad.

Me quedé muy sorprendido. Conforme avanzaba la historia, iba intercalando mis preguntas. Pero detrás de mis preguntas, lo que en realidad había por mi parte era un oculto interrogatorio para ver si podía vislumbrar la más leve enfermedad psiquiátrica. Conocía yo muy bien todas las características diagnósticas del *síndrome de Munchausen por poderes,* que era lo más parecido a lo que la señora me estaba contando. Bien, esa rara enfermedad era la que más se podía asemejar a lo que ella, la madre, parecía padecer. Sólo que yo no veía por ningún lado que la padeciera. Pensé en una *folie à deux,* pensé en todo tipo de delirios, de paranoias de difícil detección, barajé todas las posibilidades. Pero después de dos horas, sólo una cosa comenzó a aparecer con toda su contundencia: aquellos dos estaban perfectamente sanos. Poco a poco, comencé a sospechar que me encontraba ante un monumental error médico. Un terrible error que les privó de libertad durante varias espantosas semanas. Entonces entendí que la larga estancia en el hospital podía haber estado motivada por la cerrazón del psiquiatra que había hecho el informe, su obstinada negativa a reconocer que se había equivocado.

Siempre defiendo a los psiquiatras, pues todos los enfermos dicen que sus médicos son unos carceleros. La labor psiquiátrica es muy especializada, sólo comprensible para los iniciados. No llevo la cuenta de la gente que he recibido desde hace años convencida de que estaba posesa. Han sido cientos y cientos. Ante mí han ido desfilando, una a una, todas las enfermedades de los manuales. Desde las patologías más vulgares hasta las más raras. Desde el trastorno de despersonalización, hasta un trastorno alucinatorio con un ligero toque de dyskinesia. Pero lo que nunca me había llegado todavía, hasta ese momento, era un caso de error médico en que el psiquiatra se había negado a aceptar su error.

Había otra razón para el empecinamiento del médico. El doctor quería grabar a toda costa todas las conversaciones de la madre con él. El *síndrome de Munchausen por poderes* es una enfermedad muy rara e inusual, y si la grababa y escribía algo al respecto, podía lograr celebridad entre sus colegas. Pero la madre se negó a dar permiso para la grabación, el médico se enfureció e hizo notar su autoridad sobre ella. Después, todavía se quedó más perplejo al ver que la dichosa rara enfermedad no aparecía por ninguna parte. Por eso insistió en el internamiento hasta que apareciera algo que confirmara las razones por las que la había ingresado. *Padre*, me dijo la madre, *yo entré bien y me puse verdaderamente mal, aunque siempre colaboré con ellos y les obedecí en todo.*

Al acabar de hablar con la madre y el hijo, llamé a un buen amigo mío, psiquiatra, con el que estuve hablando durante hora y media. ¿Qué se podía hacer? *No tienes nada que hacer*, me contestó. *Incluso si todo ha sido un garrafal error, no van a percibir indemnización alguna. Pero, vamos a ver* —le dije en un momento de la conversación—, *¿es que se puede encerrar a alguien (alguien que ciertamente no supone un peligro para nadie) y medicarle durante un mes, contra su voluntad?* —ése era el caso del hijo—. La respuesta para mí fue terrible y contundente: *¡Sí!* La supuesta autorización del juez es un mero trámite, normalmente basta la firma de un secretario del juzgado, que no tiene ni idea de enfermedades mentales.

Pensaba que aquí pasaba como en Estados Unidos, que el Estado no te podía privar de libertad y medicarte sin tu autorización, si no suponías un peligro para nadie. Pero en aquella conversación telefónica me enteré de que no, aquí no. Lo tiene que autorizar un juez, pero el juez, que no sabe psiquiatría, hace siempre lo que le diga el psiquiatra. Es un hecho con rarísimas excepciones. De pronto, me sentí como si el suelo se resquebrajara bajo mis pies. Si algún día llegaban a acusarme de un robo, de una violación, de un crimen, podía defenderme. Pero si me acusaban de ser un enfermo mental y me medicaban nada más llegar al hospital, si todo dependía de lo que dijera un señor de bata blanca... En fin, me sentí desprotegido, jurídicamente desprotegido.

Le pregunté a mi amigo cómo podía defenderse cualquier ciudadano, si un buen día se encontraba con una ambulancia y la policía delante de su casa. La respuesta era evidente: podía hacer poco más que encomendarse a la Virgen del Carmen y a san Antonio de Padua, ya que aunque habrá que esperar a que se pase por ahí un agente del juzgado, éste nunca desautoriza al psiquiatra. Además, la espera puede durar varios días. Después, si uno ha recurrido la decisión del agente del juzgado, hay que esperar días y días a que se pase el psiquiatra forense. El día que aterrice por allí, hay que rezar intensamente para que éste desautorice a su colega. Lograr que un colega desautorice a otro colega es algo difícil hasta en el gremio de los zapateros. En fin, el calvario que puede padecer cualquier ciudadano libre si hay un error psiquiátrico puede ser impresionante. Desde luego, si uno no está loco, se volverá loco allí, eso se lo aseguro. Hasta el más sano de los hombres aparece completamente desquiciado en esa situación. Nunca pensé que nuestra libertad, tan defendida por tantos derechos si uno comete un delito, estuviera tan indefensa ante un mero y simple fallo psiquiátrico. Claro que, como me dijo mi amigo: *Nosotros, los psiquiatras, nunca nos equivocamos. Si alguien dice lo contrario, es que está loco.*

Durante algún tiempo di vueltas a lo que podía hacer con este caso. Pedí consejo a varios especialistas. Me dijeron que el caso olía francamente mal. Dados los detalles que les referí, pensar en un error médico parecía razonable, o cuando menos una posibilidad que no había que descartar. Pero finalmente, después de estudiar el asunto, fui franco con aquella familia: *Necesitaréis gastar millones en abogados y peritajes, os aconsejo que dejéis correr el tema. Probar que el médico ha actuado con terca arbitrariedad es muy difícil.*

Me gustaría poder escribir: *Madre e hijo llevan hoy día una vida tranquila, les tocó a ellos, a veces la vida tiene algo de lotería. A uno le tocan los millones, a otro un infierno imprevisto.* Pero eso sería injusto, puesto que sólo conozco la versión de ellos y no la del médico. ¿Y si madre e hijo estaban de verdad enfermos? ¿Y si los médicos tenían a la vista hechos que me hubieran convencido de que no había tal error médico? Aun así, he querido dejar constancia de esa conversación, porque años después sí que he conocido casos de errores psiquiátricos comprobados, en los que el psiquiatra se ha negado a reconocer su error.

En este caso en concreto, después de mi breve y neutro asesoramiento (contando, insisto, sólo con una versión), madre e hijo ya no volvieron a ponerse en contacto conmigo, así que seguí tranquilo, sin meterme en berenjenales que no eran los míos. Ya estaba yo bastante embarullado con mis propios enmarañados laberintos, como para desear otros embrollos. *Qué descansada vida, la del que huye del mundanal ruido, y sigue la escondida senda por donde transitaron los pocos sabios que en el mundo han sido. Despiértenme las aves con su cantar sabroso no aprendido.*

En efecto, ¿para qué sirve el purificante baño de la confesión, si no es para descargar el peso del pecado, y del remordimiento que éste entraña, en el seno de Nuestro Señor, y para que, con el perdón, el alma gane renovada y aérea ligereza, capaz de hacernos olvidar el cuerpo atormentado por la iniquidad?

Pero yo no me había liberado del todo. Ahora deambulaba bajo el pálido y frío sol de aquella mañana invernal. Ante mi mente sobreexcitada danzaba, hinchado de agua, el fantasma de Berengario.

Cuarto día, hora tercia, *El nombre de la rosa*

¿Con quiénes nos confesamos los sacerdotes? El pueblo fiel, tan sencillo como iletrado, piensa que un sacerdote se puede confesar a sí mismo. No, desgraciadamente no. Tan celestial privilegio, que hubiera sido muy de agradecer, no nos ha sido concedido.

Cuando un párroco llega a una parroquia, al principio todo el mundo se confiesa con él. Pero con los años, algunos se confiesan contigo cada vez menos. Y cuando lo hacen dan comienzo con estas palabras: *Me da un poco de reparo confesarme con usted, porque es ya como de la familia.* Pues bien, este proceso, que es tan natural, tan comprensible, también se da entre sacerdotes. Cuando un sacerdote ha de confesarse tiene que sentarse en el sillón y empezar a descartar presbíteros de una especie de lista mental. El de la parroquia de al lado no, como es lógico. Fulano tampoco, es mi vicario, y el otro es de mi curso. Mengano, de ninguna manera, me considera una gran persona y un ejemplo en todo. Zutano no, siempre me ha tenido por un poco tonto, encima no voy a darle material. El de más allá es muy joven, debo servirle como modelo, no como mal ejemplo.

Al final suele suceder lo de siempre, que muchos nos confesamos con los curas mayores, que tienen ya un pie en la tumba. Y no se piense que esto pasa porque tenemos grandes pecados, no. Lo que ocurre es que, por pequeños que sean, al ser sacerdote te da más ver-güenza haber caído en ellos. Si uno ha ido al pueblo de otro compa-ñero a predicar acerca de la perfección espiritual, del ascetismo y del ayuno, y después tiene que confesar que pecó de exceso con el ma-risco, pues claro, no es plato de gusto. Si uno ha sermoneado a un cura joven sobre la obediencia interna y externa al obispo, y después confiesa que tiene todo el día en la cabeza al obispo, y no para bien precisamente, pues el confesor pondrá cara de que aquí no pasa na-da, pero por dentro es lógico que piense: *Vaya, vaya, tú que me reñías por aquello y ahora caes treinta veces más con menor causa.*

Pocas cosas en este mundo se hacen con tan detenido esmero y ponderación como la elección del confesor por parte de un sacerdo-te. El mío lo tengo en Madrid capital, y no pienso decir si es secular o regular, si jesuita o dominico, si de una tendencia eclesial o de la otra. Pero el problema es cuando se me marcha de viaje o me tengo que confesar rápidamente de un pecado dudoso, surgido de impro-viso. Entonces, me veo repasando la lista de curas, descartando, po-niendo pegas, escogiendo al más anciano, pero que al mismo tiem-po no sea demasiado estricto. Y aun así, siento un cosquilleo en la espalda, allí arrodillado, mientras hablo y veo en los ojos del que me escucha una mirada que me dice: *Ya, ya, mucho exorcista, mucho exor-cista, y al final... Todo fachada. Los curas de ahora... No es como antes, ah, aquellos presbíteros.*

En fin, dejemos el tema de la confesión. Hay unas palabras que alguien me dijo, de cuya importancia no caí en la cuenta hasta mu-chos años después. Es una anécdota curiosa, la mar de curiosa. Una persona, un laico, me hizo una profecía al poco de ser ordenado. Ese laico, que apenas me conocía, me dijo literalmente: *Algún día, usted será el exorcista más famoso de España.* Le escuché sorprendido e in-crédulo, no un poco incrédulo, sino completamente incrédulo, pues ese campo era el último en el que pensaba como labor pastoral. Pensé que había dicho aquello sin pensarlo, como algo que se le había ocurrido sin más y que no tenía ningún fundamento. Como, además, a esa persona la dejé de ver en los siguientes años, sencillamente olvidé completamente aquellas palabras. No volví a acordarme de aquello hasta seis años después, cuando la profecía era ya un hecho.

De pequeño, tendría unos diez años de edad, estaba viendo una noche el drama de Macbeth. Me impresionó mucho que las brujas le profetizaran a aquel soldado su futuro desde el mismo comienzo de la película. Todo lo que ocurrirá después estaba dicho en la escena de aquellas tres mujeres en la playa, en una tarde gris y oscura. Jamás, nunca, de ningún modo, pensé que me iba a ocurrir algo así a mí. Además, la profecía tenía dos partes. Y dado que se ha cumplido la primera parte, tengo razones para creer que la segunda es tan cierta como la primera.

Otra razón para olvidarme de la profecía fue que el hombre que me dijo eso era alguien que, aunque indudablemente había recibido dones de Dios, se ensoberbeció de un modo increíble en los años siguientes. Los dones de Dios le llenaron de una lamentable pero evidente altanería de alma. Fruto de esa soberbia fue el fracaso de su vida familiar, de sus negocios y de su vida espiritual. Acabó cayendo en gravísimos y continuos pecados. Su recuerdo es un aviso constante de que el que recibe un carisma especial debe tener un confesor fijo al que someterse de manera humilde. De lo contrario, la soberbia se convierte en la fuerza más destructiva que existe. La vanagloria hace de nosotros seres repulsivos y los dones de Dios se transforman en pesos atados a los pies, que nos hunden hasta el fondo.

La vanagloria... Resulta difícil sustraerse a ella. Sobre todo les resulta difícil a los demás, pues yo soy un hombre sencillo. La humildad... La más sobresaliente de mis virtudes, quizá también la más admirable de cuantas poseo. *Pero yo soy un hombre sencillo*, vuelve a repetir Marco Antonio ante la multitud del foro, en el *Julio César* de

Shakespeare. En ningún momento se muestra más magistralmente soberbio aquel Marco Antonio que cuando repite una y otra vez que es un hombre sencillo. (Escena que quedará para mí indeleblemente unida al *Julio César* de Mankiewicz.) Sí, el sentido del humor resulta una medida sumamente higiénica contra el propio endiosamiento. Mientras me ría de mí mismo puedo estar tranquilo. A partir del día en que me tome demasiado en serio, me iré riendo cada vez menos de mí mismo. Y al final no toleraré bromas sobre mí. Sí, el humor sobre uno mismo resulta una sana gimnasia. Cuidaos de las personas que hacen patentes o tácitas profesiones de humildad. Me acuerdo de una chica mexicana que escribió, sin ningún atisbo de ironía: *El padre Fortea es humilde, porque él mismo es la humildad.* Yo mismo le escribí firmando al final: *Josephus Antonissimus Forteissimus Maximus Optimus.*

Un día cualquiera de mi vida está cuajado de las llamadas, visitas y consultas más extrañas. Normalmente, muchos comienzan diciéndome: *Padre, no me va a creer, lo que le voy a contar es tan increíble... Hija mía* —replico normalmente—, *aquí lo increíble es el pan nuestro de cada día.*

Una llamada desde Alemania me pide detalles eruditos acerca de Belial, un andaluz me pide ayuda, le persigue una secta luciferina. La policía no le hace caso, yo tampoco le hago mucho, ciertamente. Después me llama otra gallega —las gallegas me dan mucho trabajo—, quejándose prolijamente del mal de ojo que sufre.

Pero no todo mi trabajo consiste en buscar si la raíz de los problemas está en el infierno, o bajo la bóveda craneal del que consulta. Tras la publicación de un libro, si la editorial se toma mucho interés, las entrevistas que hay que conceder son continuas. A veces, en esos días, me voy a la cama dialogando conmigo mismo en forma de entrevista. Después, siempre vuelve la calma, la tranquilidad.

Lo bueno que tiene publicar el primer libro es que las editoriales comienzan a ocuparse de tus otras obras. Por fin, después de tanto tiempo, las cosas iban saliendo. Mi *scriptorium*, además de estar repleto de trabajo, ahora se encontraba iluminado por la luz de la esperanza.

Durante años, de forma más o menos intensa pero constante, trabajé en mi *Summa daemoniaca*, retocando, ampliando, adentrándome en cuestiones diabólicas cada vez más minuciosas, cada vez más intrincadas. El esfuerzo mereció la pena, estuvo por encima de todas mis expectativas. Recibía llamadas, lo mismo procedentes de un obispo de Estados Unidos que de un catedrático de Noruega, o cartas de un jovencito de dieciséis años, o de un preso. Guardo entrañable recuerdo de una persona que, agradecida, me escribió con su titubeante caligrafía para hacerme saber que mi libro era el primero que había leído en toda su vida.

Una de las agradables consecuencias que tiene publicar libros es que, si antes el buzón solía estar vacío, ahora cada día tengo cartas de todas partes. Una de las que he recibido hoy, día en que escribo estas líneas, me decía: *Me ha gustado mucho en su libro el que entre en un mano a mano con el materialista Nietzsche, sin duda alguna usted le gana a Nietzsche ampliamente*. Gracias, anónimo lector de Fuengirola, la verdad es que eso de ganar ampliamente a Nietzsche me ha llegado al corazón.

Sí, cada día leo misivas en que se dicen cosas tales como que *mis expectativas se vieron colmadas con la lectura de su libro... Espero que siga bendiciéndonos con más obras... Deseo una vez más felicitarle del modo más efusivo y entusiasta...*

Afortunadamente, después me escriben otras personas que me ponen de vuelta y media, que me odian y que me hacen comprender que no provoco amor universal en todos mis congéneres. Unos te ponen sobre un pedestal, y otros quieren poner el pedestal encima de tu cabeza.

Durante muchos años, mi ojo se asomaba al buzón de casa con tedio, y ahora, sin embargo, me llegan de vez en cuando paquetes con matasellos del otro lado del mundo, alguna que otra carta cerrada con lacre o sobres que contienen cuartillas cuadriculadas que han sido escritas desde una prisión de Estados Unidos. Por alguna extraña razón, ya he recibido dos de varios estados de esa nación. En serio que me he llegado a preguntar si es que soy muy popular en las cárceles de ese país. Espero ser tan popular algún día en sus monasterios como en sus recintos carcelarios.

Ser famoso tiene algunas ventajas. Por ejemplo, si un buen día en un momento dado deambulo por casa, solitario y melancólico, sin saber qué hacer, sólo tengo que empezar a abrir cartas. Siempre hay cartas o paquetes sin abrir. Los e-mails son una especie de plaga de langosta que no sé cómo atajar. Tres mil correos de carácter personal el último año. Otra ocupación que puede distraerme una tarde lluviosa de domingo, cuando deambulo aburrido por casa, es mirar qué se dice de mí en internet. Después de unos cuantos lugares eruditos y serios, en que se discute o analiza tal o cual afirmación de uno de mis escritos, me encuentro con gente que me admira muy por encima de mi valor real, y con desconocidos que me odian más de lo que merezco.

Navego un poco por aquí y por allá en la red. Veo que un periodista escribe en el periódico impreso (y después en el digital) que me imagina en mi parroquia *asustando desde el púlpito a las beatas con visiones terribles del infierno,* después dice tales cosas de mí que me indican que el autor, en el fragor de la columna, ha ido olvidando, conforme escribía, que soy un ser humano. Para ese columnista soy un prototipo del inquisidor. Pobre hombre, no tiene ni idea. Algunos, en la lucha contra los inquisidores, adquieren alma de fanáticos.

Otro internauta, en su blog, se despacha a gusto contra mí. Ni siquiera me animo a recoger con pinzas unas muestras para exponerlas aquí. ¡Madre mía, qué boca! Creo que será mejor que, a partir de ahora, los domingos lea únicamente comentarios laudatorios.

Dado que he pasado por no pocas salas de espera para famosos de bastantes estudios de televisión, he coincidido con unos cuantos personajes muy célebres de este país. Podría decir nombres, pero en vista de lo que voy a añadir a continuación, más me vale no hacerlo. La vanagloria, la soberbia, el engreimiento hacen que detrás de cada famoso haya un pobre hombre, con pocas excepciones.

Buena parte de los más famosos no son otra cosa que infelices encadenados a sus alardes de jactancia, pobres almas sin ninguna virtud. Esos seres humanos, que son idolatrados por encima de toda medida, no suelen ser otra cosa que esclavos de los vicios, personas que no solamente no valen más que la gente corriente y moliente, sino menos. Cuando uno ha tratado con algunos de estos divos absolutos, comprende las palabras de Jesús al decir que le es más fácil a un camello entrar por el ojo de una aguja que a uno de éstos en el Reino de los Cielos. Ese versículo ha tenido complicadísimas exégesis. Cualquiera de esos exegetas, si hubiera cruzado un par de palabras con estas autoproclamadas divinidades humanas, hubiera comprendido que las palabras de Jesús han de entenderse en su sentido más sencillo y natural.

De todas maneras, reconozco que cuando una persona gasta al día más de tres mil euros, cuando uno ya no sabe cuántas habitaciones tiene su mansión de verano (cuando uno, en realidad, ya no sabe a ciencia cierta cuántas mansiones de verano tiene), cuando todo el mundo que te rodea te repite desde hace años que eres fantástico, cuando uno sabe que se puede acostar con quien quiere, entonces, cuando a este tipo de superhéroes se les acerca un sacerdote y les habla del mensaje de Jesús, la respuesta es siempre la misma: te sonríen y se van a por otro canapé. Allí, junto a las bandejas y los camareros en posición de firmes, se unen a alguno de los grupos que integran el distinguido rebaño VIP de los célebres. Y yo me quedo en el sillón, solo otra vez, con mi vaso de agua mineral en la mano.

Eso sí, desde mi sitio contemplo las caras de ese rebaño de famosos, que no es un rebaño herbívoro. Basta ver sus fingidas sonrisas para percibir que son carnívoros, que detrás de cada mirada están analizando recíprocamente la profundidad de las arrugas, el envejecimiento de la piel del interlocutor, contando sus liposucciones. Para ellos, la vida es una *dolce vita*, una *tómbola*, el trabajo es sólo el tiempo que media entre un viaje a Ibiza y otro a Marbella. El matrimonio para toda la vida es sólo una fantasía literaria, bastante ingenua por otra parte. El más allá, para ellos, es como *Matrix*. Cierta persona me dijo, *mire, yo creo en el presente*.

Yo no me he convertido en un icono, nací siéndolo, comentó otro. *Hay cosas que no se fingen ni se intentan, simplemente, se viven y se logran*, afirmó un tercero, como explicación de su éxito. Sí, es verdad, la gente les adora tal como son. Constituyen un nuevo panteón romano de deidades pecadoras. Sus faltas, sus quebradas historias, sus escaramuzas, no les privan de un solo adepto. Son un rebaño de globos Montgolfier, hinchados más que nada con aire caliente. Entre ellos, el mensaje de Cristo cae con una sensación de *déjà vu*, de *déjà vu* franquista. *Padre, hay que modernizarse*, me aconseja cierta persona con una mirada socarrona. Nada más soltar el consejo-reprimenda, se retira sin escuchar mi respuesta, si la hubiere.

Hija mía —pienso con una sonrisa caritativa—, *que se modernice tu abuela*.

Son reflexiones hechas en una sala de espera de un canal de televisión. Sala de canapés y camareros, donde están congregados los invitados que la cadena considera de una cierta celebridad y que se irán desperdigando por diversos platós. Todos se encuentran de momento en la misma sala, pero ellos están allí como en su casa y yo estoy de paso. Desde mi sillón, viendo la escena de los camareros con sus bandejas, me acuerdo de que al final no he ido al supermercado y que mañana sin falta tendré que ir. Compraré víveres para sobrevivir otra semana más. Sobreviviré otros siete días a base de cereales (sobre todo ésos de trigo inflado, que tienen una rana feliz en la caja), cacahuetes,

naranjas, queso para fundir en el microondas y plátanos. Los que co-
cinamos acabamos siempre en esta rutina de la gastronomía fácil.
Claro que no voy a negar que también me compro unos palitos de re-
postería rellenos de crema y recubiertos de una delgada capa de chocolate blanco, que son mi delicia al final de las comidas. Lo reconozco, uno es un sibarita en pequeño. Nunca me he presentado como un
santo asceta. Sólo soy un pobre pecador creyente. Veo más similitudes
entre el vital Lutero y yo que entre el espiritualizado san Antonio *el
ermitaño* y mi pobre persona. Quizá soy un Lutero católico.

Y, sin embargo, este hombre imperfecto (yo mismo), al día siguiente, tiene que recibir a una señora anciana que le cuenta su historia en
busca del consuelo de Dios, en busca de la paz de espíritu, del fin de
sus remordimientos. La señora de ese día era anciana, aunque debió de
ser guapísima, a juzgar especialmente por aquellos ojos azules. No deja de llorar, en realidad no deja de llorar desde hace años. Se sienta en
el primer banco de la iglesia. Me cuenta su historia. Comienza su relato. Su madrastra siempre quiso más a sus hijos, siempre la postergó. El
día de la muerte de aquella madrastra, la adoptada se rió despectiva-
mente de ella delante de su misma caja. Desde ese día han pasado muchos años, y ahora se arrepiente de aquella burla cruel, se pregunta una
y otra vez por qué nunca le dijo su segunda madre que la quería. Para
acabar de empeorar el drama, me va refiriendo el mal camino que siguió desde joven, su matrimonio con un mal marido. En fin, su biografía no ha sido para ella un sendero de flores. Ahora busca la paz.

Así es la vida de un sacerdote. Oír en un banco de la iglesia tristes historias, tratar de consolar. La vida ordinaria de un sacerdote
más, uno de los quinientos mil con que cuenta la Iglesia en todo el
planeta. Me gustaría decir que no soy ni peor ni mejor que los demás colegas. Pero no, los hay mucho mejores, con biografías mucho
más edificantes. Y los hay peores, los he conocido, han pasado de
puntillas por estas páginas. Mi vida continúa.

Libro de anotaciones

Revisando mi vida pasada, los años pasados, me doy cuenta de que no he tenido la culpa de muchas cosas de las que me creí responsable. Ahora pienso que siempre fui menos culpable de lo que creía. También es verdad que nunca me consideré muy culpable de nada, pero es que ahora me considero todavía menos. He ejercitado la comprensión, empezando conmigo mismo. Me perdono. La verdad es que siempre he tenido pocos remordimientos, pero ahora me veo tan poca cosa que hasta me perdono los remordimientos que me puedan sobrevenir en el futuro. No he sido propenso nunca a ese estado espiritual, el del alma atormentada. Mi alma siempre ha respirado vitalismo. También debilidad, pero una debilidad muy vitalista. Quizá lo que acabo de decir suena a soberbia. Acepto la falta, sin aspavientos de fingida humildad. Será, en mi caso, una falta tan venial que casi la veo como virtuosa, o mejor dicho, que casi roza la virtud.

He llegado a ese momento de la existencia en que las faltas van pareciendo cada vez más veniales. En la noche de la madurez, todos los gatos parecen venialmente pardos. Ya no hay mucha fuerza para luchar contra los gatos. Uno comienza a aprender a convivir con esos gatos. Uno va llegando a esa apaceia budista en que nada se desea, en que ya estás resignado a todo. Reconozco que la apaceia era un estado estoico. Pero a las alturas en que escribo esto, el budismo, los estoicos, el sufismo... Ya todo comienza a desdibujarse, formando un magma vital. La vida desborda todas las presas construidas piedra a piedra en la escuela, se nos aparece sin etiquetas.

Al principio de la vida nos enseñan las etiquetas. Al final, aprendemos a irlas quitando. No sé, quizá es que esta noche estoy un poco melancólico. Sí, lo contemplo todo de un color otoñal, crepuscular. He querido cambiar... Y veo que la vida pasa y yo no soy san Juan de la Cruz, ni san Ignacio de Loyola. A este paso, hasta san Juan XXIII se me va a quedar lejos. La santidad parece como un tren que corre por la vía de la estación y ya va lo suficientemente rápido como para no poderlo alcanzar. Quizá no es el tren el que va cada vez más rápido, tal vez soy yo quien va más lento. Nos hemos quedado en la estación de la Esperanza.

Ahora releo las anteriores líneas, escritas hace pocos días. Son fruto de la hora tardía, de una hora melancólica y crepuscular. Me arrepiento de esas líneas. Esas líneas son el resultado híbrido, por una parte, del deseo que hemos tenido muchos sacerdotes de alcanzar la perfección espiritual, la vida mística con Dios; y del hecho de ver que nos hemos quedado tan lejos de las expectativas de Dios. Al principio, en el seminario, sólo leemos a san Juan de la Cruz y a santa Teresa de Jesús. Con el tiempo, en la soledad de nuestros destinos parroquiales, nos vamos aficionando más a Pío Baroja y a Sánchez Dragó. Pero me arrepiento de esas líneas precedentes, porque esta noche haré examen de conciencia y seguiré luchando, seguiré escribiendo propósitos en mi libro de anotaciones. Nunc coepi, ahora comienzo (como nos enseñaban en Pamplona).

Ofrezco aquí a los moralistas una fácil oportunidad de triunfar sobre mí. Mis censores se aprestan a mostrar en mi desgracia las consecuencias de mi extravío, el resultado de un exceso; tanto más difícil me es contradecirlos cuanto que apenas veo en qué consiste el extravío y dónde se sitúa el exceso. Me esfuerzo por reducir mi crimen, si lo hubo, a sus justas proporciones.

Memorias de Adriano

Nunca llegué a imaginar, en aquellos aburridos e inacabables días, semanas enteras pasadas bajo la mortecina iluminación de una lámpara de la Biblioteca del Congreso de los Estados Unidos, que aquel trabajo que me parecía oscuro y anónimo, mi tesina, iba algún día a llevarme a una suite del hotel Bahía de Vigo, al ser invitado a dar una conferencia, y a probar una mesa generosa en percebes y cogollos de merluza. Jamás imaginé que me acarrearía múltiples invitaciones a hablar en distintos foros de cultura, con sus correspondientes cenas posteriores. No, nunca imaginé ese epílogo para una obra demoníaca. Ya he dicho que *ofrezco aquí a los moralistas una fácil oportunidad de triunfar sobre mí.* No es mi deseo ni mi intención presentarme aquí al modo de un san Antonio Abad redivivo o como un san Antonio de Padua del siglo XXI. Soy un pobre y sencillo sacerdote, sin virtudes heroicas en demasía, y sin demasiados defectos, espero. Siempre me queda el consuelo de que la propia santidad no se nota. A lo mejor soy muy santo y no me lo noto. Mas no, no nos engañemos.

Pero como iba diciendo, cuando una universidad te invita a dar una conferencia, te suele invitar luego a cenar junto a varios catedráticos. Un sacerdote de pueblo viene a sacar entre cinco mil y diez mil pesetas (nunca me acostumbraré a los euros) de colecta en un fin de semana, de manera que esas cenas me parecían dispendios sencillamente insoportables para una débil economía eclesiástica. Pero los organizadores siempre se muestran felices. A juzgar por lo que cobran otros catedráticos por dar conferencias, yo les salía maravillosamente barato. Darme de comer y una cama les salía mucho mejor que pagar los cincuenta millones de pesetas que cobra por conferencia Bill Clinton. Y dicho sea de paso, mi conferencia era mucho muchísimo más aterradora que la del sonriente y lascivo Bill.

Aunque todas estas menudencias las cuento en tono de broma —ya se va dando cuenta el lector de que ésta es una biografía de menudencias—, hay que decir que en esas *cenas post-conferencia*, ante unos contertulios tan selectos, tan cultivados, salían los temas más interesantes, los más complejos. Intelectualmente hablando, la cena siempre era mucho más profunda que la conferencia, que, al fin y al cabo, se daba para un público universitario, pero cuyas mentes estaban todavía en fase de construcción. La mente de un estudiante universitario aún se encuentra llena de andamios, es un cerebro del que no se han marchado todavía los de las mudanzas. Por el contrario, el grupo de la cena es el de los catedráticos, el de los pesos pesados intelectuales y las vacas sagradas de la erudición.

Siempre he pensado que la filmación de esas sobremesas, al modo de *Gran Hermano*, hubiera dado resultados apasionantes. A veces, en esas sobremesas el tema derivaba de lo teológico a terrenos mucho más escabrosos que los demoníacos. Así, por ejemplo, recuerdo que una vez tenía a mi lado a Ramón Cordegoso, diputado de la Xunta de Galicia. Sin poder evitarlo, el tema de conversación fue derivando hacia la pastoral de los obispos vascos acerca de la ilegalización de Euskal Herritarrok. Hablar de eso con un político del PP era ver cómo la conversación se dirigía hacia unos arrecifes inevitables, puntiagudos y en los que nos íbamos a hundir todos, la mesa entera. Lo que comenzó como un pacífico parlamento acabó como el duelo de esgrima entre Darth Vader y Luke Skywalker. Dado que yo iba de negra sotana, me temo que só-

ENTRE EL CIELO Y LA TIERRA

lo me faltaba el casco. En un momento dado, sólo me faltó decirle al diputado con voz «darthvaderiana»: *Político, has infravalorado el poder del lado oscuro de la Fuerza*. Lamento que ese irrepetible combate de palabras no haya quedado grabado. Martín Lutero se llevaba cada día un amanuense para que anotase todo lo que se decía en la mesa.

Reconozco que este capítulo culinario habrá sido para muchos como un torpedo lanzado contra la santa imagen que se hubieran podido forjar de mí. Pero no importa, esta biografía no es un panfleto publicitario (suelen serlo las demás), sino que trata tan sólo de reflejar las bagatelas y pormenores de mi vida. Quiere reflejar no sólo las menudencias positivas, sino también las negativas, e incluso refleja positivamente las menudencias dudosamente negativas. Aunque, por razones obvias, tampoco estoy dispuesto a pintarme como Picasso, con tres ojos, la boca cerca de la oreja derecha y una cabeza de toro saliéndome de la oreja izquierda.

Ni voy a denigrarme, ni tampoco voy a pintar uno de esos hermosos autorretratos que todo el mundo mira para enseguida preguntar a su autor *¿quién es?* Normalmente, el pintor responde: *¡Pero es que no veis que soy yo! ¿Es que estáis ciegos?*

Espero que este agradable detalle de las conferencias y cosas por el estilo sirva al lector para que se dé cuenta de que mi vida no es sólo un triste valle de lágrimas. A ver si se piensa alguno que la vida de un cura consiste en ir por el mundo penando y preguntándose cuánto me queda todavía de vida. Yo, como todos los curas, tengo mis penitencias, mis cuaresmas, mis mortificaciones. No voy a hacer aquí una pública exhibición de mi vida interior. No soy de ésos. Ese otro lado, el lado del Fortea más edificante, mi faceta más virtuosa, también existe. Pero quede claro que si un día me apetece irme al cine, o probar la comida japonesa, por supuesto que lo haré. Y eso que siempre hay gente en la mesa de al lado que te mira como diciendo: *Mírale, se está comiendo la* X *que le pusimos ayer en la declaración de la renta.* Y otro, con voz displicente y cara de estar de vuelta, añade sin apartar sus manos grasientas de la langosta: *Y después, mucho predicar el miércoles de ceniza, para que contengamos nuestros apetitos carnales.*

Lo que más vale de este libro no es su contenido, sino su portada. La foto... Esa mirada grave, esa faz circunspecta, venerable, el pelo pictóricamente entrecano, el aspecto cuadriculado de mi rostro, esas facciones suaves y honorables al mismo tiempo. Ese juego de sombras, que ofrece un ligero toque de luces y transiciones sobre una piel que es la mía, esos ojos lectores enfrascados en su tarea, esas pupilas enmarcadas en iris castaños que se arrojan a un texto. ¿Será preciso explicar que, después de una portada así, todas las páginas que se contienen dentro de la cubierta no deberían estar más que salpicadas de detalles a la altura de la foto? El color negro de mi hábito, la blancura de mi alzacuellos, esa barba bien recortada, todo con un fondo de libros a mis espaldas. Sí, indudablemente, había que redactar un libro que estuviera a la altura de la portada.

Después está el título, el subtítulo y el auténtico título de este libro. El auténtico título hubiera tenido que ser *Tempus qui fugit*, que se traduciría por «el tiempo que huye». Aunque ese título admite igualmente dos traducciones más: un tiempo que huye, el tiempo es el que huye. Cada una de las posibles traducciones alberga delicados matices, la titulación latina ya citada incluye las tres. Aunque ya sabía yo que un título así sólo sería aceptado por una editorial no comercial. Sí, era mejor ponerlo como subtítulo.

Después, mucho después, apareció el actual subtítulo: entre los libros y los demonios. Y me gustó. Aunque para los lectores más rezagados habría que haber sido más explícitos: una vida entre los libros y los demonios. Incluso quizá, para evitar ambigüedades: una vida vivida entre los libros y los demonios. Hay tantos lectores rezagados. Habría que prohibirles leer esta obra, por nociva. Cuando hay escasez de sesera, hasta la Biblia resulta perjudicial. Los lectores rezagados siempre me dan problemas. Pero peor que los lectores retardadillos son los lectores apocalípticos y visionarios. Hoy, sin ir más lejos, me ha llamado una señora y en cuanto he dicho *dígame*, me ha soltado una frase antes de colgar: *Ojalá que Dios le perdone*.

En mis anteriores libros, siempre que esos lectores problemáticos han encontrado un párrafo irónico, una línea ambigua, una afirmación dotada de algún doble sentido, que ni siquiera se me pasó por la imaginación, me han enviado cartas furibundas *(¡no entiendo cómo se dice sacerdote católico!)*, o e-mails solicitando aclaraciones, y algunos hasta se han atrevido a llamarme por teléfono. Me hace feliz pensar que, si en mis pasados libros una línea les proveyó de tanta munición, en éste ya les he pertrechado para varios años.

Cierro mi libro, este que me gusta tanto, el de mis memorias, y miro el reloj. Es domingo, tengo que salir de casa a atender mis dos parroquias. Muchos piensan que me paso todo el santo día entre posesos y exorcismos. Afortunadamente, no es así. Hago mi compra en el supermercado, friego, lavo, barro la casa. Me pongo una camisa normal, no clerical, para dar mi paseo de después del almuerzo o de la cena, pues no me gusta que me reconozcan. Una de las cosas que más disfruto a lo largo de la semana es jugar con los monaguillos a pillarnos alrededor de la iglesia. Ésos son los juegos de antes de la hora de la misa, antes de que me siente a confesar, antes de que me revista con los ornamentos y me disponga a dar mi predicación dominical. ¿Cómo es mi predicación? Nadie es buen juez de sí mismo, así que dejaré que sea otro el que asuma la tarea de describirla:

Su elocuencia era espontánea, ardiente; improvisaba; era un orador verdadero; en el púlpito, en la ocasión, valía más que en el papel. Hablaba de repente, llamas de amor místico subían de su corazón a su cerebro, y el púlpito se convertía en un pebetero de poesía religiosa cuyos perfumes inundaban el templo, penetraban en las almas. Sin pensar en ello, don José Antonio poseía el arte supremo del escalofrío; sí, se sentía el escalofrío en el auditorio al oír aquella palabra de unción elocuente y santa.

Tengo la sensación de que este crítico mío exageraba en sus elogios. Sensación acrecentada al observar que esta crítica bondadosa, o quizá más que bondadosa, ha sido tomada de las páginas de *La Regenta*. En cualquier caso, me gusta mucho dar sermones, disfruto mucho. ¿Cuál es el secreto de mi gozo? Muy sencillo, me subo al ambón sin haber preparado nada de nada. Llego e improviso. A veces, en los tres primeros segundos, leo el Evangelio y no se me ocurre ni una sola idea, lo vuelvo a leer en una décima de segundo y sigue sin venir nada a mi mente, levanto la vista y allí están ciento setenta personas en sus bancos, pendientes de mi primera palabra. Y no tengo ni idea de cuál puede ser mi primera palabra. Entonces comienzo por cualquier lado, no importa mucho por dónde, y una vez que he comenzado, el sermón es como una aeronave que se va desplazando por la pista, que va tomando velocidad, que despega sus ruedas del suelo, toma altura, más altura, cada vez más veloz, y me emociono, el sermón sale por sí solo, cobra vida propia, hace piruetas en el aire, disfruto y me dejo llevar por su propio impulso. Finalmente, al cabo de un rato, comprendo que va siendo hora de aterrizar.

Trato de que sea un sermón con palabras lozanas, con frases como melones llenos de vida. No obstante, esta espontaneidad y falta de diplomacia ha hecho que varias veces se haya levantado algún oyente y se haya marchado en medio del sermón, indignado. Tres veces me ha ocurrido esto. Cuando ha pasado, me han dado ganas de decir: *¡Hale, con viento fresco!*

Un feligrés me dijo, hablando de mis sermones, que era poco diplomático. *¡Es que no quiero ser diplomático!*, repuse. *Eso que me dices que es un defecto es precisamente lo que busco. Es un defecto que cultivo.*

Pero la predicación será después, dentro de una hora, en la misa de una. De momento sigo corriendo con los monaguillos, a pillarnos, alrededor de la iglesia, en sus jardines y aceras. Es una imagen de postal, casi irreal, una iglesia entre los jardines de una zona residencial rodeada de una nube de niños correteando, unos pillando a los otros, y yo, con mi sotana, en medio, participando de esos recreos en una especie de infancia prolongada, una niñez de hoja perenne. Hoy domingo vuelvo a jugar a ese juego. Procuro hacerlo al aire libre y en presencia de algún padre, no sea que estos juegos me lleven algún día ante los tribunales. El ambiente está tan enrarecido que todo niño, por inofensivo que parezca, constituye un peligro en potencia. Detrás de cada niño veo a un juez y a un policía.

Y por si fuera poco, a algún juez le puede dar por practicar la técnica de la regresión hipnótica. En mi diócesis, eso ya ha ocurrido. Un canónigo fue condenado a pena de cárcel, y eso que la víctima ni se acordaba de ningún abuso. Pero la psicóloga hipnotizadora afirma que sacó todo tipo de cosas practicando la regresión. De forma que te puedes encontrar con un policía nacional cerrando las esposas en tus manos, mientras te comenta que un magistrado ha hipnotizado a alguien que ha dicho que le ataste a un árbol mientras le flagelabas con un látigo y treinta sátiros danzaban alrededor de la víctima. Y puedes estar un mes respondiendo a la pregunta de dónde están los treinta sátiros. Te pueden condenar hasta por encubrimiento de los otros sátiros. Todo esto suena a guasa literaria, pero como ya he dicho, a diez minutos de mi casa vivía un pobre cura al que le amargaron el final de su vida por un delito del que ni la víctima se acuerda. Después de trabajar toda su vida como un mulo, ha vivido su crepúsculo entre la vergüenza y la indefensión. Y finalmente está en la cárcel.

Una vez más me reafirmo en que la única inocencia que vale la pena es la inocencia ante Dios. El ejercicio de confesor vale indeciblemente más que todos los exorcismos que uno pueda realizar. El exorcismo sólo saca el Demonio del cuerpo, la confesión realiza el inefable milagro de devolver la luz al alma. Dado que infinidad de veces, durante las oraciones por los posesos, he podido comprobar con mis propios ojos el poder del agua, una vez que el sacerdote ha marcado una simple bendición sobre ella, ese hecho todavía me reafirma más en el formidable poder del sacerdote derramando la absolución sobre un penitente.

Ante mi confesionario se han arrodillado monstruos y ángeles. El cielo y el infierno en este mundo han estado tras la rejilla, recibiendo la absolución. El exorcismo es vistoso, espectacular, es un signo brillante dado por Cristo al mundo incrédulo. Pero la absolución sacerdotal supone un invisible poder bastante más inconmensurable. Por eso he pasado gustoso tantas horas y horas metido en confesionarios, esperando. Una vez vi un reportaje sobre un insecto denominado hormiga león. El citado bicho aguarda en un agujero cónico practicado en la arena, esperando pacientemente que caiga alguna hormiga en él. En el confesionario uno tiene un poco la sensación de ser una hormiga león, apostada en el centro de un imaginario e invisible agujero de arenas escurridizas.

Confesionario:
En las iglesias, recinto aislado dentro del cual se coloca el sacerdote para oír confesiones sacramentales.

En el confesionario siempre leo vidas de santos o la Biblia. Pero no dejaría de ser gracioso que el cura, inmóvil en su inconmovible confesionario, el cura-hormiga-león pasara las horas sumergido en la lectura de libros de viajes. Insisto en que nunca leo novelas en el confesionario, pero me hace gracia la idea de viajar desde allí, trasladarme con la mente a una cálida isla situada en el luminoso trópico de Capricornio desde un oscuro rincón de una catedral gótica. Sería curioso que se arrodillara un penitente justo cuando el primer asesino se dispone a clavar su puñal en el pecho del desgraciado viajero del Orient Express. Darían ganas de decirle *no me moleste con sus insulsas venialidades.*

En *El camino del corazón,* Fernando Sánchez Dragó se encarga una y otra vez de repetirnos lo mucho que le gusta viajar. Nos cuenta que el viaje es el arte del encuentro, que hay quienes han hecho del camino una forma de vivir, que su propia y rotunda vocación es la del perpetuo nomadismo. Me encanta que el mundo sea tan variado, porque soy todo lo contrario. Mi aversión a la aventura es proporcional a mi apego a la rutina de mis tranquilas jornadas. El orden que impera en el interior de mi hogar es una expresión de esa afición a la regularidad de mis horarios.

Desde luego, me deleito más examinando las diferencias de estilo existentes en las glosas marginales de los pergaminos que en un safari por el centro de África, lleno de bichos, jungla y sabana. Puedo asegurar que las diferencias de estilo de los lazos célticos de uno de los *incipit* del Manuscrito de Lindisfarne y otro *incipit* del Manuscrito de Kells son extraordinariamente apasionantes. Se nota que detrás de esos pergaminitos hubo un monje que dedicó toda su vida a estilizar y mejorar ese mundo de líneas. Frente a eso, el safari me parece más cansado. Reproducciones de ambos pergaminos que acabo de citar las tengo ahora ante mis ojos. Los dos son célticos, los dos están maravillosamente constituidos por los mismos elementos, pero para el ojo entrenado, las diferencias entre uno y otro tienen más interés que contemplar las cataratas del lago Victoria. Sin duda, dejaré el safari para más adelante. Además, *El corazón de las tinieblas* me ofrece una larga expedición por un África en su mejor momento, cuando era un continente virgen, que hace ya mucho que dejó de existir.

Decididamente, este mundo escrito tiene para mí mucho más interés que las cordilleras, selvas y Katmandús que me ofrece y ensalza Sánchez Dragó. Así me he ahorrado una fortuna en viajes. Muchos euros ahorrados, además de ahorrarme vacunas, mosquitos... Mientras, mis entrelazamientos célticos, mis iluminaciones carolingias reinan en todo su esplendor en los apacibles anaqueles de mi librería. Hay gente que nace para ser pájaro y hay gente que nace para ser árbol. Y además, desde que la televisión nos enseña tantos lugares y con tan buena fotografía, si tenía algún remordimiento por no viajar (que nunca lo tuve) ya no lo tengo. La serie *Paraísos cercanos* se ha convertido en mi cómodo turismo de los domingos por la noche, mientras ceno. Incluso diré que me gustan más los lugares exóticos cuando los veo en el salón de mi casa, en la televisión, que al verlos al natural. Cuando estoy en esos lugares (de España o el extranjero) miro alrededor y me pregunto: *¿Dónde se habrá metido la voz en off?*

G

El sol de agosto en todo su bello esplendor

Es mi vida la mejor de las vidas posibles? No sé para los demás, pero, desde luego, para mí sí. Es la mejor de las vidas que podría llevar yo, y que quizá para otro no tendría aliciente alguno. Así que creo que no me cambiaría por nadie. Para mí, la vida que llevo es el paraíso, o tal vez un sucedáneo del Edén. Mi vida sencilla y regular, plagada de múltiples aunque monótonos placeres intelectuales, se repite mes tras mes, año tras año, con la sistemática flema de un reloj que da las horas. Mi hora de levantarme, siempre la misma desde hace años, mi hora de acostarme, también la misma siempre, mi paseo de una hora después del almuerzo. Mi partida de ajedrez después de la cena, mientras tomo unos cuadraditos de chocolate. Mi rato de lectura, siempre muy escogida, pues ya pasaron los años de los experimentos, mi rato de sentarme a escuchar bandas sonoras... La lectura de la Biblia, la lectura de mis vidas de santos. Y rellenando todos estos maravillosos momentos (ratos que son el paraíso perdido de la humanidad) mi trabajo: consolar al triste, visitar a una ancianita enferma, confesar pecados, la catequesis de los angelitos de primera comunión, las risas con los mozalbetes de confirmación (ya más maleados que los angelitos anteriores), un bautizo, una boda (éstos ya sí que están completamente maleados), un funeral. Si mi trabajo no es el mejor de los trabajos posibles, no sé cuál será... Quizá el trabajo de ángel.

En fin, es curioso que justamente a una persona como yo, que llevaba una vida tan pacífica, casi de prelado renacentista, le fueran cayendo como aerolitos casos de posesión que alteraban las tranquilas aguas del estanque de la existencia. Sí, es verdad, es cierto que a veces los designios del Señor son inescrutables, pero ¿por qué me tocó justamente a mí? No lo sé. Quizá mi elección no se debió a mis virtudes, sino que se trató tan sólo de poner en esta materia tan delicada a una persona normal y no a un loco visionario que pudiera montar un belén de proporciones faraónicas.

Sea como fuere, el caso es que no sólo me vienen casos de posesión como los que ya he citado, sino también muchos de influencia maligna. Cuando se ora sobre alguien que sufre este tipo de influencias, la persona en cuestión siente dolores en diferentes partes de su cuerpo, pero no llega a perder la consciencia. La oración del sacerdote les provoca dolores en el estómago, en la cabeza o en otro lugar, pero siempre perfectamente localizados en una parte de su cuerpo. A veces, puede llegar a haber ligeras convulsiones en algún miembro. En otros de estos casos, cuando se ora sobre la persona, ésta siente un mareo o una presión sobre la cabeza.

A veces me llega con este mal una pobre ancianita de ochenta y tantos años, de pelo blanco, con su pacífico y cordial acento gallego, que me dice: *Padre, no quiero morirme con el Demonio dentro*. En otras ocasiones, me viene una parejita de novios, menores de edad, que han hecho la güija una sola vez, y ella ha notado que había entrado algo en ese momento. Hay casos de diez minutos, hay casos de meses. A veces llega gente de campo, otras veces han sido jueces. Unas veces son personas muy religiosas, otras son gente que comienza diciendo *yo me reía de todas estas cosas, hasta que...*

En una ocasión, me llegó una chica de veinticinco años que estaba en los mismísimos huesos, semejando uno de esos prisioneros que aparecen en los reportajes sobre Auschwitz. Sin embargo, no era anorexia lo que padecía. A los diecisiete años había realizado espiritismo, una sola vez. Desde entonces proliferaron los ruidos y crujidos raros por la casa. Después comenzó a no poder comer sin vomitar. No era que quisiera perder peso, ella de ningún modo quería perder ni un gramo, se trataba de una reacción involuntaria, que no dominaba. Aquella chica sentía algo en el estómago, como si se le formara una bola, y no podía evitar el vómito. No se trataba de la típica jovencita que se iba al baño para, a escondidas, intentar perder peso. No era eso. Incluso aunque ella cerraba la boca con todas sus fuerzas para no vomitar, la comida le subía por la garganta y, a veces, por la fuerza del impulso estomacal el vómito le salía por la nariz. Los médicos que la examinaron no salían de su asombro. Aunque a primera vista les parecía anorexia, al poco de tenerla ingresada se daban cuenta de que no lo era. Investigaron, por si se trataba de algún problema de estómago, pero sin ningún resultado. El estómago estaba sano. En cuanto recé por ella entró en trance. Aquel demonio la estaba llevando a la muerte. Di instrucciones, indicando lo que debía hacer un sacerdote que vivía cerca de su casa y al que yo conocía.

Un sacerdote que cree en estas cosas, menos mal, han exclamado aliviados muchos que por fin han llegado a mi parroquia. Sí, se ha infiltrado mucho racionalismo entre los ministros de Dios. Cuánta soledad he sentido frente a no pocos de mis colegas. Sólo voy a dar un detalle. Cuando la UNED me invitó a mi Barbastro natal a dar una conferencia sobre el tema, la sala se llenó. Cientos de personas abarrotaban el local. Literalmente, no cabían sentados y llenaban el aula magna hasta la puerta. Allí se encontraban gentes de toda condición y profesión. Sólo faltaban los sacerdotes. A excepción de tres cuyos nombres recuerdo con gratitud, el resto no tuvo ningún interés, ni siquiera en ir un momento a saludar al viejo alumno suyo que había llegado a ser sacerdote y que ahora daba una conferencia sobre un tema religioso. Recuerdo, para más inri, a un viejo profesor, el reverendo La Plaza, con el que me topé en la acera. Y se excusó diciendo que al día siguiente no podría asistir a mi conferencia porque tenía que hacer algo. Le respondí: *Ah, no te preocupes, es hoy a tal hora*. Tuvo que hacer un gran esfuerzo para buscar una excusa, que evidentemente resultó vaga y difusa. Ni siquiera asistió el reverendo Bilbao, de mi mismo curso, al que llamé ex profeso por teléfono. A Ernesto le solía llamar de vez en cuando por teléfono, pero ya no le he vuelto a llamar nunca más. Además, a partir de aquel detalle, caí en la cuenta de que era siempre yo el que llamaba.

En fin, entiendo que pueda faltar uno u otro colega a una conferencia, pero no todos. ¿No debía marcharme de mi querida localidad natal con un cierto regusto amargo en la boca? Por fin se había dado una conferencia religiosa en la Universidad a Distancia, y allí estaba todo el mundo menos el clero. Eso me recordaba una obra de teatro (no me acuerdo de su título) en la que al final se apareció la Virgen a un pueblo entero, y todos la vieron. Todos menos el cura.

No quiero dar una cierta impresión de anticlericalismo. Pero si la doy, tampoco me importa nada. La mayor parte de los sacerdotes son hombres justos y virtuosos, consagrados al bien del prójimo y a la gloria de Dios. Una porción de éstos son, incluso, verdaderos y auténticos santos. Ahora bien, no voy a ser mejor hijo de la Iglesia por afirmar en este libro que todos son fantásticos y maravillosos, que todos y cada uno de ellos son la pera y la repera. No voy a mentir a la mayor gloria de Dios. Alguno me dirá que podría haber guardado silencio. A ése le recordaría que jamás se imaginará hasta qué punto esta biografía está cuajada de silencios. Pero no quiero dejar tanto silencio en estas páginas como para no recordar que fueron los sacerdotes, los sumos sacerdotes, los escribas y los maestros de la Ley los que organizaron la oposición contra el Mesías y contra los que años después se empeñaban en seguirle. Si a alguno le parece que este hecho es intrascendente y puntual, le animaría a que se diera un paseo por las páginas de los libros de historia de la Iglesia. Incluso por las páginas de los libros más proclericales. Y en esas páginas descubrirá a los verdaderos descendientes de los fariseos, escribas y sacerdotes del Templo, pululando por la historia de la Iglesia desde la Edad Media hasta nuestros días.

Pero también hay santos, replicarán. No lo dudo. Nada más lejos de mi intención que dudarlo. Aquí, ahora, sólo estoy hablando del lastre, del peso muerto que arrastra la Barca de Cristo en su travesía a través de los siglos. Si mencionar la existencia de ese lastre es un terrible pecado de traición a mis colegas, entonces intentaré tratarles mejor en mi segundo tomo de memorias. Sí, ofreceré una versión mejorada de ellos, y de paso de mí.

Ah, sí, una autobiografía, prado ameno donde poder saldar cuentas. Ciertamente, para este menester no se me ocurre lugar más a propósito que esta página en blanco delante de mí, sobre la mesa, acompañada de este silencio que invita a retratar con premeditado detalle a tal o cual persona que pasó por mi vida dejando tras de sí un rastro de miseria. Por nuestra vida pasan ese tipo de personas, que uno desearía que los demás conocieran como lo que realmente son. Tengo tiempo por delante esta tarde. Horas. Tengo tiempo y papel, y ganas, pero debo resistir la tentación. No, no saldrán de mi diestra esos retratos de clérigos a los que tanto debe mi santificación.

Las cerdas de mi pincel podrían mojar sus colores vengativos en personas como la de un determinado eclesiástico de alto nivel, una persona simpática, desbordante de vitalidad, graciosísima, trabajadora hasta la extenuación, pero falsa como el beso de Judas. Me acuerdo de un cura catalán que me contó, sobre este eclesiástico, que un día por la mañana le oyó decir en un determinado centro de los Legionarios de Cristo: *¡Esta congregación a la que pertenecéis ha salvado a la Iglesia!* Y por la tarde ante otros curas: *Los legionarios es-*

tos son todos unos cabrones. Otro día, este mismo clérigo, ante un cura que le había mencionado un dicho referido a la vida espiritual, *nadie da lo que no tiene,* repuso fuera de sí, iracundo, que eso era una herejía. Esa misma frase, acompañada del mismo contexto, le fue dicha esta vez por un cura de nunciatura, y entonces inclinó la cabeza y añadió: *Evidentemente.* Es decir, las cosas podían pasar de ser una herejía inaceptable a ser una verdad evidente, dependiendo de quién las dijese. Aquel eclesiástico podía pasar de ser el paladín del conservadurismo más rancio a defender las tesis más increíblemente liberales. Todo dependía del ambiente en que se encontrase. Era una especie de camaleón eclesiástico, algo así como una iguana a la que le encantaba reptar, otear el entorno, quedarse quieta las horas que hiciera falta, con tal de saltar en el momento oportuno, de seguir andando (su ascendente camino eclesiástico) o de atrapar con su lengua algún insecto despistado. Su verdadera vocación no era el estado sólido, sino la diplomacia de la falsa sonrisa. Con tal de seguir ascendiendo, con tal de hacerse un sitio en el confuso limbo de los jerarcas, se hubiera convertido en lo que hubiera hecho falta: anarquista mariano, retroprogre, lefevriano, de la Teología de la Liberación, lo que hubiera sido menester. La mente de aquel hombre era una cosa demasiado complicada y mutante. Desde luego, la ambición saca a flote lo peor de cada ser humano. Aquel predicador de la virtud era egoísta, maleducado, vanidoso, colérico, mentiroso cuando le parecía, adulador cuando le convenía y oportunista siempre, porque su carrera y él constituían una misma cosa. Varias personas que le conocimos llegamos a la conclusión de que aquel hombre era un santo taumaturgo cuyo primer y único milagro era precisamente su carrera. Cómo había llegado a esa posición que ocupaba era algo que rozaba lo misterioso. Todos los que tuvimos la fortuna de llegarle a conocer reconocimos que, a pesar de nuestros propios defectos, podíamos dar gracias a la Divinidad de no ser como él.

Sí, resulta una tentación hacer una biografía erizada de ajustes de cuentas. Pero no quiero yo hacer justicia en un libro, pues me parecería siempre insuficiente. A determinadas personas las abandono al juicio de Dios. Además, como dijo el autor del descenso a los infiernos acompañado de Virgilio:

La espada de la divina justicia no hiere prematura
ni tardíamente, aunque se lo parezca
a los que la desean o la temen.

Me hubiera gustado escribir una autobiografía elemental, entrañable y conmovedora. La historia de un gran eclesiástico con un carácter de hierro, alguien como la marmórea estatua del cardenal Cisneros situada delante de la fachada de la Universidad de Alcalá. Un rostro tal, el de Cisneros, que parece de hierro más que de piedra, o cuando menos de hierro pétreo, con una mirada penetrante que es reflejo de la fortaleza que anidaba en ese espíritu ascético. Por desgracia, tan sólo he podido ejercer de biógrafo de alguien que sigue manteniéndose en un nivel medio. E incluso diría que en un nivel muy medio.

La belleza del octaedro, sus líneas, su regularidad,
su geometría acabada.

Leí esta frase y me enamoró. Me hubiera gustado una biografía al estilo de esa frase, de geometría acabada, de líneas perfectas. Sin embargo, este escrito da pasos dudosos entre la biografía, las memorias y el diario. A ratos es una bribona mezcla de *Platero y yo* y *Yo, Claudio*. Pero a pesar de todos mis comentarios, a pesar de todas mis descalificaciones, tengo la sensación de haber retratado a un gran hombre, sobre todo esta sensación se me hace más patente cuando entro en mi estrecha bañera. El auténtico problema es que me hubiera gustado retratar a un santo y he retratado únicamente a un hombre. Quizá dentro del hombre que veo en el espejo hay un santo. ¿Será que soy un santo rodeado de una fina capa de humanidad? ¿Seré un Pío XII bañado en una fina capa de Juan XXIII, como mis bollos de crema bañados en chocolate blanco? No, seamos realistas, la verdad reluce. La verdad, en toda su mediocridad, se nos impone, estamos lejos de la santidad.

Y es una pena, pues ya lo dijo ese santo arzobispo de Valencia, monseñor José María de la Higuera: *Si somos sacerdotes, ¿por qué no somos santos? Si no somos santos, ¿por qué somos sacerdotes?* Sí, me gustaría ser santo, puedo serlo, pero es más fácil dejarse llevar. Dejarse llevar un día más. Dejarse arrastrar una jornada más por la mediocre cotidianidad, sin grandes pecados, pero también sin heroicas virtudes.

Todo sacerdote sabe que puede llegar a ser santo, y que cualquier día se puede empezar. Explico mi falta de heroísmo porque esto de haber hecho algún exorcismo y atender a posesos da una ineludible aureola de santidad. Pero los exorcismos sólo me sirven para comprobar el poder sacerdotal. Es decir, mi trabajo diario con los posesos me hace entender mejor el poder objetivo del sacramento, que posee todo presbítero, con independencia de cuál sea su vida. Además, el nombre santísimo de Jesús tiene un poder propio e inherente, al conjurar al Demonio, así conjure el cardenal Richelieu, o el santo Cura de Ars, patrono de los sacerdotes. El poder de Cristo entregado a su Esposa es algo mucho más objetivo de lo que nuestros enemigos creen.

En cualquier caso, a estas alturas del libro, el lector ya habrá comprobado suficientemente que no he querido hacer de estas páginas un ejercicio de autocomplacencia, algo muy al uso en este género biográfico, sino más bien un compendio ambiguo y rugoso de mis mejores defectos y mis peores virtudes. Me conformo con una biografía modesta. Quizá he dado demasiadas vueltas de tuerca a mi deseo de que el presente escrito no fuera laudatorio. El lector, dotado de cristiana caridad, sabrá enaltecerme por encima de mis propios vituperios. Quizá me he pasado un poco.

Una biografía modesta debería ser el sueño de todo *gentleman* inglés que viviera en la época augusta de su imperio. Los franceses y los norteamericanos, en eso, son más pasionales. En una vida como la mía, y dado que no soy Bonaparte, no podrán aparecer expresiones tales como *había soñado durante quince años con las nieves de Moscú y con el sol de las Pirámides*. Además, ahora leo lo que llevo escrito, y a ratos me parece una biografía demasiado profana y a ratos demasiado devota. Quizá son inconscientes intentos de compensar una visión en exceso mundana, con extemporáneos sermones que te asaltan al doblar el recodo de cualquier párrafo. En fin, abandono el papel y me voy a dar un baño.

Por cierto, mi madre no cesa de decirme que he engordado y que no coma tantas cosas con colesterol. Con tanta pizza, con tanta comida china, con tanta comida rápida, no es raro que mis carnes estén cada vez más prietas, más generosas, más abundantes. Todo eso lo veo en el espejo al ir a darme un baño, justo antes de acostarme. Hoy, antes de acostarme me voy a dar un señor baño. No una ducha, sino un baño con todas las de la ley. Llevo tantos años dándome duchas que ya no me debo acordar de lo que se siente con el agua caliente hasta el cuello, en una bañera llena de espuma. Además, lo he visto en la televisión y me ha entrado el antojo de probarlo. Pero de probarlo bien, como sale en las películas. Es decir, voy a poner tres o cuatro velas, música de ambiente y todo eso. Bueno, en realidad creo que tampoco hay más: la espuma, la música, las velas y para ya de contar.

Me dirigí a mi bañera con la ilusión de probar un nuevo placer medio paradisíaco, pues en las películas ponen cara de terrenal éxtasis
cuando están en la bañera con todos los aditamentos que he dicho.
Pero no, las cosas nunca salen exactamente como en la tele. Ni las
recetas de cocina, ni lo de la bañera. Para empezar, en cuanto me
tumbo en la tina me doy cuenta de un pequeño y molesto detalle: la
bañera es más corta que yo. Esto significa que al doblar las piernas
éstas quedan fuera del agua. Pero no sólo las rodillas, sino buena
parte del muslo y hasta de la pantorrilla. Y tengo frío, es invierno.
Tengo frío en las piernas. Siento el agua calentita en la parte sumer-
gida, y claro, se me queda fría la parte de fuera. Trato de no pensar
en ello. Trato de no centrar mi mente en los inconvenientes. Que un
pequeño e insignificante inconveniente no estropee estos minutos
de doméstica beatitud.

Pero cuando trato de concentrarme en mi beatitud, aparece el
segundo problema. Me acabo de dar cuenta de que la música está
demasiado alta, casi hasta molesta. Había puesto el volumen sin
contar con que el agua borboteaba al llenar la bañera. Los borbo-
tones resonaban en el pequeño cuarto. Ahora que ya no hay ruido,
compruebo que la música está lo suficientemente fuerte como para ser molesta, aunque trate de no pensar en ella. No se puede escuchar música del siglo XVIII con el mismo volumen que los Ro-
lling Stones. Podría ir y bajarla, pero eso quizá causara mi muerte. Estoy mojado. Los pies mojados, el suelo mojado, y en esas
condiciones tocar el vetusto aparato de radio enchufado a la corriente puede suponer que esta música haga las veces de réquiem,
con mi cuerpo electrocutado y caído sobre las empapadas baldosas
de mi cuarto de aseo. No quisiera que fuera mi último baño. A los
condenados a muerte se les concede una última comida, a voluntad, no un último baño de lujo. Encima, la música que están emitiendo justo en ese instante en Radio Clásica es mala de verdad,

con ganas. Ya es casualidad, dispongo de quince minutos de beatífica satisfacción y ponen en las ondas a un autor de tercera fila. Lo ponen como nota erudita, pero es de un tedio inimaginable. Este compositor que suena debe ser el hijo del sobrino de la nuera de Beethoven.

Tercer problema, el mármol (o el material del que sea la bañera) me molesta en la nuca. Nunca había reparado en lo dura que es una bañera marca Roca. A lo mejor otras marcas no lo son, pero puedo asegurar que una bañera no es un cojín. No voy a abundar en esta incomodidad, porque, además, empiezo a notar que la piel se me está arrugando, y mucho. Las yemas de los dedos de los pies, de las manos, todo. Mi ser empieza a arrugarse; si no todo mi ser, por lo menos la periferia de mi ser. Para colmo, el agua se está quedando fría, y yo con ella. ¡Pero si llevo sólo la mitad del tiempo, quizá menos, de esa larga y plácida felicidad que tantas veces he visto en la tele! Ahora ya sólo falta que llamen por teléfono, que llamen a la puerta, o que pase algo. Siempre pasa algo. En los momentos de esta índole siempre tiene que pasar algo.

Francamente, no sé de qué me extraño, hasta en la televisión he visto que siempre pasa algo en estas situaciones. Si el protagonista se va a la bañera a darse este tipo de baño relajante, inevitablemente pasa algo. Ahora que me doy este baño en mi casa, me doy cuenta de que si acaece algo en las películas en este tipo de momentos, no es porque lo diga el guión, sino porque así es en la realidad. El guión de la realidad parece empeñado en interrumpir simulacros de beatitud en este tiempo de destierro.

Salgo del agua con un extraño sabor en la boca —*ojo, no te resbales*—, es el sabor del deseo simultáneamente satisfecho e insatisfecho, el sabor del decepcionante anhelo alcanzado. Ahora, cada vez que vea ese baño en las películas, distinguiré entre la ficción y la realidad. La cara de felicidad que muestra la que se da el baño (suelen ser mujeres) es tan feliz porque el director le ordena que ponga cara de felicidad.

Ya seco, y después de rezar un avemaría, me meto en la cama, donde entro en calor. Al menos este viejo camastro no me da sorpresas. Siempre me quedará el lecho, con su edredón de vivos y alegres colores y su almohada de florecillas silvestres, esa almohada que es un prado de optimismo. *Siempre nos quedará París*, siempre nos quedará la cama. Me duermo, ah... Los angelillos ya comienzan a aparecer. Son angelillos barrocos, germánicos, orondos angelillos flamencos. Ellos alegran con sus colores celestiales la oscuridad de cada noche. Ya voy, ya voy, esperadme.

Los mejores años de mi vida

Le preguntó una vez una periodista a la duquesa de Alba cuáles fueron los mejores años de su vida. *Los años que pasé con Jesús*, respondió lacónicamente ella, tan noble. No es un dato baladí dar a conocer al lector que su marido se llamaba Jesús, pues de ser desconocido este dato, la interpretación de la frase puede ser muy distinta a la que quiso dar la viuda.

¿Cuáles fueron los mejores años de su vida? *Los años que pasé con Jesús*. Deliciosa contestación, porque dados los años que pasó en su compañía, es como decir toda la vida. Pregunta: ¿cuáles han sido los mejores años de su vida? Respuesta: toda mi vida.

Si a mí me formularan la misma pregunta, cuáles han sido los mejores años de mi vida, me vería obligado a pensar detenidamente la respuesta. Debería meditar la contestación, a pesar de que es un interrogante que me he formulado a menudo. Creo que los mejores años de mi vida son aquellos en que más cerca he estado de Dios. La vida espiritual nunca es estática, siempre varía, y a veces varía mucho. Cuanto más fervorosos estamos, más somos recompensados por Dios con una felicidad interior que no puede dar el mundo. Es una dicha íntima que el mundo no puede sospechar, pues se trata de un gozo desconocido para él. *Quien a Dios tiene, nada le falta. Sólo Dios basta.* Los años en que más intenso ha sido mi ascetismo fueron los más dichosos; curiosa paradoja. Una lista de mortificaciones, un horario de oración, una continua presencia de Dios, los propósitos que van saliendo adelante, una voluntad que se va fortaleciendo cada vez más en el servicio al Señor: ahí están los elementos que van construyendo una dicha completamente sobrenatural, que, insisto, sólo conoce aquel que la ha experimentado.

Ya que he mencionado a la duquesa de Alba sería interesante decir algo del celibato.[9] Son muchas las personas que me preguntan acerca del celibato. *Padre, ¿qué piensa sobre el celibato? ¿Está a favor de su obligatoriedad?* Son legión los que me interrogan sobre esto. En fin, voy a dar mi sincera opinión al respecto. Creo que las diatribas que se lanzan contra el celibato se plantean mal, porque se construyen con los criterios del mundo. Nunca hubiera abrazado el celibato para estar más disponible para mi trabajo sacerdotal o similares razones de poco fuste. Sería poca cosa, frente a la calidad de lo que se sacrifica. En mi opinión, el celibato es ante todo un sacrificio que se ofrece a Dios por amor a Él. Un sacrificio que tendrá su recompensa especial en el Reino de los Cielos. Es una inmolación, un matrimonio espiritual con el Infinito Espíritu Creador.

---

9. Si a la duquesa de Alba le preguntara un periodista qué opina del celibato, ella respondería: *No sé, pregúntenselo a mi marido, que fue cura.* ¿Acaso no sería una respuesta digna de una antología? Dado que su marido ha fallecido, la postura que él pudiera mantener acerca del tema es muy probable que haya sufrido algún cambio o matiz.

Frente a estas razones espirituales, místicas, profundas, que no buscan nada de este mundo y todo lo esperan del otro, los argumentos de los detractores —esto es, la Iglesia tiene que modernizarse, tiene que ser más democrática, y otros de igual escasa brillantez— suenan a argumentos de una gran banalidad mundana. Y yo creo que si hacemos mundana a la Iglesia, lo mejor es llegar hasta el final, hacerla mundana del todo. Puestos a banalizar, hagámoslo a conciencia. Pero al reconsiderarlo todo de tejas para abajo, habría que preguntarse si realmente valdría la pena empezar de nuevo toda la aventura de la Iglesia. La Iglesia, los mártires, la entrega de la entera existencia, la vida espiritual tienen sentido únicamente si miramos el mundo desde otra perspectiva, la de Dios. Al mundo hay que mirarlo desde Dios, no a Dios y su Iglesia desde el mundo, con sus pasiones.

Creo que los argumentos que se deberían esgrimir a favor de la voluntariedad del celibato son otros. Y pienso que hay otros que sí que son verdaderamente dignos de consideración y que los lectores me van a permitir que me guarde en mi pecho. Pero no es una buena razón decir que un sacerdote se puede enamorar, porque también puede enamorarse un hombre ya casado, y no puede llegar a casa y decirle a su agotada mujer, a la que le duele la espalda por trajinar con sus cuatro hijos todo el día: *Querida, mira, te voy a dejar, porque me he enamorado, ¡estoy enamorado!*

La escena resulta grotesca: una madre que se ha dado totalmente al servicio de su marido y sus hijos, sin reservas, durante veinte años, ve que un día su marido, al llegar a casa, le dice, contento y feliz como unas pascuas, que siente que le tiene que comunicar algo muy importante, y después, ya sentados en el sofá, con una sonrisa le suelta *querida, ¡me he enamorado!* Por eso, al que para abandonar el celibato alegue la razón de que se ha enamorado, hay que decirle que no debería haberse enamorado, exactamente lo mismo que se le diría a un hombre casado. Aun así, un célibe que se ha enamorado de alguien, después de darle un tiempo de reflexión, cuanto más lejos esté de los altares y sus santos misterios, mejor. A estos hermanos hay que abrirles la puerta de par en par, para que salgan. Ojalá se pudiera abrir una ventana y que salieran volando como palomas,[10] yo abriría todas las ventanas de la Iglesia.

Y quiero insistir en que sí que hay unas razones totalmente válidas por las que se puede hablar de la conveniencia o no de un cambio de la ley canónica actual. Pero esas otras razones (éste no es lugar para exponerlas) nada tienen que ver con los lemas que esgrimen aquellos a quienes hay que explicarles el abecé de la vida espiritual. *Escuchar al que no sabe*, he aquí la más meritoria obra de caridad, asaz frecuente para los sufridos curas.

De todas maneras, soy sumamente compasivo con el hermano que se desvió, pues yo mismo, que he escrito estas cosas, conozco muy bien lo que es llegar a casa después de un día de trabajo y entrar en un piso vacío. Yo sé muy bien lo que es cenar solo un día y otro.

En fin, no disfruto los placeres familiares, pero a cambio dispongo de una cierta abundancia de otros placeres sencillos. Cada día doy un paseo a la vera del río Henares, cada día me deleito unos minutos en los arpegios y contrapuntos de los autores barrocos, cada día me espera ese fiel amigo lleno de mundos que es el libro, y mi piso, a esas horas ya nocturnas, se ilumina por su palabra. Para mí, la diaria lectura se ha convertido en una especie de viaje. Puedo decir en verdad que he estado en la corte de Cleopatra, en la biblioteca de la Torre de Babel de Borges, en los mundos interiores de contemporáneos iraníes bajo el régimen de los ayato-

---

10. Puede que, de negros cuervos, salieran transformados en amorosas palomas.

lás y en los mundos interiores de romanos que vivieron en la Germania de Tácito; he estado en la corte nipona de una geisha del siglo III antes de Cristo y en la gruta de un eremita que vivió el final del imperio bizantino. Son los lujos baratos de mi existencia cotidiana.

Desde luego, mi paseo a la vera arbolada del río, surcado por patos, se ha convertido en mi particular y cercano jardín del Edén. Después está el paseo semanal con mi amigo Aníbal, abogado y pozo sin fondo de ciencia.[11] A veces tengo la extraña impresión de que lo ha leído todo. Los dos tenemos que hacer ejercicio y paseamos durante dos o más horas por los montecillos cercanos a Alcalá, elevaciones salpicadas de pinos bajo un límpido cielo azul. Aníbal es de una bondad tal, y tan religioso, que yo a veces tengo la impresión de estar haciendo siempre de abogado del Diablo, de representar el papel de un Pepone eclesiástico, y él el de una especie de don Camilo laico. En uno de esos paseos, en un arresto de valentía, le pregunté: *¿Qué tal mi libro de memorias?* —se lo había prestado—. *¿Qué te ha parecido?*

Su opinión me la voy a reservar, porque siempre ha sido tercamente sincero, no como yo, que personifico la diplomacia vaticana y que podría saludar por la mañana al ministro de la revolución cubana y por la tarde recibir con la misma sincera sonrisa al abogado de Pinochet. Pero una de las cosas que me dijo fue: *Echo en falta que expliques más tu espiritualidad, tu vida interior.*

---

11. Aníbal fue enviado por su bufete a Dallas. Curiosamente, en los paseos fue sustituido por otro abogado, esta vez de la firma Wanadoo, que después pasó a pertenecer a Orange. Debo decir que la amistad con un abogado que trabaja para una compañía de internet me ha resultado completamente vana para resolver los problemas de conexión a la red cuando los he padecido. Siempre resulta mucho más beneficiosa la amistad con un fontanero o un electricista.

Debo confesarte, le expliqué, *que si algo tenía claro desde el principio era que no iba a exponer en estas páginas ese tema*. Hay autores a los que les encanta desnudarse en sus libros. En ellos, unos se confiesan, otros se psicoanalizan. Mi vida más íntima es un asunto personal. Hubiera sido muy interesante para los lectores, lo reconozco, ir explicando mi evolución espiritual, lo que veía que me pedía el Señor, mis resistencias, mis escaramuzas perdidas y las batallas ganadas en el campo del alma. Explicar la evolución de la relación de mi alma con el Creador resulta un libro de memorias nada tentador para mí. La exposición de mi amistad con Cristo sería tema de otro libro, y si lo escribo será justo al final de mi vida. Pero ni ahora ni al final de mi vida siento ni sentiré inclinación alguna a abrir las puertas de mi intimidad. El que quiera hacer un «striptease» literario de su propia alma puede hacerlo, yo desde luego no. Además, en materia de vida espiritual no pretendo presentarme como modelo para nadie. Sólo soy un pobre hombre al servicio del Señor.

Un hombre corriente... Sé que al abrir las primeras hojas de este libro, muchos esperarían encontrarse con la autobiografía de un santo que desde niño entrevió las tinieblas del poder del Averno, un niño que ya desde su más tierna infancia luchó contra los poderes del Mal. Pero lamento decir que no fue así. Lo más que puedo decir es que la primera canción que recuerda mi memoria fue un estribillo que repetía *un rayo de sol, oh, oh, ooh, un rayo de sol, oh, oh, ooh*. El hecho no tendría mayor trascendencia si no fuera porque el grupo que lo cantaba se llamaba Los Diablos. ¿Tiene alguna significación que la primera canción que recuerde un demonólogo en toda su vida sea la cantada por un grupo denominado Los Diablos? Mucho me temo que no.

Tampoco creo que tenga importancia el hecho de que mi abuela repitiera cada vez que hacía una trastada: *¡Este crío es un demonio!* ¿Tiene alguna significación el que la abuela de un demonólogo dijera de su tierno nieto que era un demonio? Mucho me temo que no.

¿Tiene alguna significación que una de mis monaguillas, Amelia, rubita y modosa, me regalara en el año 2000 una jarra para beber con la imagen del Demonio de Tasmania, el acelerado personaje de la Warner? Mucho me temo que no.

Ése es el problema de tanta gente que me viene a ver alegando que sufre problemas demoníacos: sus mentes reorganizan los hechos que perciben en el mundo real, llegando a conclusiones erróneas. ¿Qué es lo que hace que una mente normal comience un buen día a generar conclusiones erróneas? Es un misterio, un misterio muy profundo. Y aunque al final se trate de cuestiones químicas que afectan a los neurotransmisores del cerebro, no por eso dejan de ser verdaderamente apasionantes los mecanismos por los que se va desestructurando una mente.

Lo mismo que otros sacerdotes, capellanes de un convento, han podido ver cómo el alma de alguna de sus pupilas se ha ido elevando a la santidad, así yo también he podido ver cómo algunas personas han ido sumergiéndose cada vez más en el abismo de unos razonamientos progresivamente más y más ilógicos. Es el hundimiento de una persona en su propio cerebro.

No hay peor cárcel, peor esclavitud, peor abismo, que el propio cerebro, cuando éste se transforma en un laberinto con un minotauro, con cien minotauros. Y allí estoy yo, como sacerdote, tratando de hacer de Ariadna, de buscar un hilo por el que salir del laberinto psicótico en el que algunos se han metido. Normalmente, ese hilo que trato que sigan suele llevar a la Seguridad Social, al departamento de psiquiatría.

Mi experiencia es que, si tal persona está casada, el cónyuge acaba por llevar al otro al lugar donde puede recibir una ayuda especializada. Pero si no, por más que se lo diga yo, los enfermos no se suelen ver como enfermos. *Usted no me comprende*, me repiten, suplicantes al principio e indignados al final.

Lo que algunas personas que me vienen a ver tienen en sus cabezas no es el Demonio descrito en el *Catecismo de la Iglesia*, sino el infierno de la patología mental, un demonio que sólo se marcha con medicinas y terapia. Otras no, otras tienen al verdadero Demonio, al descrito en las milenarias páginas de Job. Alrededor de enfermos y posesos, alrededor de mi parroquia, alrededor de mi vida, toda una vida dedicada a este campo, están todos los que opinan sobre el asunto desde la ignorancia. Con ellos es con los que debo tener más paciencia. Al fin y al cabo, unos están enfermos, otros posesos, pero los últimos, los furiosamente críticos, sólo hablan desde el oscurantismo de unos cuantos libros racionalistas, desde la barbarie de un Siglo de las Luces del que no tienen ni idea.

Desde luego, para lo que no hay medicinas es para mi falta de memoria. Hoy se me ha vuelto a olvidar felicitar a mi madre por su cumpleaños. Creo que lo tengo escrito en veinte sitios. Pero nada, es superior a mis fuerzas. Lo malo es que mi madre no se acostumbra a esta rutina de todos los años, la costumbre del olvido no culpable. Cada año se lo toma peor. Se me olvidan todos los cumpleaños, aniversarios de bodas, todo. Menos mal que no se me olvidan las bodas, misas y bautizos que tengo que celebrar en mi parroquia.

Pero mi madre debería saber que no es culpa mía. Una vez se me olvidó mi propio cumpleaños. Yo estaba acompañando como sacerdote a un grupo de norteamericanos que iba a Israel. Cada pocos días, llamaba a mi madre. Pero ni el día de mi cumpleaños, ni en unos cuantos más, lo hice. Para más inri, esos días tuvo lugar una conversación que parece sacada de una escena de una comedia.

Una chica yanqui me preguntó qué edad tenía. Esta pregunta, dadas mi barba y mi calva, es frecuente. Le dije lo que quería saber. Me respondió: *¡Ah, ha nacido en tal año!* Pues no, repliqué, nací en el 68. Ella se quedó pensativa, hizo, rauda, unas cuentas mentales, y me dijo que eso era imposible. Me quedé perplejo, ¿iba a saber aquella mocosa el año de mi nacimiento mejor que yo? El misterio quedó sin resolver hasta la llamada de mi madre. La mocosa tenía razón, se me había olvidado que dos días antes había sido mi cumpleaños. No hace falta decir que quedé a la altura del betún ante aquella dicharachera norteamericana de ciento cincuenta kilos.

De todas maneras, aquel incidente debería haber dejado satisfecha a mi madre ya para los años por venir. ¿Cómo quiere que me acuerde de su cumpleaños, si no me acuerdo ni del mío?

Fruto de mi mala memoria es que hoy se me ha olvidado cerrar el depósito de gasolina del coche. El tapón, caído en algún arcén, ha de yacer, huérfano de automóvil, en cualquier carretera. Hoy me ha llamado también, aunque no tiene relación con lo anterior, la fundadora de una secta satánica de Barcelona. Me ha felicitado por el capítulo dedicado a las sectas satánicas en mi tratado de demonología. Incluso me ha corroborado algún que otro detalle. Pero después de unos minutos de conversación, me dice que quiere dejar la secta que ella misma ha fundado. Todo le ha ido bien en lo material, pero el espíritu que la posee, en ocasiones, cuando menos lo espera, la impulsa a arrojarse al vacío, desde cualquier altura. Ella no quiere, pero un espíritu domina su cuerpo. Desea abandonar la secta y cambiar de vida. Al final, los meses pasan y no viene a verme.

Menos mal que aquella fundadora me elogió el capítulo dedicado a las sectas satánicas, porque un par de meses antes me llamó el fundador de otra secta satánica y me dijo que estaba yo muy mal informado acerca de ellos. Aunque después, hablando con él, resultó que todo eran cuestiones de detalle, y de detalles muy discutibles. Sí, algún que otro fundador de sectas satánicas me ha vuelto un poco loco tratando de convencerme de las excelencias de la distinción teórica entre sectas satánicas y luciferinas, matiz que no reconozco y que me parece un cuento.

Varios meses después de hablar con ella, por fin vino a verme la señora que sentía impulsos de arrojarse al vacío. Entre lanzarse al vacío o venirme a ver, eligió lo segundo. Elogié su decisión. Vino en taxi desde Barcelona. Esperaba encontrarme a una señora de más de cincuenta años, vestida de forma normal y corriente. Pero he aquí que me encontré a una mujer que iba de negro de arriba abajo, con su melena teñida de rojo y con todos sus dedos repletos de anillos que reflejaban toda la parafernalia satánica posible. El murciélago metálico colgando de su cuello quizá era lo más discreto de su atavío. Desde luego, la señora no formaba parte del servicio secreto satánico, en todo caso de su departamento de propaganda.

La buena señora, que se parecía un poco a Alaska, la de los Pegamoides, pero sin Pegamoides, venía a ver si estaba posesa. Sólo quería saber eso, no buscaba el exorcismo. La examiné y oré por ella. Su demonio era extremadamente listo y huidizo, se escurría como una serpiente. No había manera de ver, al princpio, si estaba posesa o no, porque aquel espíritu hablaba con la misma voz de la señora y simulaba que era la señora la que se encolerizaba al orar por ella. No acababa yo de ver clara una manifestación inequívoca de posesión. Pero unos pocos detalles delataron la presencia del Demonio. Cierta orden dada por mí en un complicado latín había sido entendida y obedecida al instante. Eso, unido a la aversión al crucifijo, al agua bendita y a las reliquias, delataron al Demonio, por más que éste se esforzaba en aparentar que todo era locura de la mujer.

Con esa señora hablé en otras ocasiones, incluso me entregó una oda a Satanás que debo reconocer que era muy bonita. Me tenía una gran admiración, cosa que le agradezco, y un gran cariño. Me alegro de que ella no tuviera dieciocho años y la típica belleza que se supone en las brujas perversas y seductoras. A veces las servidoras del mal no son nada seductoras, lo cual reduce en mucho su poder de corrupción.

Ahora hablo en broma, pero entonces la sonrisa se me heló en la cara, cuando escuché que me comunicaba que en menos de un año tendría noticias de ella a través de la prensa.

—¿Qué va a hacer usted? —le pregunté.

—Satán me pide que le ofrezca una víctima inocente. Quiero ofrecer lo más puro, lo más indefenso. Deseo mancillar lo más inmaculado. Cogeré a un niño y se lo ofreceré, haciéndole sufrir en medio del sacrificio que voy a elevarle a Satán.

Ni que decir tiene que me quedé con los pelos de punta. ¿Era capaz de hacer tal cosa aquella mujer que me hablaba amablemente? Sin duda. Y entonces vino el problema para mí, un grave problema de conciencia. ¿Debía poner tal cosa en conocimiento de las autoridades judiciales o policiales? Aquella señora no me había dicho aquello en una confesión, ni siquiera me había pedido que mantuviera el secreto de aquella conversación. Es más, me lo había soltado ante otro testigo, otro sacerdote que me acompañaba en ese momento. ¿Qué debía hacer yo?

Tenía todos sus datos, su nombre, su dirección, sus números de teléfono. Fui a ver a mi superior, un vicario episcopal especialista en cuestiones jurídicas, y le planteé el caso. Para asegurarme más, pedí a un experto en cuestiones morales que me dijera qué era lícito hacer. E hice lo que creí que debía hacer. Después de meditarlo mucho, consideré que no debía hacer nada, porque aquella información me la había contado no por mi cara bonita, ni por ser amigo suyo, sino por ser sacerdote. Y aunque no había sido una confesión sacramental, sí había sido una «confesión» en busca de consejo o de desahogo. Lo que oye un sacerdote debe llevárselo a la tumba. Estoy seguro de que fue la decisión correcta. Pocas semanas después, y antes de que perpetrara su acción, la mujer ingresó en prisión por tenencia de armas.

Todos estos asuntos resultarían quizá agobiantes, si no me los tomara con un moderado sentido del humor. Sentido del humor necesario cuando uno recibe al día más de quince mensajes escritos al móvil (de la misma persona), cuando ya hace años que no contesto al portero automático (salvo que espere a esa hora una visita de un conocido, con cita previa), cuando tengo que desconectar el teléfono para que no me llamen en mitad de la noche y cuando locos de toda España consiguen incluso los teléfonos de mis padres. Menos mal que mis pequeños paseos después del almuerzo son un remanso de paz. Los árboles, los patos...

Buena parte de mi vida la he pasado con libros, entre libros y trabajando sobre libros. Y después de haber leído tanto, me corroboro en considerar como supremas las tres obras que más me influyeron en mi tiempo de formación en el seminario y que ya antes cité: las obras completas de santa Teresa de Jesús, la *Subida al Monte Carmelo*, de san Juan de la Cruz, e *Historia de un alma*, de santa Teresa de Liseaux. Yo, que me dedico a escribir, sé que hay libros que necesitan un año para escribirse, o cuatro años, o diez. Pero cada una de esas tres obras sólo se puede escribir tras toda una vida. Sus páginas son la destilación de una existencia. Sólo quienes han tenido una experiencia vital, una existencia como la suya, pueden escribir páginas así, palabras llenas de luz y fuego. Lo malo de ascender esas tres cimas es que después todas las cumbres las miras hacia abajo.

He dicho que estos tres son mis autores predilectos en materia espiritual, pero hubo una cuarta obra que apareció después y que llenó de un nuevo fulgor mi sacerdocio. Una cuarta obra que es para mí la mejor de todas y cuya lectura me ha llenado de fuerza y energía en mis ocasionales desconsuelos como sacerdote. Esa obra es *El poema del Hombre-Dios*.

Se trata de una vida de Jesús escrita por una sencilla mujer, María Valtorta, una pobre paralítica italiana que escribió sus humildes cuartillas al final de la Segunda Guerra Mundial. Comencé a leer esta obra porque la portera de un colegio mayor me insistió tanto, tantos días, que al final no pude —insisto *no pude*— negarme por más tiempo a echarle un vistazo. La insistencia de una portera puede llegar a ser insoportable. Mi idea era leer un par de capítulos y decirle que era maravilloso, y así zafarme de su obstinada insistencia. Pero en cuanto comencé a leer a esa mística, ya no pude parar. Diez años después de comenzar a leerla, sigo sin poder parar.

María Valtorta escribió la vida de Jesús en cuatro mil páginas. Sí, ¡cuatro mil páginas de libro impreso, con hojas de tamaño normal! Como signo de mi pasmo espiritual ante semejante cima espiritual, sólo diré que he leído su obra tres veces, página a página, palabra a palabra. Debo reconocer que nada ha influido tanto en mi forma de entender a Cristo como las páginas de esa mujer a la que yo considero una de las más grandes místicas del siglo XX. Para alguien como yo, que trabaja entre libros, que ha leído todo lo que ha podido, en todos los géneros, en todos los estilos, era obligado revelarles cuál ha sido para mí la cima de las cimas.

Esta obra me ha hecho conocer a Jesús como ninguna otra. Me ha acercado al Mesías, cuyo rostro tantas veces he tratado de imaginarme, de pintar delante de mí para hablarle y contarle mis penas y alegrías. Me cuesta imaginar su rostro con realismo. Siempre acabo pintándolo, no al modo de una fotografía, sino como un rostro de cuadro o de escultura. A veces, para facilitar mi oración, he intentado imaginarlo delante de mí, con el rostro concreto e imperfecto del actor de la versión de Zefirelli. ¡Contemplar el rostro auténtico de Cristo, siquiera unos instantes, he aquí lo que sería una de mis grandes ilusiones en la tierra!

Pero mientras sigamos en el destierro, seguiremos haciendo esfuerzos para tratar de imaginar ese sublime momento en que el Rey de Reyes se encuentre con cada sacerdote.

Porque, aunque haya ofrecido de mí una imagen un poco zascandil, soy alguien que cada mañana y cada tarde se pone ante el Santísimo Sacramento expuesto en la custodia y le dice que quiere ser cambiado por Él. Cada tarde, después de celebrar misa con lentitud y concentración, expongo la Eucaristía en la custodia sobre el altar, y allí me quedo una hora. Una hora en la que no puedo pensar mucho en Valtorta u otro escritor espiritual, pues enseguida mi alma se sumerge en ese Misterio que es Dios. Mi mente, después de tantos años de oración, poco puede hablar ya, sólo le queda adorar a esa Divinidad que se ha encarnado y que se nos muestra en la persona de Jesucristo. Respeto a los ateos, a los agnósticos y a todos los que no han encontrado todavía a Dios, pero ciertamente se están perdiendo lo mejor de esta vida.

Hoy he leído que una visita llegó a la casa donde vivía la hermana de Nietzsche. La mujer, Elisabeth, le contó al visitante algunas historias conmovedoras. Friedrich, aunque ya demente, todavía tenía algunos momentos de lucidez. *Un día vio que Friedrich miraba con mucha atención un libro que ella acababa de cerrar. Se lo entregó. Con voz de niño inseguro que busca confirmación, preguntó: También yo es-*

cribí libros bonitos, ¿verdad? La anécdota es impresionante, impresionante en su sencillez. Uno, al acabar una autobiografía, se pregunta: ¿acabaré también yo así?

Tempus qui tollis pecata mundi, éste era uno de los títulos que pensé para este libro. ¿No es cierto que la existencia se va desmoronando hasta dejarnos convertidos en una ruina de nosotros mismos? Sí, la vida se va transformando cada vez más en un purgatorio, donde se purifican en el crisol de la soledad y la enfermedad, de la melancolía y el arrepentimiento, las equivocaciones que pudiéramos haber cometido, que seguro que hemos cometido. Por el contrario, los niños gozan de una alegría tan innata como su vitalidad inagotable. Qué diferente es la vida del anciano, que se va remansando como un río. El tiempo no respeta ni a los grandes hombres. *El hombre ha de valer tanto que todas las circunstancias han de serle indiferentes,* esa frase de Emerson es una gran verdad. Pero en la vejez llega un momento en que ya no puedes eludir las circunstancias. También yo voy hacia eso. Bromearemos y haremos chascarrillos hasta ese momento. Aun sabiendo que las bromas no nos evitarán el adagio final.

Pero, mientras echamos una ojeada al libreto, sentados en la butaca de la existencia, y esperamos ese adagio final, aquí está esta biografía, que es un allegro. Debo reconocer que la idea de una autobiografía llevaba rondando mi vanidad y mi mente desde hacía medio año, mas no acababa de decidirme acerca de su estructura. Debía lograr una estructura literaria que satisficiera plenamente mi inmodestia, el deseo de reflejarme en un escrito. Ninguna estructura me dejaba satisfecho. Un buen día me dije: comienza a escribir. Y empecé. Y ya no paré. Escribía y escribía, como un director de cine que filma y filma sin parar, aun a sabiendas de que de todos los miles de rollos habrá que escoger un exiguo metraje de fotogramas. Lo malo es que al final tu ego te obliga a no renunciar a ningún fotograma. Al cabo, en el libro salen hasta las tomas falsas. El resultado es que tu libro se transforma en una enciclopedia de varios tomos. Pero no era la cantidad lo que buscaba yo, no; sino la esencia. Un escrito que no se limitara a recorrer mi biografía, sino que tratara de apresar mi alma. Un libro que se adentrara en mi trayectoria vital y al mismo tiempo atrapara algo de mi cotidianidad. No busqué ofrecer en mi libro una sucesión de hechos, sino una obra que captara mi esencia. Lo revisé varias veces, a lo largo de tres años. Al principio, dudé mucho sobre la estructura que debía tener la obra. Me apetecía algo abstracto, posmoderno. Finalmente, la estructura que he escogido para mi libro ha sido la de nacimiento-vida-muerte. No es muy revolucionaria, pero resulta más o menos lógica.

Fundamentalmente, definiría mi autobiografía como ese espacio de varios años entre el parto y el deceso. Lamentablemente, todavía no es posible hacer una narración en primera persona de ese inefable momento en que uno agoniza y expira. Puedo asegurar con indudable certeza que todas las muertes que hasta ahora se han narrado en la historia han sido escritas por alguien distinto del protagonista.

En fin, lamento que mis memorias se hayan perdido en carreteras provinciales, como el párrafo precedente, lamento no haber narrado batallas napoleónicas, ni premeditados incendios imperiales, ni apasionantes intrigas, mas no soy ni Bonaparte, ni Nerón, tampoco Stroessner. ¿Pecaré de soberbia si me atrevo a afirmar que mis memorias tienen el valor de la autenticidad? ¿Es que he olvidado que, cuando un escritor no sabe a qué agarrarse, siempre saca a relucir el manido tema de la autenticidad? Desde luego, en el género de las biografías tengo mucho donde consolarme. En orden a inspirarme a la hora de fabricar este libro, me leí *Un cadáver exquisito*, de Umbral, y llegué a la conclusión de que ese libro sí que era un cadáver. Leí *Memorias de un bufón* de Albert Boadella, un libro muy malo.[12] Leí las memorias de Garzón, las del cardenal Tarancón, también *Yo, Claudio*. Llegué a la lúcida conclusión de que no hay vida como la de un cura.

Algunos amigos, tras darles a leer este manuscrito, me han llamado por teléfono y me han preguntado, algo preocupados, que si había pensado en la posteridad, que si no sería más deseable dejar una visión un poco más positiva de mí mismo. *¿Por qué habría de preocuparme por la posteridad? ¿Ha hecho algo la posteridad por mí?*, respondo yo con firmeza, y con Julius Henry Marx.

Sé que algunos se esperarían un libro más serio, más rancio, pero espero que haya quedado claro mi carácter irónico, escéptico y crítico de mí mismo. Características estas que parecen las menos apropiadas para ornar a una persona que se ha dedicado durante tantos años al tema del Demonio. Muchos se imaginarían que iban a leer las memorias de un vidente, de un iluminado, de un fanático, tal vez de un santo, de un monje. Y se han encontrado conmigo. Se han topado sólo conmigo. Esperaban más. Los entiendo. Pero esto es lo que hay. Aquí no hay más cera que la que arde. Me hubiera gustado tener madera de santo, pero me miro al espejo y sigo viendo más el rostro redondeado y vitalista de un alegre monje medieval, de mejillas sonrosadas, que la alargada y espiritual cara de un macilento san Francisco de Asís.

Soy consciente de que esta autobiografía puede disipar bastante el misterio que para algunas personas tengo. Pero espero que las personas que en el futuro se dediquen, del modo que yo lo he hecho, al estudio del Demonio, lo hagan como yo, con una pizca de ironía y sentido del humor, y hasta con una cucharada de sano escepticismo, puesto que si

---

12. Dado que el autor es anticlerical, que no se piense que le voy a hacer propaganda, por bueno que me pareciera su libro.

el que aborda este tema lo hace con gesto agrio y tono tremendo, puede no dejarnos dormir a ninguno, de puro miedo, claro.

Hoy he leído unas páginas escritas algo después del año 1000, un texto de un monje italiano que acabó siendo arzobispo de la lejana, lluviosa, Canterbury. Las centurias han muerto y renacido, pero las líneas de tinta escritas por ese benedictino, san Anselmo, perviven:

¿Cómo me acercaré a esa inaccesible claridad? ¿Quién me conducirá hasta ahí para verte en ella? Y luego ¿con qué señales, bajo qué rasgo te buscaré? Nunca jamás te vi, Señor, Dios mío, no conozco tu rostro.

¿Qué hará, altísimo Señor, este tu desterrado, tan lejos de ti? ¿Qué hará tu servidor, ansioso de tu amor y tan alejado de tu faz?

Después de estos pensamientos fosilizados en la escritura de un pergamino de una biblioteca catedralicia, me ha venido a la mente la idea de cuántas veces esta biografía se pudo interrumpir, cuántas veces el hilo de esta historia pudo verse quebrantado. Pienso en las ocasiones en que, conduciendo, tomé una curva con demasiada velocidad. ¡En cuántas curvas pudo tener su fin este libro! Con especial viveza, me viene a la memoria que una vez, cerca de Huesca, con poco más de diecinueve años, calculé mal, por inexperiencia, y mi coche derrapó. No me salí de la carretera, no pasó nada, ni siquiera tuve que detener el coche. No sufrí ni una abolladura, ni el más ligero desperfecto, pero mi vida estuvo a punto de encontrar su conclusión en un barranco con peñascos. Un cálculo de la velocidad un poco más incorrecto, y este libro nunca hubiera visto la luz. Cuántas vidas apasionantes quedaron truncadas en cualquier punto de la existencia, sin que podamos ni siquiera imaginar los quizá formidables capítulos que hubieran venido después.

Más vale que siga leyendo el anselmiano pasaje medieval:

Enséñanos a buscarte y muéstrate al que te busca.
Deseándote te buscaré, buscando te desearé,
amando te hallaré, y hallándote te amaré.

Es de noche, ya estoy en la cama leyendo. Mi cama es muy grande, porque es una cama antigua, el camastro de mis padres, de nuestra vieja casa de Barbastro. Llevo tantos años durmiendo en esta cama que me costaría acostumbrarme a la estrechez de un lecho normal. Lo de leer justamente antes de apagar la luz es un placer sibarítico. La lectura en tal lugar, en este silencio nocturno, se vuelve más íntima, más sentida.

Sé que sólo tengo que hacer un movimiento de mi brazo, dejar reposar el libro, un «clic» junto a la mesilla de al lado, y mi cabeza ornada con sus bien ganadas canas se apoyará en la fiel almohada, pedestal de mis sueños. El tránsito es rápido, no tardo ni un minuto en dormirme. A menudo, he tratado de hacerme una idea de cuánto tardo en pasar de la vigilia al sueño. Pero al poco de apagar la luz, los ojos se me cierran; no veo nada, caigo en el silencio, y lo próximo que oigo es el despertador. Entre medias, un sueño, que rescataré a trozos en mi camino hacia el aseo. Pero todavía no. Aun he de pasar por ese sueño bajo este edredón, tan agradable, tan suave. Fuera llueve, oigo caer las gotas sobre el pequeño jardín del vecino de abajo. Va siendo hora de poner fin a esta obra. Es de noche, han cesado los lejanos ruidos de la calle, siento unos ligeros síntomas de gripe, no me importa, estoy en la cama, no tengo que moverme, sólo dejarme llevar por el sueño.

PRÓLOGO ESPURIO DE LAS MEMORIAS DEL PADRE FORTEA

La edificante vida del esclarecido cura don José Antonio Fortea,
faro de escritores, luz de clérigos y espejo de gente de buen
y de mal vivir, a cargo de él mismo. Donde los indecisos hallarán
consejo, las viudas consuelo y los huérfanos
sustento para su entendimiento.

Es mi propósito ofrecer con estas páginas una visión más favorable de mi vida que la que hayan podido dar los demás. Y, además de suministrar una visión más favorable, es mi deseo también facilitar una versión más arreglada, más compuesta del decurso de mi existencia, para que los historiadores hallen más trillada la vereda de su labor y que no todo sea un tráfago de oscuridades y discusiones. Con estas páginas quiero evitar que mi vida se convierta en un campo de batalla sembrado de oscuridades interpretativas, donde se batan los eruditos, debiendo dedicar sus esfuerzos a campos más merecedores de ellos. Sí, en conciencia creo que debo ofrecerles en bandeja (de plata) un sendero más practicable no sólo hacia lo que fue el núcleo de mi vida, sino también hacia sus ramas, las raíces y sus alrededores. De lo contrario, algunos historiadores se internarían en mi biografía poco menos que como los desvalidos protagonistas de *El Señor de los anillos* se internaron en las minas Moria, o como el ingenuo Luke Skywalker penetró en la Estrella de la Muerte.

Pensé en el anterior párrafo como el comienzo de toda esta obra. Por supuesto estaba compuesto en plan *iocoso et gracioso*. Pero finalmente opté por otro comienzo, para no dar una impresión de poca seriedad. Aunque me dio pena tirar a la papelera el prólogo eliminado y, por lo menos, he rescatado este trocito:

Asimismo he escrito esta autobiografía porque alrededor de mi persona se ha desatado un cierto fetichismo, una cierta filia, que yo repruebo, reprocho y reconvengo, pero que también nutro con refinado estudio y premeditación. En fin, para los que deseaban saber algo más de mi existencia sobre el mundo les ofrezco esta visión de mi vida en cuatro pinceladas. De momento, cuatro pinceladas explicadas en cuatrocientas breves páginas.

Menos mal, ¡menos mal!, que no di principio al libro así. Un comienzo tal hubiera impregnado toda la biografía de un aire excesivamente grotesco. Pero es que esto de escribir una autobiografía tiene mucha responsabilidad. Para el pintor, ningún lienzo es más preciadamente apetecido que el autorretrato. Digo *apetecido*, porque un retrato de sí mismo que satisfaga plenamente al pincel del pintor es algo harto difícil. En su autorretrato, uno trata de hacer una obra inspirada. Y el exceso de genialidad no es bueno para la salud artística de una obra. Para mi biografía había pensado en un registro literario sencillo, algo así como *Platero y yo*. Sólo que en este caso sería *Platero y yo, pero sin Platero*. Pensé en otros registros y artificios literarios, en una biografía en castellano antiguo, en tercera persona, de estilo abstracto, barroco, etc. Llegué a sopesar la posibilidad de escribir una biografía que fuera como *Las Meninas*. Es decir, recurrir al truco de que mi biografía fuese como un reflejo atisbado en el espejo del fondo, retrato que de mí hace un artista mientras pinta a otros. Claro que el otro escritor, el artista, al final sería yo también. Incluso, finalmente, yo podía ser Velázquez y las Meninas, simultáneamente. Sé que es un artificio, pero la literatura es toda ella un artificio. ¿Y la sencillez? La sencillez en literatura debe ser sólo aparente, por debajo de las tranquilas aguas de la sencillez debe latir la turbulencia de las oscuras y complejas corrientes subacuáticas de la palabra escrita.

Pensaba todas estas cosas y me gustaban, pero por otro lado era consciente de que no estaba escribiendo *La metamorfosis* de Kafka, sino mi vida.

Decididamente, tenía que ser un relato sencillo. No debía hacer de mi biografía un laberinto, sino un relato vivencial, simple como el apaciguado discurrir de un río. Pero pronto se planteó un grave problema: los silencios. Un sacerdote no puede contar ciertos episodios en los que se identificaría sin lugar a dudas al canalla en cuestión. Una biografía es un retrato en el que aparecen retratos fugaces de otras personas. Y hay personas que, las retrates por el lado que las retrates, no pueden aparecer más que como lo que realmente son. Así que el asunto de los silencios ha pasado a ser el tema central de estas páginas. Finalmente, después de mucho pensarlo y meditarlo en la presencia del Señor, me di cuenta de que el tupido velo del silencio debía cubrir ciertos episodios y personajes. Hubiera disfrutado de lo lindo levantando ese velo, aunque sólo fuera un poco, pero al final lo vi claro. Ante todo soy sacerdote. Así que dejaría a los pieles rojas en paz. Permitiría que murieran de viejos, cabalgando en torno a la diligencia de mi vida.

Pido indulgencia a los lectores por los silencios de esta obra, ningún silencio ha sido inconsciente, ninguno impremeditado. Algunos silencios incluso me han costado mucho esfuerzo. Pero bueno, me consuelo al pensar que también los silencios forman parte de las partituras.

EPÍLOGO ESPURIO DE LAS MEMORIAS DEL PADRE FORTEA
donde se pone fin a todo y continuase la vida misma

Antes de nada creo que no estaría mal comentar que este final es todavía más apócrifo que el *Prólogo espurio de las memorias del padre Fortea;* y eso que ese comienzo ya era bastante espurio.

Entre el prólogo desechado y este rechazado epílogo hubiera debido discurrir la digna y modélica autobiografía que a mí me hubiera gustado escribir, no sólo sobre el papel, sino también sobre la vida. Al final, mi vida ha transcurrido de manera tal que me miro al espejo y no me doy asco, aunque tampoco siento el impulso de abalanzarme a dar besos al cristal. Como esto es el epílogo (aunque espurio) me complacería acabar con un divertimento: la descripción de cómo me gustaría que fuera mi sepulcro. Sí, me parece el modo más surrealista de acabar mi autobiografía. Pero quiero dejar bien claro que lo que voy a decir ahora es una sublime sandez, pues no pienso gastar ni un euro en mi persona después de muerto. Es más, si después de morir quieren incinerar mi cuerpo y lanzarlo a los patos en el parque, a mí plin. Después de muerto, que hagan conmigo lo que quieran. (Lo que quieran, eso sí, que esté dentro de los preceptos y mandatos del decoro y de la Santa Madre Iglesia. Es decir, confío en que no hagan conmigo croquetas para perros.) Yo, como decía Chesterton, lo único que deseo para mi entierro es no ser enterrado vivo.

El caso es que ya os he dicho que fui capellán de un cementerio. Qué feas eran las tumbas modernas. A mí lo que me gustan son esos sepulcros góticos en que la estatua del canónigo, el deán o el prelado, revestido con todos sus ornamentos, yace con las manos juntas sobre la losa superior. Con una tumba así me daría gusto fallecer. En la cama misma, ya me vería a mí con capa pluvial de piedra, estola acabada en flecos múltiples finamente labrados, mis ojos sin pupila mirando hacia el infinito, sin parpadear, absortos ya en la contemplación de lo Absoluto. Alrededor de la losa superior una inscripción:

REVERENDVS IOSEPHVS ANTONIVS
FORTEA CLERICVS COMPLUTENSIS

El rostro, con el hieratismo y majestad que dan esos ojos fríos de piedra, como escrutando fríamente más allá del espacio. En las cuatro esquinas del basamento de mármol, cuatro figuras representando las cuatro virtudes cardinales. Alrededor del pedestal, ocho pétreos monjecillos con la capucha echada, leyendo sus breviarios, ocupados en una salmodia sin fin. Entre los monjecillos, dentro de los pequeños arquillos que rellenan los espacios entre las figuras, las siguientes inscripciones:

> Recuerde el alma dormida
> avive el seso e despierte
> contemplando

cómo se pasa la vida,
cómo se viene la muerte
tan callando,
cuán presto se va el placer
cómo, después de acordado,
da dolor;
cómo a nuestro parecer
cualquiera tiempo pasado fue mejor.

Nuestras vidas son los ríos
que van a dar en la mar,
que es el morir;
allí van los señoríos
derechos a se acabar
e consumir;
allí los ríos caudales,
allí los otros medianos
e más chicos;
y llegados, son iguales
los que viven por sus manos e los ricos.

Una tumba espléndida, una tumba-obra-de-arte para contener unos huesos que tanto se deleitaron en la belleza mientras se sostuvieron con vitalidad. Belleza en piedra para recordar la muerte, para que el que pase por ahí rumie las palabras del Eclesiastés, *vanidad de vanidades, todo es vanidad*, y tenga presente que dentro sólo hay huesos.

Ya para acabar la fantasía funeraria, ¿se puede desear algo mejor que el que los restos de uno sean arrullados diariamente por los sagrados versículos e himnos gregorianos de algún cabildo, que a sus horas regulares deleiten aquel espacio sagrado con sus monótonos cánticos? A los pies de mi estatua, en el basamento, las figurillas de dos frailecillos toscos y casi románicos sosteniendo en silencio un volumen abierto con catorce caracteres que llenan las dos duras páginas: TEMPVS·QVI·FVGIT. Y a los pies de estos dos eternos lectores, una cartela de estilo renacentista con estas palabras:

Para venir a gustarlo todo
no quieras tener gusto en nada.
Para venir a saberlo todo
no quieras saber algo en nada.
Para venir a poseerlo todo
no quieras poseer algo en nada.
Para venir a serlo todo
no quieras ser algo en nada
En esta desnudez halla el espíritu su descanso,
porque no comunicando nada, nada le fatiga hacia arriba,
y nada le oprime hacia abajo,
porque está en el centro de su humildad.

Confío en que el ayuntamiento de la ciudad donde moro se haga cargo de estos pequeños e insignificantes dispendios, que este vivo suplica humildemente para su muerte. Me sentiría francamente mal si esta fantasía funeraria se costeara a cargo de limosnas, pero no me sentiría especialmente culpable si se materializara a cargo de los contribuyentes. Así, el ayuntamiento tendría un monumento más en su ciudad, para el turismo, y yo lograría predicar con la piedra incluso después de muerto. Predicaría a todos los que me vieran la vanidad de todas las cosas, que *toda carne es heno*, y también mi propia vanidad. Unidas ambas vanidades en una inextricable, póstuma y funeraria obra.

Además, para esto tampoco pido que me pongan justo delante del presbiterio de la catedral, en la nave central. Me conformo con un rinconcito de la girola, me conformo con un absidiolo, una nave lateral de esas que hay escondidas junto al claustro... Me adapto a cualquier cosa, pero lejos de la capilla de San Pedro, adonde llegan los impíos vapores arábigos del depósito de gasoil de la calefacción catedralicia. Además, confío en que los talleres Arte Granda corran con una cuarta parte del presupuesto, ya que así se harían algo de propaganda. Pero si ellos no están por la labor, pues siempre ha sido una empresa muy tacaña, el ayuntamiento tiene plena libertad para obtener fondos de Endesa o de Caja Madrid, ya que sus fundaciones siempre han sido muy generosas. Pero que en mi tumba no pongan un cartelito incrustado a mis pies que diga: Telefónica o Fundación Repsol.

Ay, he acabado mi vida del peor modo posible. Otros acaban sus autobiografías con altísimos pensamientos, con exquisitos pensamientos. Y yo acabo dando instrucciones acerca de mi enterramiento. Mejor dicho, acabo dando instrucciones acerca de la financiación de mi sepulcro. ¿Se puede acabar mejor un libro sobre mi vida?

No, creo que no.

EPÍLOGO
al fin, un epílogo

Estuve pensando poner fin a este libro de memorias con las páginas espurias, ésas del sepulcro. Pero al final la vanidad me pudo, y me dejé embaucar por el encanto de culminar con unas páginas serias. Todos los que escriben un libro de memorias, al final de sus obras, intentan colocar como colofón algo contundente, grandioso, lapidario, ¿me resistiré a una tentación de tal calibre? Muchos pensarán que no, y no se equivocarán demasiado. Me conocen, saben que soy débil.

Después de leer este libro, las opiniones se han decantado en dos posturas. Por un lado, los que piensan que mi vida ha estado muy por encima de lo que reflejan estas páginas. Y por otro lado, los que piensan que, así como quien no quiere la cosa, he dado una versión muy mejorada de los distintos capítulos de mi existencia. Personalmente me inclino más bien por la primera postura. Para los primeros, estas páginas son un ejercicio de discreta humildad, para los segundos son un ejercicio de más o menos excusable inmodestia. ¿Tendré que decantarme de nuevo por alguna postura? De todas maneras, no seré yo quien medie entre estas dos irreconciliables formas de entender el libro. Quien me quiera amar encontrará aquí episodios abundantes por los que hacerlo. Quien me quiera condenar hallará aquí abundante y dudoso material por el que no hacerlo.

No quisiera acabar el libro sin decir que dentro de mí late un escéptico. Soy un escéptico creyente. No soy un crédulo, la fe me cuesta, pero me veo abocado a ella. La falta de creencia, después de lo que he visto, supondría para mí un acto de dogmatismo todavía más costoso. La fe puede ser ardua en determinados momentos, pero la rigidez materialista resulta un corsé sólo soportable para agnósticos vocacionales. Después de ver el mundo durante la mitad de mi vida (espero que lo vivido sea, como mucho, la mitad de mi vida), el credo cristiano se me presenta como la más razonable solución a los problemas lógicos que se han planteado a mi inteligencia al contemplar este mundo bello y cruel, complejo y lleno de cosas y personas correteando por él. Respeto completamente, de corazón, a todos los que piensan de otra manera. Pero lo que no entiendo de ninguna manera es a los no creyentes cuando me miran burlonamente, como a un bicho raro, con una sonrisa irónica, con el aire superior del que te mira por encima del hombro, como viendo a alguien que todavía anda en el primitivismo de la fe. Yo, que soy tan escéptico como ellos, creo no merecer esas miradas despectivas, creo haber llegado a ser comprensivo con esos comportamientos tan primitivos.

La fe me ha cambiado la vida. De no ser por la fe, estaría usted leyendo las memorias de un empresario, de un banquero, o de un programador de informática. Pero no, soy cura ¡y a mucha honra! Sí, señor, así se lo dije a Carrillo[13] cuando íbamos un día hacia Valencia en el mismo avión. Bueno, no se lo dije, pero lo pensé. Lo pensé con tanta contundencia que fue como si se lo dijera. También pensé en decirle —je, je, me hace gracia—, *ya ve, don Santiago, creía usted que nos iban a matar a todos durante la guerra, y... aquí estamos, sentados los dos en el mismo avión, un avión del siglo XXI.* Pero no se lo

---

13. Para lectores de otros países, hay que explicar que Carrillo fue durante muchos años el secretario general del Partido Comunista de España.

dije, porque tampoco hay que regodearse en la victoria de la historia humana. No hay que ser sádicos ni con nuestros verdugos. La historia a veces se comporta de un modo muy poco amable con los anticlericales, y tampoco hay necesidad de restregársela por las narices.

Sé que muchos habrán comprado este libro buscando sólo cosas demoníacas, historias diabólicas y asuntos por el estilo. Y que el resto de cosas que he contado de mi vida les importaban un bledo. Las habrán considerado, benignamente, como un relleno. El relleno del pavo, en un libro en el que hay poco pavo. Pero, señores, el pavo soy yo. Sobre la bandeja está mi vida, no una novela. Pavo jugoso, o con poca carne, aquí estoy, desde luego esto es lo que hay; menos mal que me he puesto un poco de guarnición que me tape las vergüenzas. Muchos, al abrir las primeras páginas del libro, esperarían la autobiografía de un niño que desde los primeros años manifestó sus deseos de ingresar en el estamento clerical, para enfrentarse osadamente a las huestes infernales. Pero los lectores se han encontrado con las memorias de un cura. Aquí hay mucho cura y poco Demonio, me temo que ya se han percatado de ello. Pero, por favor, si otros les preguntan qué tal este libro, no les digan eso, que no lo leerían. Díganles que en estas páginas han descubierto los más horripilantes ardides del Príncipe del Mal, sus múltiples y feas caras, sus más secretas estratagemas, y que quizá queden traumatizados para el resto de sus días, y que por eso sería mejor que no lo leyeran. Díganles también que estas páginas son tan inquietantes que no dudan que el original debe estar encuadernado en piel humana y sus páginas escritas con sangre de becerro degollado en el plenilunio de un alocado sabbat. Sus bocas preguntarán entonces con un cierto temor: *¿Pero es que no lo ha escrito un sacerdote?* Contestación firme: *Léelo y hallarás la respuesta a esa pregunta, y a otras...*

Sí, bromeo. En este mundo he visto tanto sufrimiento... La farmacopea del humor resulta una de las más baratas. A veces, para ayudar a alguien, sólo puedes hacerle reír. No es poca cosa hacer sonreír a alguien. Dios tiene un gran sentido del humor. No lo dudo. Todos los días trato de reírme un rato; a veces no lo consigo, pero siempre lo intento. Otros tratan de hacer abdominales, yo trato de reírme. El problema es cuando uno va con el mejor sentido del humor y se encuentra de golpe con situaciones tan terribles, con sufrimientos del prójimo de tal calibre que la risa se te queda petrificada. Son momentos en que la risa sería una locura, un sinsentido, y ni se intenta. De todos los males, la enfermedad (especialmente la incurable y lenta enfermedad de la vejez) resulta el más cotidiano, más cercano, el recuerdo constante del final de la biografía de cada uno. De la mía también.

Los medicamentos ya no actúan; la inflamación de las piernas va en aumento, y dormito sentado más que acostado. Una de las ventajas de la muerte será estar otra vez tendido en un lecho. Ahora me toca a mí consolar a Antonino. Le recuerdo que desde hace mucho la muerte me parece la solución más elegante de mi propio problema.

Estas líneas de las maravillosas *Memorias de Adriano* me fascinan. Los medicamentos ya no actúan, siempre pasa lo mismo. La solución más elegante... Tú sí que eras elegante, Marguerite. Pero cuando pienso en una muerte dolorosa me estremezco. Hay muertes indoloras y muertes que son un potro de tortura, he visto de todo. Me gustaría decir que espero al sufrimiento físico con el estoicismo de un san Juan de la Cruz. Pero mi dentista me conoce bien. Me da palmaditas en la cara y yo, pálido, entre sudores, le pregunto *¿ha acabado ya?*, y él me dice *¡pero si sólo le he aplicado el spray donde voy a poner la anestesia!*, y yo entonces trato de incorporarme, diciendo *déjeme salir, déjeme marchar, soy un hombre libre, quiero salir de esta consulta, tengo mis derechos.*

Sí, cuando hasta la salita de espera del dentista ya se me convierte en una tortura al borde del umbral de mi resistencia al dolor, no puedo después sentarme delante del papel y escribir con tajante firmeza: *Esperé el sufrimiento físico de la vejez con ánimo imperturbable y aguerrido, como el soldado firme que siempre fui.* Moriré con las botas puestas. Dejo a la imaginación de cada cual discernir qué tipo de botas puedan ser. De todas maneras, al menos mi muerte será un acto privado. No tendré alrededor una nube de hijos, nietos, suegras y todo eso, abrumándome, preguntándome cada cinco minutos que cómo me encuentro, distrayéndome al fin y al cabo del acto de morir, acto que deseo realizar, por encima de todas las cosas, con la mejor de las concentraciones. Por lo menos, tal es mi deseo. No creo que haya nadie al lado de mi agonía. Es más que previsible que mi madre ya se haya muerto, dada su edad. Soy hijo único, y mis primos estarán viendo la tele en sus casas, aguardando a ver si les he dejado algo de herencia. (Queridos, ya en estas memorias os comunico que no os he dejado nada. Ni el álbum de fotos. No suele ser habitual comunicar a la familia en un libro de memorias que ha sido desheredada, pero os aseguro que en esta obra eso es así. Y esto sí que no es una broma.) Así que, afortunadamente, mi deceso será un acontecimiento del que podré disfrutar en la intimidad. Aunque espero una muerte tipo emperador Adriano (el de Yourcenar, por supuesto) o cardenal Wolsey (el de *Un hombre para la eternidad*), reconozco que, con las habitaciones dobles que hay en los hospitales del Insalud, me puede esperar una muerte con la televisión a todo gas. Me puedo morir con *Operación Triunfo* atronando la estancia. No me gustaría estar muriéndome y tener que mover la mano, en un último esfuerzo, pidiendo que bajen la televisión. Hay una gran diferencia entre morirte como el cardenal Wolsey, en una abadía, entre los cantos gregorianos de dos monjes que te ungen mientras recitan las fórmulas de la unción de los enfermos, leyéndolas de un antiguo códice monástico, y morirte con un concierto de Black Sabbath sonando en Telecinco. Confío en que al menos me espere un término medio entre estos dos extremos. Desde luego, si llegara a Papa, prepararía los ceremoniales previos a mi muerte con todo detalle. Los llamaría *ceremoniales pontificios in extremis pro morte mea*. Y es que morir a gusto no tiene precio, sencillamente no tiene precio. Después de barajar todas estas posibilidades, al menos, lo único que deseo, lo único que espero, es que en esos momentos no me mareen demasiado.

Pío Baroja tenía escrito en la esfera de su reloj de casa: *Cada una hiere, la última mata*. El Cura de Ars repetía: *El tiempo pasa, la eternidad se acerca*. La vida es pura poesía. Qué irrepetible es la poesía del río de la vida.

Platero entra en el arroyo, pisa la luna y la hace pedazos. Es como si un enjambre de claras rosas de cristal se enredara, queriendo retenerlo a su trote.

Vagas claridades malvas y verdes perduran tras la torre de la iglesia. El camino sube, lleno de sombras, de cansancio.

Jamás le daré suficientes gracias a Dios por el milagro de la vida, suficientes gracias por la oportunidad de vivir, de haber vivido. Cada minuto es algo tan único e irrepetible. Mis padres, mis abuelos, mi Barbastro natal, mi primer día en la universidad, un día de nieve que se grabó en mi memoria, un baño en el río Vero, la celebración de mi primera misa, solo en la capilla del obispado, una charla con los amigos paseando por el monte en primavera, una invitación a comer en la casa de la señora que me cuenta la colecta. Me gustaría poder vivir no menos de cien años. A Juan XXIII se le acercaron unas monjitas, las cuales, ingenuas y cándidas, dijeron: *Que Dios le conceda llegar hasta los cien años. Hermanas*, contestó el Papa, *¿por qué poner límites a la generosidad de Dios?* Sí, la vida, ése es el gran milagro. En realidad no hacen falta más hechos extraordinarios. La vida es ya el milagro. Me gustaría poder contar crepúsculos y amaneceres durante doscientos años. Pero soy realista. Cada plenilunio que veo en el cielo es un plenilunio menos en la lista. Uno más y uno menos. Mi número de solsticios va menguando. Algún día el fuelle de mis pulmones se inflará por última vez. Y el que escribe todo esto será un recuerdo. Sí, algo dentro de mí me dice que estaré en otro lugar, en un lugar más allá de cuanto vemos. Deseo ver esa Luz inmaculada e infinita que tantas veces he predicado, que tantas veces he explicado con detalle en catecismos y conventos. El teólogo penetrará por fin en la fuente de la Teología, en la fuente de la Lógica. Que esa Luz me acoja. Amén.

Luz de Dios, yo que tantas veces te he rechazado...
a mí, no me rechaces.
Al menos, Tú no me rechaces.

H

Los melancólicos colores del ecuador de la vida

Post scriptum

POST SCRIPTUM

Por este arte puedes contemplar
la variación de las 23 letras...
The Anathomy of Melancholy,
part. 2, sec. II, mem. IV
Bibl.d.Bab.Borges

En su versión original, el libro acababa en el epílogo precedente. Pero, finalmente, he sucumbido a la tentación de añadir unas líneas más. El libro es testigo: es como si me costara despedirme de estas páginas. He llegado a disfrutar de este grato ejercicio de hacer memoria, que no estaba en mis planes. Porque, querido lector, debes saber que siempre había pensado que si escribía un libro de memorias, sería al final de mi vida. O en cualquier caso nunca, jamás, antes de cumplir los cincuenta años. Pero algo cambió ese pensamiento inamovible: un abogado.

Ya he contado antes que, desde mi primera parroquia, desde mi primer pueblo, tenía mi cuadernito de anotaciones. Un cuaderno cuya discreta compañía evitaba que se perdieran para siempre las anécdotas más curiosas. En ese cuaderno, las breves anotaciones se sucedían unas a otras, dejando un par de líneas en blanco entre ellas. No formaban un texto, se trataba de una colección de escritos espontáneos, que no volvieron a ser releídos hasta años después. Cuando fui trasladado a mi segunda parroquia, en la ciudad, había mucho más que explicar en esas páginas, no sólo anécdotas, y el segundo cuaderno sí que comenzó a tomar el aspecto de un texto seguido. Esa diferencia de tono entre las anotaciones de la primera parroquia y la segunda queda patente en este libro.

Unos años después —ya me dedicaba a escribir—, dando un paseo, un buen amigo me aconsejó que para publicar mi primer libro no teológico presentara a una editorial algo que fuera atractivo para sus planes mercantiles, no un libro denso e intelectual. Este amigo mío era abogado. Y los abogados siempre son gente práctica, pensé.

En ese momento, equivocadamente, me pareció que el libro más atractivo que podía presentar a una editorial sería un libro autobiográfico. Y me puse manos a la obra. Así nació el libro. Es decir, se trató de un desesperado intento, de aquella época ingenua, de publicar algo que no fuera teología, para así empezar a hacerme sitio entre las editoriales. Experimentaba una gran resistencia interna a escribir mi autobiografía, pero hice de tripas corazón.

Una vez acabada la redacción de la obra, ésta, en vez de ver la luz, fue a parar a un cajón y a dormir el sueño de los justos durante más de cinco años. Cumplido ese tiempo, volví a revisar el manuscrito. Pensé dedicarle un par de horas. Le dediqué dos meses. Borges había dicho:

Biografías: Son el ejercicio de la minucia, un absurdo. Algunas constan exclusivamente de cambios de domicilio.

De ningún modo me podía ocurrir eso a mí. Quería escribir un libro que captara mi esencia, un libro que fuera más allá de una descripción notarial de cambios de oficio y residencia. Quería y deseaba que mi biografía fuera un escrito con valor literario, un escrito que se justificase por sí mismo con independencia de lo que se contase en él. Iba a luchar por ello. Había dedicado tantos años de mi vida, tantas horas de esforzado trabajo, a contar tantas historias que, como dijo otro autor, *ahora hablaré de mí*. Después de tantas historias, quedaba por contar mi historia. Así nació este libro y así va muriendo ahora. Aproximándonos página a página a su final.

El ejercicio metódico de la lectura de biografías me ha llevado a la conclusión de que este género suele consistir en la confección de la nutrida lista de desgracias de cada biografiado. ¿Por qué? Pues porque resulta difícil mostrar la felicidad. Las desgracias suelen tener una estructura narrativa, la dicha suele ser un cuadro estático.

Varias veces, en la soledad de mi casa o paseando bajo un sol otoñal, he tratado de aplicarme a la tarea de confeccionar la lista de los mejores momentos de mi vida. No resulta fácil explicar por qué no están los episodios que deberían estar. Y los que parecerán a todos anodinos sí que vienen con fuerza a mi memoria.

Recuerdo con toda su frescura, por ejemplo, la primera vez que paseé por las míticas avenidas de Nueva York, el vapor saliendo de las conducciones del asfalto, los judíos ortodoxos con sus tirabuzones, las cúspides de los rascacielos apuntando hacia el cielo.

Recuerdo la primera vez que patiné sobre hielo, que volé deslizándome sobre el hielo. Recuerdo la emoción de sumergirme en Borges, en un texto que me hipnotizó por la grandiosidad del abismo que el ciego bondadoso presentaba a mi intelecto: me sugería con sus amables palabras la arquitectura concreta de una biblioteca sin fin.

Recuerdo la tarde de un verano familiar en la que por primera vez nadé, la primera vez que me desplacé sobre el agua sin hundirme. Fue durante un crepúsculo. Tengo bien grabado el ligero nerviosismo y la ligera vanidad de la primera vez que hablé en televisión, cuando sentí la invisible caricia de las cámaras.

No me emocionó de un modo especial la primera vez que entré como presbítero en la basílica de San Pedro del Vaticano. Me esforcé en que me conmoviera el peso de dos mil años de historia, pero, francamente, me interesó mucho más la primera vez que asistí a un exorcismo en esa misma ciudad, o la ocasión en que percibí por la noche la presencia del Maligno en mi casa, estando solo. Se me erizaron los pelos, sentí un escalofrío: una nueva sensación que luego ha recorrido más veces mi cuerpo entero, sin producirme ya mucho impacto, fuera de la consciencia de saber que él está ahí.

Rememoro con benignidad a ese niño que, hace ya un cuarto de siglo, se pasó por primera vez una noche entera leyendo, la primera borrachera de la lectura. Eran cómics que me había dejado un compañero de clase, y era una noche de la semana de vacaciones de Navidad. Mi colección de Mortadelo y Filemón, durante una semana, a cambio de su colección de Don Miki. Ahora esos cómics no producen en mí reacción alguna, cuando los he podido repasar muchos años después. Y sin embargo, entonces fue como si se me abriera el cielo.

¡Cuánto se impresionó mi espíritu cuando, en los años ochenta, puse en el aparato una antigua cinta de casete, y escuché anonadado, los conciertos de Brandeburgo. Para mí fue como escuchar el orden del mundo y su armonía, la alegría de vivir hecha música.

Entre las impresiones táctiles que recuerdo a la perfección, está la sensación del frescor de la superficie de la almohada en la suave piel del cogote, el día en que me afeité la cabeza, a los diecinueve años. Unas horas antes, la espuma blanca y cremosa había cubierto mi cabeza y la cuchilla había recorrido esa blanca piel, produciendo un «ras» muy particular. En el seminario, todos querían tocarme la cabeza.

Nunca me he reído tanto como cuando, con dos amigos y tres pizzas, una noche vimos *Shreck*. Una risa se unía a la siguiente. Nunca he llorado tanto como con *Titanic*. Nada me preparó para el final sorprendente de *La huella*.[14] Las risas por la historia del buen

---

14. *Sleuth*, 1972, dirigida por Mankiewicz.

ogro verde fueron tantas que los vecinos del 1.º B del otro rellano vinieron a quejarse, iniciándose así con ellos una larga historia de desencuentros, que ha durado años.

Con especial cariño, recuerdo los días de sol en los que ese niño en bañador, con la piel morena, correteaba entre prados, gorriones, amapolas, lagunas, ranas y colinas, que subía y bajaba corriendo y brincando como un conejo. El sol tostaba mis delgados miembros, sentía su calor acariciante y, despreocupado, lanzaba al aire con mis manos una nube de semillas de aquellos cilindros marrones, parte superior de los juncos, que despedían nubes de pelusa blanca. Cientos de juncos deshechos por mis manos infantiles, que dejaban las orillas de las pequeñas lagunas completamente nevadas. El corazón de ese crío que trotaba infatigable sigue en mi pecho, pero ya no es el mismo. Tampoco ese niño de rostro redondo, de pelo castaño y lacio, se hubiera reconocido en el espejo, si la imagen hubiera sido el reflejo presente.

Todos los fines de semana, menos los invernales, y durante los interminables tres meses del verano, íbamos a una pequeña finca que estaba a dos kilómetros de Barbastro. ¡Qué recuerdo, el de esas tardes soleadas, claras, llenas de luz! Ese cachorro —me llamaban José— se pasaba toda la tarde nadando, correteando, persiguiendo insectos, maltratando anfibios y levantando castillos de arcilla que resistían semanas. Castillos que al cabo de varios días parecían más viejos, más venerables.

Sólo un niño puede abandonarse al juego pensando únicamente en el ahora más inmediato. El futuro entonces no existía. De haber pensado en el porvenir, hubiera creído que era una indefinida repetición del presente: tirarme de cabeza a la piscina de mil maneras distintas, explorar los campos vecinos varios kilómetros a la redonda, trepar a la vieja y gruesa encina de mis juegos, hacer rabiar a mis primas.

Era dueño de un bumerán y de la complicada ciencia para hacerlo regresar, de mi cometa (siempre enredada) y de un azadón. El azadón era mi instrumento favorito. Siempre lo usaba como arma medieval. Una especie de instrumento a medio camino entre la espada Excalibur (usada contra las altas y orgullosas plantas que sobresalían en los prados) y el martillo de Thor (usado por la recia parte trasera). Mis primas jugaban a las cocinitas. Un armarito de la Señorita Pepis las proveía de todo tipo de utensilios hogareños, allí sentadas en el suelo, bajo el techo de un bosquecillo de pinos, junto a la piscina. Jugaban a ser madres con verdadera seriedad. Alguna que otra vez, aguantaba con ellas siete minutos, pero enseguida me volvía a apetecer correr por el campo. Era un niño con mucha vitalidad, menos mal que no existían entonces medicamentos para los niños hiperactivos. Si la cosa pasaba de la raya, me daban un sopapo. La farmacopea de la época era simple, pero de resultados efectivos. Si tras un correctivo de ese tipo me ponía a llorar, lo hacía a pleno pulmón. Debía volver locos a todos los de la casa. *O te callas o te doy otra bofetada.* Y efectivamente, era curioso, se me iban las ganas de llorar y me ponía a pensar en otra cosa.

La muerte es una vida vivida, escribió el gran bonaerense. Sí, mi vida ha sido una existencia rica en experiencias. He sentido el cielo y el infierno, el misticismo y el pecado. He crecido en una pequeña localidad provinciana y he recorrido las más grandes urbes de la civilización que me ha tocado vivir. He ayunado y me he sentado a dar mi juicio sobre los mejores manjares. Mis ojos han visto con tristeza el interior de las favelas brasileñas más paupérrimas, cuando me han llamado a bendecirlas, y los mismos pies han pisado, sorprendidos, las suaves moquetas blancas de poderosísimas casas estadounidenses y madrileñas.

Apolítico convencido, deposito pacientemente mi resignada papeleta cada vez que el rito de las elecciones se repite en este trozo de tierra que —como ya expliqué— no prometí defender con mi sangre cuando hice el servicio militar. No soy de derechas, porque la política me parece bien poca cosa, una vez que uno ha conocido la gran política del Reino de Dios. No soy de izquierdas, porque aprendí a desconfiar de ese lado, al escuchar que allí serán situados los réprobos en el día del Juicio Final. No soy monárquico, porque para mí sólo hay un Rey: el Señor. No soy republicano, porque me deleito en los grandes protocolos de las antiguas realezas europeas. Puro teatro, sí, pero me gusta el teatro.

La libertad no es concesión de ningún hombre, es un don de Dios a cada ser humano. Por eso odio con todas mis fuerzas las dictaduras. Nadie merece vivir en una dictadura. Aunque la historia, a veces, nos ha colocado en situaciones en que los hombres libres han tenido que exclamar: *Mejor soportar el yugo y el orden de la tiranía que el caos y la barbarie.* Pero qué bello es el ideal de una polis griega de ciudadanos y no de súbditos, y más si esa polis, rodeada de olivos y rebaños, está al lado de las cálidas aguas del mar Jónico. Qué bello es ese ideal y qué vulgar el país en que se pueda oír:

¡Señor presidente,
el movimiento obrero está a su disposición!

Lucharé por el Reino de los Cielos hasta el final de mi vida. Pero nada suele ser más contrario a los intereses de ese reino que los Departamentos de Promoción de la Virtud y Prevención del Vicio. Y digo esto porque he sufrido unas cuantas inquisiciones. Y en mí, el fruto de la labor de esos inquisidores ha sido un desaforado amor por la libertad. A ellos, y sólo a ellos, les debo ese amor que en mí casi llega al exceso.

No deseo ganar millones, porque ya vivo como quiero. Ciertamente, lo confieso, hago lo que me da la gana. Quizá ése ha sido mi gran vicio, no exento de una cierta virtud. Me organizo mi horario según considero, dedico más tiempo a lo que creo que debo dedicarlo, atiendo a una persona que me viene a ver hasta que digo *ya es suficiente.* Puedo dedicar a la oración las horas que deseo. Escribo cada día. Hasta el día de hoy sigo cocinando mi comida. Voy por los pasillos de los grandes supermercados escogiendo las setas, los quesos, los crustáceos que me parecen mejor. Doy mis paseos y juego mis partidas de ajedrez.

He llenado mi casa sólo de las cosas que me alegran la vista, visto a mi manera (de un modo clerical), me corto el pelo cuando me da la gana, voto al partido que me apetece, sabiendo que nada cambiará. Reciclo mi basura, me encanta pasear mientras nieva, me gustaría vivir ciento cincuenta años. Me gustaría vivir mucho, aunque fuera en silla de ruedas, aunque sea con mala salud, incluso con dolores, aunque fuera sordo, aunque tuviera que estar en una cama. Hay gente que dice: *Sí, me gustaría vivir mucho, pero si no doy trabajo.* A mí no me importaría dar trabajo. La vida... No siento ninguna gana de bajarme del tren, de este sorprendente tren de la existencia, un viaje extraordinario, ¡qué gran don! Cuando yo no existía, nada me preparó para el grandioso don de existir, ¡cuántas cosas iba a ver!, ¡cuántas músicas iba a escuchar!, cuántas recetas iba a degustar, cuántas veredas iba a recorrer en mis paseos, cuántas películas, cuántas personas fascinantes, cuántos libros, cuántas conferencias iba yo a dar, escuchándome al mismo tiempo, oyéndome a mí mismo, a veces con aburrimiento y, a veces, con asombro, con pasmo, preguntándome en silencio: *¿Acabo de decir yo eso?* Cuántos ratos de oración, en los que me parecería sentir el amor a Dios en su más alta intensidad, aquí en la tierra, aquí, sin dejar este cuerpo.

A veces, sin ningún testigo, me he llenado de furia contra determinadas decisiones tomadas por superiores jerárquicos míos. Me he llenado de ira y me he calmado días después. Años después, todo aparece en su justa medida.

En ocasiones, cuando contaba con menos de veinte años, me he aburrido en las tardes interminables de verano, y he vagado por aquel piso barbastrense, buscando una y otra vez en qué ocupar esas juveniles horas perdidas.

Ahora mismo también me vienen a la memoria esas noches de canícula en las que el sueño huye de un cuerpo sudoroso que da vueltas en la cama, apenas cubierto por una leve sábana. Asimismo, rememoro días invernales en los que mis manos y mis pies fríos no se calentaban durante las horas en que tomaba apuntes en las clases de mi educación secundaria, ni en la vuelta a casa.

He vivido, y me arrepiento de muchas cosas. Pero, lector, no pienses que aquí voy a hacer una confesión general. No siento, para nada, la necesidad psicológica de contarte ni mis pecados, ni mis faltas, ni mis errores, si los hubiere. Si me confieso ante un sacerdote, es por un puro acto de fe. Si por mí fuera, todo quedaría enterrado en mí mismo.

Es curioso, nunca he sido una persona dada a grandes remordimientos. Incluso cuando he pecado, me he olvidado pronto de mis errores. Sin embargo, sí que he sentido siempre un gran deleite espiritual en pedir perdón, en humillarme ante la Divinidad. Pedir perdón sentado, solitario, en un banco, en la nave central de una gran catedral gótica, bajo una luz tenue, es una situación en la que uno parece sentir la presencia de la Trinidad todopoderosa. No siento mi conciencia oprimida por el peso de mis pecados, desgraciadamente, pero me deleita pedir perdón y sentir, una vez más, el silencio divino que me dice que me levante, que camine y que siga. Es como si, cada vez que pidiera perdón, me reconfortara y saliera más limpio del templo.

Rezar por posesos es algo que se hace, al cabo de años de ejercicio, por amor al prójimo, es decir, por sentido del deber. Se podría afirmar que la recompensa está en la felicidad del que ha sido liberado. Pero el agradecimiento efímero de personas que no volverán nunca más a la parroquia no es algo que anime mucho. Se hace por deber. Lo que verdaderamente me hace disfrutar es escribir.

Cuando se escribe una novela piensas en la trama y sus detalles durante todo el día. Era graciosísimo estar dirigiendo el rosario en la parroquia delante de ocho viudas, entre velas y santos, acabarlo y, de inmediato, volver a darle vueltas al tema de cuál sería el mejor modo de matar al obispo. Me pasó cuando me hallaba escribiendo *Homicidio en el obispado*. O estar en una reunión de arciprestes, discutiendo aburridísimos e interminables estatutos de cofradías y hermandades, y no poder dejar de preguntarme *¿qué haremos con el cadáver?*

Sabía que mi calva era opaca. Sabía que nada de lo que ocurría bajo mi bóveda craneal era conocido, por eso me podía permitir una sonrisa, como si no pasara nada, y añadir: *Sí, también yo soy de la opinión de que deben dar el diez por ciento de los ingresos a la curia.* Dichosa discusión sobre la redacción de los estatutos. Dentro de dos siglos, los estatutos dormirán olvidados en algún archivo polvoriento, pero alguien del siglo XXII seguirá sintiendo la emoción de la gran traición, de la gran felonía que se urdió entre estas paredes y que llevó a que el obispo fuera agarrado por detrás mientras una segunda persona le degollaba de un tajo limpio y firme.

En otras ocasiones he vivido a bordo de un galeón medieval francés, durante los meses de la travesía, durante los meses de la escritura. Es decir, he vivido dentro de la embarcación durante esos meses literarios, que han durado esos meses reales. En otras he construido babélicos rascacielos o he sentido el sol abrasador sobre las espaldas de los acarreadores de agua que pululaban entre los constructores de un zigurat.

Cuánto me ha animado a continuar mi labor escritora que alguien me dijera que, leyendo una novela mía, lloró al escuchar la sentencia del juez, ese veredicto breve, para cuya comprensión se precisa haber leído toda una historia, y que puede conmocionar al lector hasta el punto de llevarle a las lágrimas.

En mis libros he matado sólo cuando ha sido necesario; literariamente hablando. De Quincey escribió *El asesinato considerado como una de las bellas artes*. Un pacífico monje puede disfrutar de la más retorcida de las mentes para el ejercicio del mal, aunque, de hecho, haya dedicado su inteligencia a rezar rosarios durante los últimos veinte años. Sin tragedia no hay literatura. Escribir me ha revelado mi gran talento para el mal, que afortunadamente no ejerzo.

Pero no es lo mismo escribir novelas que una autobiografía. Ha sido necesaria una vida para escribir este libro. Una vida, un libro. Si no me hubiera hecho sacerdote, probablemente no hubiera habido libro. Nunca hubiera habido padre Fortea. Mi existencia podría haber sido:

José Antonio ama a Eva, y Eva a José Antonio. A sus familias y amigos les parece bien. Se casan, trabajan, son felices, tienen siete hijos y viven en un chalet con jardincito en la parte de atrás. José Antonio es abogado, Eva es cirujano. Los niños crecen, son guapos, obedientes y estudiosos; se casarán. Después, José Antonio y Eva vivirán una vejez feliz y una muerte dulce rodeada de sus nietos.

No es mi deseo hacer una votación entre los lectores de este libro, para saber si hubieran preferido una feliz vida, tan sencilla como la que cabe en ese párrafo de arriba, o una como la que ha aparecido en estas páginas. Seguro que mis caritativos lectores preferirían que las hubiera pasado más canutas, con tal de leer un libro más emocionante. En cualquier caso, mi vida ha sido la de estas páginas. Y el pasado es la única cosa que ya no podemos cambiar.

Como todos los hombres de la Biblioteca,
he viajado en mi juventud;
he peregrinado en busca de un libro,
acaso del catálogo de catálogos.
Bibl-d-bab.Borg.

He cerrado la novela que estoy leyendo estos días, con la más cursi de las exclamaciones posibles resonando en el interior de mi pecho: *Ay, ahora voy conociendo el amor.*

Esta exclamación, dicha con toda la sinceridad de mi corazón, a la hora en que hago la digestión y pongo fin a mi ratito de lectura de las cuatro de la tarde, se debe, cómo no, a la lectura de una novela de ambiente decimonónico.

Pero es que los grititos de Angélica, la prometida, negándose con un *no, Tancredi, no,* sus juveniles carreritas por el palacio del príncipe Fabrizio, el juego al escondite de los dos prometidos, y todo lo demás, han tocado esa fibra romántica mía guarecida por una escolástica armadura de *sed contras*.

Y viene a mi memoria la voz de Guillermo de Barskerville musitando: *Qué tranquilo sería el mundo sin amor. Qué tranquilo y qué aburrido.*

De los protagonistas de ese capítulo de la novela, Lampedusa dice: *Los dos, aún muy cerca de la infancia.* Este inocente comentario ha sido leído por mí como una puñalada dirigida a un lector desprevenido. Esa línea me hubiera pasado inadvertida hace diez años, pero ahora ya no. Menos mal que tras el impacto, una cierta modorra se va apoderando de mí. La hora no perdona, la digestión sigue su curso.

Y fray Guillermo de Baskerville, Buñuel, Adso, Tomás de Aquino, Karl Marx y santa Teresita del Niño Jesús se han mezclado en una vorágine, especie de batalla en el reino de mi pensamiento, al quedarme traspuesto en mi sillón orejero, con el libro cayendo, sereno, sobre mi regazo.

El Gatopardo, la novela que estoy leyendo, me está haciendo reflexionar mucho sobre el amor. Uno está enamorado cuando se da cuenta de que la otra persona es única. Sí, lo confieso, el libro que pedí prestado a la biblioteca me tiene enganchado. La próxima vez creo que leeré una novela de terror. De todas maneras, esta historia me recuerda lo formidable que es sentarse en un sofá, mirar los ojos claros de tu esposa, y saber que no hay nada que te plazca tanto como verla feliz a tu lado, mientras te coge de las manos y te sonríe. Ciertamente, amar es encontrar en la felicidad del otro tu propia felicidad. El sacerdote renuncia a este pequeño paraíso que he descrito.

Creo que si no hubiera sido llamado al sacerdocio, si me hubiera casado, habría sido un hombre muy romántico. Muchas veces, sobre todo a partir de los treinta años, me ha venido a la mente la idea de que hubiera podido hacer muy feliz a alguna mujer de este mundo. Seguro que hay alguna solita, carente de cariño, desengañada de todo, que piensa que no existe el amor, a la que yo hubiera podido demostrar que sí, que ese milagro existe. Seguro que, en lo largo y ancho del mundo, hay una mujer bellísima que únicamente está deseando dar y recibir amor. Seguro que para alguien yo podría ser esa persona por la que ella ha suspirado durante años.

Pero si he renunciado a hacer feliz a una mujer entre centenares de millones, es sólo porque considero que todo sacrificio será recompensado de sobra en el Reino venidero. Sólo la eternidad me puede hacer renunciar a un amor así, a un amor ardiente, pero de la tierra. Dios es la única razón para este tipo de inmolación. Y, francamente, Él siempre vale la pena. En el fondo, es renunciar a un amor por otro amor.

¿Que hubiera podido compartir el tiempo de mi vida, mis ilusiones, mil conversaciones, mil alegrías, con alguna chica buena, cariñosa, dulce, inteligente, con la que consolarme cada día de la frialdad del mundo? Sí, sin duda.

¿Que esa chica, de rostro desconocido para mí, se ha quedado sola? Sí, es cierto. Pero lo he hecho por amor. Nunca habría llevado a cabo tal renuncia si no hubiera sido por amor. A veces nos olvidamos de que Dios también es un ser personal, no una energía, no una fuerza. Tiene su corazón.

337

Bien es verdad que ese amor espiritual no me quita la sensación de soledad al volver a casa, ni la necesidad de cariño. Pero por eso el celibato es un sacrificio. Un sacrificio que aceptamos con fe.

En fin, a ti que nunca te he conocido, a ti con la que hubiera podido compartir una vida entera desde mi juventud hasta mi muerte, te digo: hágase la voluntad de Dios.

He sospechado alguna vez que la única cosa sin misterio es la felicidad, porque se justifica por sí sola, dixit Borges Magnus. Si habéis estado enamorados alguna vez, sabréis que las horas pueden pasar como un suspiro, simplemente mirando a los ojos de la mujer amada. En esos momentos no se necesita ni hablar, basta con que ella apoye la cabeza sobre tu hombro y la abraces, para que, inmóviles, sintáis el corazón del otro, que late en medio de un tiempo que parece haberse detenido.

Yo nunca he estado enamorado de nadie que no sea Dios. Gracias a los planes de Matrix, que mueve todos los hilos, nunca ha aparecido en mi vida esa sueca de un 1,80, de cabellera de un tono rubio blanco y ojos azules, que habla tres lenguas muertas y que está licenciada en Cambridge. Afortunadamente, nunca he tenido que arrodillarme en el banco de mi parroquia y apretar mis manos suplicando: *Señor, dame fuerzas para serte fiel.*

No, esa mujer tigresa nórdica, compañera de mis aficiones y juegos, no ha aparecido. Tampoco ha aparecido esa mujer en su versión dócil y sumisa, ese tipo de esposa *Show de Truman* o *Pleasantville*, con su faldita, con su sonrisa, que te espera horneando galletas.

Como no se ha cruzado conmigo esa tentación con piernas, sé lo que es el amor desde Dios. Desde ese amor excelso, he comprendido más y mejor lo sublime que es el amor humano. Por haberlo entendido tan bien, por haber sentido el silencio de mi casa al llegar de la parroquia por la noche, sin nadie que me reciba, sin una cena caliente en la mesa, por todo eso animo a todos a que encuentren su amor. Rechazad imitaciones y sucedáneos. No os conforméis con menos. Buscadlo, rezad, pedidlo, poned velas a vuestros patronos, pero no os muráis sin haber experimentado el amor en su más intensa y bella expresión. Las personas que aman o han amado, fácilmente entenderán el amor a Dios. ¿Pero hay vida más triste que la del que nunca amó?

Claro que es frecuente hallar a personas que quisieron amar con todas sus fuerzas, pero no encontraron a nadie que recibiera ese amor. Y buscaron y buscaron. Y el amor, al cabo de los años, se concentró y se destiló en sus formas más dolorosas y puras, con la fuerza de esa necesidad de cariño contenida durante decenios. He conocido a muchas personas ancianas con toda esa necesidad contenida, con la certeza de que la hora del amor humano ya pasó. Y convencidas de que ya sólo queda la posibilidad de concentrarse en el amor divino.

Seguro que hubiera habido una mujer tierna a la que le habría podido hacer dichosa con mi cariño, mi compañía, mis achuchones, mis caricias. Alguien a quien abrazarme cada día con todas mis fuerzas. Si dejé todo eso fue por un amor más alto. Renuncié a hacer feliz a una sola persona, pero, desde luego, intento alcanzar mi felicidad. Trato de profundizar en un Ser Infinito que es el Creador de toda belleza. En Él busco mi felicidad. No podría ser de otra manera. Abandonadas las alegrías de la vida familiar y hogareña, no puedo buscar la felicidad en sucedáneos, en compensaciones de mucho menos valor. Me veo abocado a encontrar la felicidad en el abismo divino. Y suene lo mal que suene esta frase, puedo afirmar que soy feliz.

¿Me podría perdonar no haber sido dichoso? ¿A quién le podría echar la culpa? ¿Hay alguien tan tonto que pueda posponer su propia felicidad, o alegar que estaba ocupado, o que no sabía? Si alguien no sabe ser feliz, ¿le puede echar la culpa al gobierno, al municipio, a la época que le ha tocado vivir? *Perdone, es que no soy feliz. Vaya a la otra ventanilla, la de la izquierda.*

Si mi vida hubiera sido otra y me hubiera querido casar, tal vez no hubiera encontrado, al cabo, a nadie a quien dar mi afecto. Quizá no hubiera sido correspondido. Quizá hubiera querido dar amor, pero no hubiera recibido nada. He conocido muchos casos en los que ha pasado esto. Es en situaciones así cuando estoy seguro de que tiene que existir Dios, necesariamente. No puede ser que tantos corazones que anhelan dar tanto amor y que sólo han recibido golpes se queden así, con las manos llenas de deseos de caricias. Sí, tiene que existir la pieza que dé sentido a todo este universo.

Día magnífico para escribir estas líneas. En Madrid llueve y llueve y vuelve a llover, y así desde hace varios días. Llueve del amanecer a la noche, también durante la noche. Días grises de otoño, cargados de poesía. Calles mojadas, coches aparcados y húmedos, poca luz. Y yo escribiendo el final de mi obra.

El encuentro con el otro. Conocer al otro, dialogar con otro corazón, la mirada que se encuentra... El encuentro con Dios, el conocimiento de Él, el diálogo con el Creador que nos ama. No hay nada más parecido a esto que el amor humano. Y entre todos los amores, el amor entre esposos es el que más se parece a esta relación espiritual. Cantar al amor humano, exaltar lo maravilloso que es ese cariño en todos sus detalles, no es desmerecer el amor a Dios. En este sentido, la Biblia es muy libre, siempre ha hablado de todos los temas con una libertad admirable. Muchas expresiones de ella jamás hubieran pasado una censura mediana. Solicito un poco de benignidad de ti, lector de este libro.

Dentro de unas semanas daré una conferencia en Salamanca, en el congreso nacional de médicos. Poco después iré a Pensilvania a hablar de enmarañadas cuestiones teológicas ante un público compuesto por sacerdotes. En mi agenda ya están inscritas fechas de viajes y de publicación de libros en varios países. Sin embargo, humanamente hablando, todo eso lo cambiaría porque me dieran un masaje en la espalda todos los días antes de dormirme, y por despertarme entre caricias. Sí, el matrimonio es algo grandioso, sólo por Dios se puede renunciar a tanto. Dios creó ese pequeño paraíso, y Dios nos pidió que renunciáramos a él. El Omnipotente nos ofreció esa dicha, y el Omnipotente nos pidió que la inmoláramos.

La vida célibe de un sacerdote, que se pasa todo el día trabajando con cosas invisibles, es una vida heroica, tiene que serlo y no puede ser de otra manera. El hecho de que haya tantos sacerdotes no quita nada de grandiosidad a este modo de vida. Pero tenerlo todo en Él y buscarlo todo en Él no implica que no sintamos el peso de esa soledad humana. Sólo si nuestro corazón fuera de piedra no aparecerían estos sentimientos de los que estoy hablando.

> Quizá me engañen la vejez y el temor (...)
> y que la Biblioteca perdurará: Iluminada, solitaria,
> infinita, perfectamente inmóvil,
> armada de volúmenes preciosos,
> inútil, incorruptible, secreta.
> **B.d.Babel. Borg.**

En septiembre de 2006 fui nombrado párroco de una nueva parroquia: Santa María Magdalena, en Anchuelo (Madrid). *El obispo quiere mandarte a otra parroquia para que tengas más tiempo para tus libros y conferencias*, fueron las sonrientes palabras del vicario general en su despacho del inmenso palacio arzobispal del siglo XVI. Un pueblo de setecientos habitantes, en vez de una parroquia de varios miles de almas, parecía perfecto para alguien dedicado a mis menesteres. En esa conversación se puso fin a siete años de estancia en mi parroquia de Zulema.

¿Tuve pena? Honestamente, no. Después de que uno ha entregado su vida al servicio de Dios, me ha resultado imposible apegarme a ningún lugar concreto. Después de haber entregado todo, estas cosas me parecen minucias. Y todavía me ayuda más a no apegarme a ellas el ver que para algunos feligreses es completamente indiferente uno u otro pastor. Van a su misa dominical, llegan tarde, aguantan hasta el *podéis ir en paz*, y no piden más.

Tampoco yo pido más de la vida.

Recogí mis bártulos del despacho y la sacristía. Otra vez, la tercera, pasé por las inevitables ceremonias de un traslado. Cena de despedida, regalos, recepción del nuevo párroco, toma de posesión de la nueva parroquia, estrechar la mano del antiguo alcalde, que siempre fue frío como un lagarto, saludar al nuevo, que es primo de la sacristana y que por lo menos sonríe. Despedirme para siempre de una concejala del ayuntamiento de Villalbilla quizá fue una de las mayores alegrías del traslado.

En mi nueva parroquia, con más tiempo, en las inmediaciones del ecuador de mi vida, era un buen momento para sentarme y hacer balance. El balance ha sido la revisión de esta obra. Los hechos hablan por sí mismos en su pequeñez y en su grandeza, desisto de una moraleja final, ahorraré a los lectores un discurso concluyente. Ni siquiera diré eso tan manido de *dejaré que cada uno saque sus conclusiones*. La experiencia me ha enseñado que, en muchos casos, eso es esperar demasiado.

Una nueva parroquia, en la que ya llevo felizmente año y medio. Soy bastante escéptico respecto al ser humano. No espero nada del hombre. Hago las cosas por Dios, nunca me sorprende que mis congéneres actúen de un modo nada noble. Frisando cuarenta años de vida bajo el sol, lo peor que me he encontrado siempre ha sido el ser humano. Al mismo tiempo, lo mejor que me he encontrado han sido las personas. Entre los servidores de Dios, ha ocurrido lo mismo, hallé lo peor y lo mejor.

Así como muchos afirman *yo creo en Dios, pero no en la Iglesia*, a mí me ocurre justo lo contrario. Me pasa cuando contemplo esta Iglesia grandiosa, una Iglesia de catedrales góticas y de santos, de misioneros y de familias que bendicen la mesa antes de la comida, de coros a cinco voces y de pequeñas ermitas en una selva, de magníficos cardenales de anillos de oro y de niñas dulces que hacen su primera comunión, de laberínticas bibliotecas monásticas y de enfermos que penan y ofrecen su enfermedad en una cama mientras rezan el rosario. Una Iglesia de arzobispos, de teólogos, de curas de pueblo, de abades y monjas que ayudan a los enfermos. Una Iglesia de hombres débiles y pecadores, de labriegos y de místicos, ermitaños y ascetas. Una Iglesia de cálices de plata y gemas ofrecidos a la mayor gloria de Dios, una Iglesia que ha presenciado los milagros de quienes han impuesto sus manos y han sanado, una Iglesia de un pobre que da limosna en el silencio de un templo de estilo colonial y de otro que lo deja todo y se va a una cartuja. Cuando contemplo esta Iglesia, exclamo en lo más profundo de mi alma y con mis labios: *¡Creo! Creo con todo mi corazón.*

Por la Iglesia, creo en Dios. Es cierto que también creo gracias a profundos argumentos teológicos. Argumentos de tipo lógico, que son tan concluyentes que bastarían por sí solos para que entregara mi vida por Él. Pero la Iglesia... Es el más grandioso portento, la más bella obra de arte que he contemplado sobre este mundo. Y todos los pecados del mundo no me quitan ni una mínima parte de mi fe.

Por hablar del Demonio a las multitudes, he sufrido muchos ataques eclesiásticos de todo tipo. Cuanto más altos estaban situados mis atacantes, más ladinamente han lanzado sus dardos. Algunos de estos sucesores de los Apóstoles han gestionado gustosamente denuncias contra mí ante alguna congregación romana; otros han prohibido que predicara en sus diócesis, y ha habido quienes han hablado mal por detrás, sin atreverse a significarse más. No existe en mí ni el más mínimo resquemor hacia ellos. Retóricamente, podría

343

decir que creo en Dios por la Iglesia y a pesar de la Iglesia. Pero no, en un mundo realista, el pecado forma parte de esos servidores del Altísimo. No tendría por qué ser así, pero de hecho es así. Y eso es lo que hace tan apasionante la historia de la Iglesia. Creo en la Iglesia real, con todas sus luces y sombras, no en una ideal e imaginaria.

Estoy libre de todo rencor hacia aquellos que se han esforzado en hacerme la vida más dura y más difícil. Pero no dejo de reparar en que el mero transcurso de los años ha ofrecido ante mis ojos una notable lista de pequeñas venganzas del destino. Y es que el que es un miserable, muy a menudo, no tiene que esperar al día del Juicio para que se haga justicia. La misma vida acaba emitiendo, con hechos, sus veredictos públicos. Es completamente cierto, y sirve para todos los ámbitos, que el que a hierro mata, a hierro muere. Muchas veces nos impacientamos, pero la justicia es sólo una cuestión de años. Aquí, una vez más, me veo obligado a mencionar a Borges:

Yo no hablo de venganzas ni perdones,
el olvido es la única venganza y el único perdón.

Lo más notable de hoy, a punto de cerrar la redacción de este libro, es que ha sido un día con dos sueños. Por la noche he soñado que comía con el príncipe de Asturias, en el pueblo en el que soy párroco, en medio de un gran almuerzo popular bajo una gran carpa. El Príncipe estaba en su papel de sonreír a todos y ser amable con cualquiera que se le acercara lo suficiente como para obligarle a ello. Yo estaba en mi papel de verlo todo con cierta distancia, sin entusiasmarme, pero sin dejar de ser benévolo ante la situación.

Ése ha sido el primer sueño de la jornada. El segundo ha sido mucho más delicioso, porque ha sido un sueño vespertino, ha tenido lugar durante la oración de la tarde. Me encontraba sentado en la sede de mi templo parroquial, haciendo mi hora de meditación. La custodia, con el Santísimo Sacramento, estaba sobre el altar. Me hallaba revestido con los ornamentos de la misa que había tenido lugar. Y así, rodeado de todo aquel oro, de todas aquellas telas suntuosas, de innumerables prendas, sentía un agradable calor en medio de ese templo en el que el fresco de un lluvioso noviembre empezaba a hacerse notar. Con mi estola sobre los hombros, mi amito alrededor del cuello, con las manos sobre los reposabrazos de aquella bella sede de madera oscura, he sentido un sopor irresistible. Las sombras de la iglesia, inmersas en ese silencio, secundaban el beatífico sucumbir. Dado que suelo hacer mi oración con los ojos cerrados, desde la lejana primera fila nadie se hubiera dado cuenta de lo que pasaba en mi interior. Tal vez alguien hubiera notado que mi mandíbula se inclinaba, pero poco, pues me seguía manteniendo sentado en un inconsciente deseo de salvar la dignidad de mi posición en el centro del presbiterio.

Pero lo cierto es que, finalmente, me he quedado dormido, arropado por todas aquellas vestiduras que llenaban y cubrían la sede. Mi cara seguía siendo hierática, quizá entonces más impenetrable, mis rizos canosos caían sobre la casulla. La escena no estaba exenta de cierta belleza.

Con las columnas doradas del anciano retablo a mis espaldas, con los santos de madera condescendientes ante el párroco cansado, me sumí en un sopor del que emergió un sueño corto, como un relato breve. Noté que apretaba los dientes, noté que, lentísimamente, mi espalda se inclinaba más hacia delante, y me hice consciente de nuevo. Entreabrí los ojos con lentitud, y de un modo natural, sin ningún gesto, mi mente se hizo cargo de dónde estaba, de mi lugar, de mi posición, de mis funciones, de lo que tenía que hacer, de lo que había hecho, de lo que debería hacer.

El sueño es frágil y no me esforcé en introducirlo en el tarro de cristal de la memoria. Se evaporó en instantes. Era un sueño pequeñito. Tengo la plena certeza de haberlo recordado en los primeros minutos.

Pero se evaporó para siempre.

¿Sería un sueño de papas, de batallas, de asuntos cotidianos, habré soñado con tratados escolásticos? ¿Ese sueño estará consignado en algún pesado libro, en algún interminable pasillo de una biblioteca romana, bajo bóvedas renacentistas decoradas con motivos falsamente clásicos?

¿Me complace la idea de que mis sueños estén consignados en algún pesado libro en algún interminable pasillo de una biblioteca cisterciense, bajo bóvedas medievales? Sin duda, esa biblioteca existe en la mente del que es el Centro del Universo.

La existencia de esa Biblioteca, con mayúscula, cuyos libros no tienen moho en sus hojas, cuyos libros no tienen el don de la corporeidad, el mero hecho de que exista, me lleva a reconocer la admirable pequeñez de toda tarea humana. En momentos así, resuelvo adelantarme a la vanidad que aguarda a todas las fatigas del hombre, y vivir, y no seguir ampliando el atlas extenso e incansable de esos mundos soñados. Confieso mi languidez.

¿Dudaré acaso de que todos esos mundos no valen más que el amor? Aunque, me disculpo, no los recorrí con mi pluma para ser admirado, ni por el triste premio de ser recordado, lamentable premio de consolación. Los recorrí por la pasión. La pasión de recorrerlos llegó a ser un frenesí. Ahora mi languidez supone un adelanto del futuro olvido que sobreviene a todo. Tampoco deseo otra cosa fuera del olvido.

Durante años, he trabajado horas, día tras día, escribiendo mis novelas. He necesitado años para construirlas, y más años para entender que todos trabajamos para el olvido. Por eso no deseo otra cosa que lo inevitable.

El Destino nos alcanzará, pero no hoy.

Dicho sea de paso, hace unos días he soñado con el cardenal de Madrid. No sueño con él todas las semanas, lo de hoy ha sido una excepción. Soñaba que nos encontrábamos en la calle y que me saludaba muy efusivamente, con calor. Es gracioso, en el sueño yo me tenía que inclinar hacia atrás, de tanto ímpetu que ponía en el entusiasmo del encuentro. Él ponía toda la exaltación por haberme conocido en persona y yo me mostraba correcto, por eso me consuelo con la elegante ilusión de que se tratara de un sueño profético. Sin embargo, si consigno aquí mis sueños no es porque los estime provistos de la virtud del vaticinio o de lo psicológicamente simbólico. No. Si los he anotado, ha sido por su carácter aleatorio, porque ellos suponen una encantadora mezcla de recuerdos, meras tormentas cerebrales, y eso es lo que los hace tan encantadores.

Hace más días, soñé que mi vecino venía a enseñarme un truco de *hycterofilia*, un juego que se realiza con los pulgares. Estrambótico ejercicio del que, por otra parte, no se molesten en buscar referencias en lugar alguno, pues hasta la misma palabra es fruto del sueño. Atento en el sueño, me recuerdo estudiando los hábiles movimientos de los pulgares del vecino, en mi salón. También tengo un vago e indefinido recuerdo de haber servido en mi sueño, la misma noche, como mensajero en el lado francés de la Gran Guerra. Me ha hecho gracia verme con ese horrible casco con el que lucharon los galos.

Otro día soñé que me encontraba con alguien que es muy importante y que conocí mucho hace tiempo, aunque no fuimos amigos. El encuentro, en el sueño, se enmarcaba en el jardín de un hotel lleno de gente, donde debía haber una convención. El encuentro era casual. Iba por su camino, con más gente, y yo caí oblicuamente en su campo visual. No pudo fingir que no me había visto. Hubiera preferido no haberme visto, pero ya no resultaba efectiva la simulación, arte en el que él era experto.

Así que tuvo que acercarse a mí, estrecharme la mano y aparentar la falsa alegría de verme. Aunque dormido en mi cama, seguía yo toda esta obra de teatro con la comprensión de lo pobre hombre que era el actor. Yo era todo su público.

Otra noche soñé que quería entrar a una fiesta en un barco, y curiosamente la fiesta la organizaba el Papa. El canciller de la diócesis, que sí que estaba invitado, me dijo con una sonrisa malévola: *Claro, si hubieras estudiado más Derecho Canónico.* Hace poco tuve un sueño odontológico, otras veces he tenido sueños familiares. Una vez soñé que había un golpe de Estado en un país sudamericano. Mi sueño favorito se ha repetido unas cuatro veces en mi vida, era aquel en el que volaba, me desplazaba en el aire como nadando a braza, suavemente, disfrutando del paisaje. A veces he soñado que rezaba el rosario, otras que me dormía y llegaba tarde a una procesión. Y una vez soñé con una pantera.

Me levanto de mi particular *scriptorium*. Iba a recordar más sueños. Pero comprendo que no es necesario. Ya es hora de poner fin a mi biografía.

Paseo por la familiar geografía de mi salón. Mi casa no son cuatro paredes, es parte de mi vida. Aquí he vivido momentos llenos de carcajadas, horas de melancolía, páginas de descubrimientos, conversaciones apasionantes, visitas aburridas, llamadas telefónicas que han supuesto un antes y un después en mi existencia. Mi gran mesa de trabajo, con sus grandes libros, con sus relojes de arena contenida, apenas la uso. Debo reconocer, después de tantos años, que la mesa que uso de forma diaria es una pequeña y estrecha, pero junto a la que se hallan mis tres ordenadores. Un ordenador grande, que es donde escribo mis libros, un ordenador obsoleto que me sirve de pedestal para apoyar cosas, y mi portátil, con el que me conecto a internet. El ordenador obsoleto ni siquiera está conectado a la electricidad, ni un solo cable sale de él, ningún ratón ha acariciado sus entrañas desde hace años. Pero como pedestal para apoyar libros y papeles me hace una modesta aunque eficaz función.

Una cruz decimonónica de estilo neogótico, de un metro de alta, preside, esplendorosa, el salón irregular, que tiene unas seis paredes.

Digo unas seis porque en realidad son más, pues conecta sin puertas con el resto del apartamento. Cuando compré esta casa le di una indicación a la aparejadora: *Tire las paredes y quite las puertas.* Quería una casa diáfana, sin tabiques, sólo con dos habitaciones.

Sobre la amplia mesa de trabajo, varios relojes de arena, en uno de sus lados, un gran atril en el centro y a la otra parte pilas de libros y papeles, todos ellos ordenados. En mi salón sólo hay una imagen de la Divinidad. Ya que hay un solo Dios, dispuse que hubiera sólo una imagen. Había que elegir una entre las miles posibles. Opté por una figurilla de marfil, de estilo gótico, de un palmo de alto, que representa a un Niño Jesús de cara germánica, de unos cuatro años, sonriendo, sosteniendo con su izquierda un *pomum* y con la otra bendiciendo. En su mano, ese *pomum* puede ser una fruta, el mundo, el cosmos, el fruto del Árbol de la Vida. Puede ser una de esas cosas o todas a la vez. Unos bolígrafos de diversos colores, una pluma, un abrecartas fino y otro para grandes sobres, y distintas notas amontonadas, acaban de completar el paisaje de esta mesa. El escudo de piedra de mi familia oscense —un águila, unas barras, unos rombos—, un reloj de sobremesa que toca los cuartos con sus campanas, un san Miguel, de un blanco marmóreo, que señala decididamente hacia el cielo con su índice, mientras sostiene una pesada espada medieval con la derecha.

El trabajo puede ser largo, las cargas pesadas, pero al final sé que llego a este retiro donde me esperan mi música, mis libros y unos cuantos objetos artísticos que son el equipaje de una vida. Fuera hace frío en esta noche otoñal, dentro estoy caliente. Miro por el ventanal. Llueve y llueve, una cierta neblina difumina las figuras de la calle.

Dentro de unos decenios, me reuniré con mi principio, me hundiré en la luz divina. Pensamiento crepuscular que viene a mi mente. Pronto rezaré completas, en latín, en el viejo breviario que me acompaña desde el día lejano de mi ordenación.

Después me meteré en mi cama y meditaré sobre uno de los más breves libros de la Biblia, que fue, literariamente hablando, mi favorito durante años. Estos días lo estoy repasando antes de acostarme y leo sus capítulos por ¿novena vez?

Yo, Qohélet, he sido rey sobre Israel en Jerusalén, y apliqué mi mente a inquirir y explorar con sabiduría acerca de cuanto se realiza bajo el sol. He visto todas las obras que se realizan bajo el sol, y he aquí que todo es vanidad y empeño vano.

Sí, leeré y meditaré. Trataré de aprender. La hora es tardía, tengo sueño, soñaré y, Dios mediante, mañana me volveré a levantar. Y cantaré, rezaré, escribiré, volveré a tomar dos cruasanes con leche caliente en el desayuno, conduciré de nuevo mi coche hacia mi parroquia, aconsejaré, confortaré y volveré a decir sí.

Todo tiene su tiempo y su momento, cada cosa bajo el cielo.
Tiempo de nacer y tiempo de morir,
tiempo de plantar y tiempo de arrancar lo plantado,
tiempo de derruir y tiempo de construir,
tiempo de llorar y tiempo de reír,
tiempo de lanzar piedras y tiempo de amontonarlas,
tiempo de buscar y tiempo de extraviar.

Es curioso, he leído estas divinas palabras con poco más de dieciocho años, recién ordenado, en alguna de mis parroquias. Y leo las mismas también ahora, cuando llego a la madurez de mi vida. Y siempre me han sonado distintas, grandiosas y cada vez diferentes. Deja de escribir ya, deja de escribir. Por hoy renunciaré a fatigar el mundo con más palabras.

Al autor del libro le gusta recibir e-mails y cartas de sus lectores. Pero, como norma, no contesta esos mensajes, pues cada día emplea una gran cantidad de tiempo en atender la correspondencia imprescindible. Aunque, eso sí, diariamente tiene como costumbre leer todos y cada uno de los e-mails que le son enviados a la dirección que aparece en esta página.

Si desea enviar un comentario al autor

F

fortea@gmail.com

www.fortea.ws
www.sermonario.com
www.fortea.us